ISBN 978-0-265-70906-1
PIBN 10981032

1 MONTH OF
FREE
READING

at

www.ForgottenBooks.com

By purchasing this book you are eligible for one month membership to ForgottenBooks.com, giving you unlimited access to our entire collection of over 1,000,000 titles via our web site and mobile apps.

To claim your free month visit:

www.forgottenbooks.com/free981032

English
Français
Deutsche
Italiano
Español
Português

www.forgottenbooks.com

Mythology Photography **Fiction**
Fishing Christianity **Art** Cooking
Essays Buddhism Freemasonry
Medicine **Biology** Music **Ancient**
Egypt Evolution Carpentry Physics
Dance Geology **Mathematics** Fitness
Shakespeare **Folklore** Yoga Marketing
Confidence Immortality Biographies
Poetry **Psychology** Witchcraft
Electronics Chemistry History **Law**
Accounting **Philosophy** Anthropology
Alchemy Drama Quantum Mechanics
Atheism Sexual Health **Ancient History**
Entrepreneurship Languages Sport
Paleontology Needlework Islam
Metaphysics Investment Archaeology
Parenting Statistics Criminology
Motivational

taux sur ce qui concerne l'essence des réformations, et celle de la culture intellectuelle ou morale des peuples ; c'est aux lecteurs qui voudront se livrer à un examen sérieux de cette question , que j'abandonne le droit de juger pour leur propre compte. Cependant comme M. *Maleville* semble annoncer dans sa Préface, qu'il n'a publié son ouvrage que pour combattre le mien , et dans des vues de controverse , je dois observer qu'il a pris tout-à-fait le change sur mon idée principale, en avançant que j'avais entrepris de prouver « *qu'avant le seizième siècle, presque toute l'Europe était encore plongée dans les ténèbres et la barbarie , et que la plupart des améliorations qui sont survenues , soit dans la situation politique des nations , soit dans les sciences et les arts, sont dues à la réformation de Luther.* »

Assurément, loin d'avoir soutenu
que les lumières étaient nées de la
réformation, j'ai par-tout fait voir
au contraire comment la réformation
était née des lumières, qui se pro-
pageaient graduellement depuis plus
d'un siècle. « Fille des lumières re-
» naissantes, la réformation n'a pu
» sans doute qu'être favorable à leurs
» progrès. » Cette phrase forme
comme le texte de tout ce que j'ai
dit sur cet objet. D'ailleurs, j'ai assez
indiqué combien de causes avaient
concouru au développement de la civilisation européenne durant le moyen
âge; je n'ai pas déguisé quelle influence avaient pu exercer la souveraineté universelle des papes, les
croisades, l'invention de l'artillerie,
celle de l'imprimerie, la découverte
du nouveau monde, la renaissance
des lettres; et je me suis borné à
placer la réformation de *Luther* au

nombre de ces causes influentes. Le procédé le plus vulgaire, comme le plus injuste, est de dénaturer les opinions qu'on veut combattre, de les exagérer, de leur donner une extension ridicule, et qui n'a jamais été dans la pensée de leur auteur.

Un autre écrivain dont j'estime la personne et les vues, M. de *Laverne*, dans une *Lettre* rendue publique, qu'il m'a fait l'honneur de m'adresser, a présenté contre mon sentiment des objections plus profondes, et prises dans un ordre de choses supérieur. Il y a dans cette lettre des passages fortement conçus. Elle renferme aussi des assertions que je croirais pouvoir réfuter, si c'en était ici le lieu. Par exemple, l'unité synthétique de la philosophie de *Kant* ne doit pas s'entendre de l'unité numérique, ni de l'unité physique d'une personne, ou d'un chef, ainsi que M. de *Laverne* affecte de le penser. L'unité religieuse que veut *Kant*, celle que cherche l'entendement, et qui n'a rien de commun avec les sens, n'est autre que l'unité d'adoration, de charité, de morale; enfin l'unité de l'évangile pour tous les chrétiens; nullement celle de la cour de Rome. Ainsi l'unité de la société civile est dans la réunion vers un même but de tous ses membres, dans l'égalité de tous aux yeux de la loi, et non pas dans l'unité individuelle et physique d'un monarque; ce qui serait une étrange méprise. L'auteur de la *Lettre* semble professer une vénération particulière pour M. de *St. Martin*, philosophe très-digne de ce sentiment, et envers qui l'indifférence de ses compatriotes n'a que trop justifié le titre d'*inconnu* qu'il prenait à la tête de ses livres. Dans le dernier qu'il a publié, intitulé : *Le ministère de l'homme - esprit*, j'inviterai M. de

Laverne à relire ce que ce penseur
si religieux et si bien instruit, a dit
du catholicisme par opposition avec
le christianisme (page 367 et suiv.).
Qu'il me soit permis d'en citer ici
quelques traits :

« Le véritable christianisme est
» non-seulement antérieur au catho-
» licisme, mais encore au mot de
» christianisme même.... »

« Le christianisme est la région de
» l'affranchissement et de la liberté;
» le catholicisme n'est que le sémi-
» naire du christianisme; il est la ré-
» gion des règles et de la discipline
» du néophyte. »

« Le christianisme remplit toute
» la terre à l'égal de l'esprit de Dieu.
» Le catholicisme ne remplit qu'une
» partie du globe.... »

« Le christianisme dilate et étend
» l'usage de nos facultés intellectuel-
» les. Le catholicisme resserre et cir-

» conscrit l'exercice de ces mêmes
» facultés. »

« Le christianisme n'a suscité la
» guerre que contre le péché : le ca-
» tholicisme l'a suscitée contre les
» hommes, etc.... »

Or, c'était contre le catholicisme,
et en faveur du vrai christianisme,
que s'élevait la réforme.

Je ne parlerai pas d'autres criti-
ques dictées par le faux zèle et par
un malheureux esprit de parti. Peu
surpris des injures qu'elles renfermaient, j'ai admiré seulement leur
faiblesse singulière en choses et en
raisons. Certes, il était aisé de faire
mieux en copiant *Arnauld* et *Bossuet*,
ou seulement *Maimbourg* et *Varillas*;
comme d'un autre côté il serait très-
aisé de répondre en copiant à son
tour *Lenfant*, *Jurieu*, *Bayle*, et autres controversistes ou historiens de
la réforme. Tout a été dit à-peu-près,

pour et contre, dans ce grand procès, et l'on pourrait sans peine réchauffer cette polémique, en faisant de part et d'autre parade d'une grande érudition. Mais il est des gens qui n'ont pas même assez d'instruction pour savoir où ils trouveraient à copier, et pour devenir des plagiaires.

Il est un reproche enfin sur lequel je ne dois pas me taire; c'est celui qui m'a été fait par un Polonais, d'avoir montré quelqu'animosité contre sa patrie dans plusieurs endroits de mon ouvrage. Il est vrai que je n'ai jamais été le partisan d'une association politique tellement constituée, que plusieurs millions d'hommes s'y trouvassent les serfs de cinq ou six cent mille tyrans féodaux, lesquels n'étaient presque jamais d'accord entr'eux. Cependant si l'auteur des *Réflexions* avait bien voulu me les transmettre avant que cette seconde édition ne s'imprimât, j'y aurais sans doute eu égard. Je n'ai pas besoin de dire à ceux qui lisent sans prévention, et qui ne sont pas étrangers à notre langue, que certainement je n'ai pu avoir l'intention d'applaudir aux massacres de Prague; et que l'ironie amère avec laquelle j'en parle ne peut être prise pour une approbation. L'auteur des *Réflexions* m'a très-fort méconnu, en me chargeant de cette accusation. Quant au passage concernant la Pologne (page 47) qui paraît l'avoir tant blessé, je lui proposerai de le changer ainsi:

« La *Pologne* exerçait, à l'époque dont nous parlons, peu d'influence sur les états situés à l'occident d'elle; car elle fut occupée, pendant le cours du quinzième siècle, à des guerres contre les Turcs, les Moscovites, et contre les chevaliers Teutoniques, qui, sous prétexte de convertir les infidèles, s'étaient formé dans sa partie septentrionale, une domination, origine première du royaume de Prusse. »

J'ai peu de chose à remarquer sur cette seconde édition ; elle aura plutôt le mérite d'être purgée d'un assez grand nombre de fautes, que d'offrir des augmentations considérables. Je ne ferai que répéter ici ce que j'ai déja dit à l'occasion de mon travail.

J'étais en Allemagne quand la question de l'Institut national fut proposée, et je n'en eus que fort tard connaissance. Je ne me déterminai même pas d'abord à concourir. Un autre travail, que je desirais terminer, m'occupait alors. Cependant, venant à considérer que je vivais dans le pays où *Luther* avait opéré sa réformation, au milieu de ses successeurs et de ses partisans les plus instruits, je crus devoir profiter des lumières qui s'offraient à moi, et me faire en cette rencontre l'interprète d'une partie aussi éclairée de l'Europe. Cette résolution fut si tardive, qu'il me resta à peine cinq mois pour faire mon plan, rassembler des matériaux, les mettre en ordre, rédiger mon Mémoire, le faire copier, et l'expédier assez tôt pour qu'il parvînt à Paris dans les premiers jours d'avril 1803 (15 germinal, an XI.), terme fixé par l'Institut.

Il serait superflu d'indiquer tous les ouvrages connus, et où j'ai puisé mes données historiques, comme par exemple ceux de *Thym* et de *Spittler* pour l'abrégé d'histoire ecclésiastique qui se trouve à la fin du volume. Mais je ne puis passer sous silence des secours qui m'ont été d'autant plus agréables, que je les ai dus à l'amitié.

M. *Eichhorn* faisait imprimer alors

son excellente *Histoire des trois derniers Siècles*, et il eut la complaisance
de m'envoyer sur-le-champ, à mesure
qu'elles quittaient la presse, les différentes parties de cette histoire,
dont j'ai tiré beaucoup d'instruction
et de profit.

On connaît le morceau qu'a publié, l'an dernier, M. *Heeren*, à la
tête du premier volume de ses *Mé-
langes historiques* sur *les suites politiques* de la réformation, morceau
frappé au même coin que tout ce
qui sort de cette savante plume. On
y voit que son auteur s'était proposé
de concourir pour le prix; mais il a
laissé ignorer le motif qui l'en détour-
na : le voici. M. *Heeren* m'écrivit pour
me consulter, comme Français, sur
la langue dans laquelle son Mémoire
devait être conçu. C'était en décembre 1802, à l'instant où j'étais en plein
travail, et où je me tenais à l'œuvre

sans relâche. Je lui répondis que nous étions rivaux ; mais que je quitterais bien volontiers une carrière où je ne pouvais me flatter de l'emporter sur lui ; qu'au reste, nous travaillerions de concert, si bon lui semblait, ou que je m'offrais à lui pour traduire son ouvrage dans notre langue, lui laissant absolument le choix. A cela, M. *Heeren* me répliqua de la façon la plus obligeante, que c'était lui qui se retirait de la carrière, qu'il renonçait au concours (et par conséquent au prix qu'il eût sans peine obtenu), et qu'il s'abstiendrait de traiter la seconde partie de la question, *sur le progrès des lumières.* Il joignit à ce procédé amical celui de me faire passer, feuille par feuille, sa dissertation, qu'il se résolut alors à faire imprimer. Elle est entre les mains de tout le monde, et on pourra juger de l'avantage que j'en ai pu encore retirer dans la première section de la seconde partie, laquelle traite des suites politiques de la réformation.

Malgré toutes ces lumières, et malgré mes efforts, je sens combien je suis resté au dessous de mon sujet, et combien faible est un tel essai sur une matière qui comporterait tant de vastes et de beaux développemens. Si tel de mes juges, ou quelqu'un des grands historiens nommés dans le cours de cet ouvrage eût voulu consacrer toutes ses forces à la traiter dignement, nul doute que la littérature historique n'eût été enrichie d'un livre précieux sur un objet aussi intéressant pour tous les hommes qui pensent. Il est en effet assez digne de remarque, que jusqu'à l'époque où fut proposée la question de l'Institut, aucun écrivain ne s'était encore avisé de consacrer un travail

particulier à la recherche des suites
et de l'influence de la réformation
de *Luther.* Quelques traits épars,
quelques dissertations sur des points
isolés, n'offrent qu'un ensemble fort
incomplet. Les nations protestantes,
comme on sait, sont loin de mériter le
reproche de négliger l'histoire; elles
sont assez riches en écrits excellens
sur la grande révolution du seizième
siècle, qui a été pour eux d'une importance si décisive. Mais la gloire
n'en reste pas moins à l'Institut national de France, d'avoir provoqué
l'attention générale sur les résultats
d'un aussi mémorable évènement.

ESSAI

ESSAI

SUR L'ESPRIT ET L'INFLUENCE

DE LA

RÉFORMATION DE LUTHER.

PREMIÈRE PARTIE.

CONSIDÉRATIONS GÉNÉRALES.

§. I. *Sur l'état de la Question.*

SI durant un des siècles qui ont précédé le seizième, alors qu'aucune barrière ne s'était encore élevée contre la suprématie des pontifes romains, une assemblée savante eût voulu peser les résultats d'un schisme, d'une opinion contraire à celle de Rome, la question, sans doute, eût été conçue ainsi: « Quels sont les maux et les scandales dont l'église a été affligée à l'occasion de telle doctrine impie et pernicieuse? » — Aujourd'hui que plusieurs

nations respectables se sont séparées de
l'Eglise romaine, que les relations intimes
qui unissent entr'eux tous les Européens,
ont habitué les chrétiens sectateurs de Rome
à voir dans les autres des gens aussi vertueux, aussi policés , aussi éclairés qu'eux,
la question doit s'énoncer d'une autre manière. Une assemblée de philosophes ; au
milieu de la France rendue au catholicisme,
propose : « de fixer l'influence de la réformation de *Luther* sur l'état de la société
européenne, sur le progrès des lumières. »
Ce changement dans le langage en suppose
un grand dans les opinions ; et sous ce point
de vue, on pourrait dire que la question
se répond à elle-même.

L'Institut n'ayant accompagné cette question d'aucun programme explicatif, les considérations suivantes, qui ont pour but de
déterminer le sens et la latitude de la ré-
ponse, ne pourront paraître déplacées.

Il semble, au premier aspect, qu'une
révolution religieuse ne devrait exercer son
influence que sur ce qui touche la religion ,
sur le culte et la discipline de l'Eglise ; mais
l'Eglise et l'Etat, longtems avant la réformation de *Luther*, s'étaient tellement amal-

gamés dans tous les corps politiques de
l'Europe, leurs droits et leurs constitutions
étaient tellement confondus, qu'on ne pouvait ébranler l'une sans que l'autre n'éprou-
vât la même secousse. L'église, qui avait
partout formé un état dans l'état, avait
poussé si loin ses usurpations sur celui-ci,
qu'elle menaçait de l'engloutir. L'Europe
entière fut longtems en danger de passer
sous le joug d'une théocratie absolue. Les
empereurs du nouvel empire d'Occident,
qui la sauvèrent de cette destinée, l'ef-
frayèrent ensuite du projet d'une monarchie
universelle. Les rois de France, d'Angleterre, de Suède et de Danemarck, les princes
et cités libres de l'Allemagne et de l'Italie,
ne s'opposaient que partiellement et tour-
à-tour aux prétentions de l'un et de l'autre
concurrent. — Une impulsion nouvelle, un
lien nouveau et puissant qui unissait ensemble les opprimés contre les deux oppresseurs à-la-fois, un évènement qui réveillait
toutes les passions, l'amour de la liberté,
le fanatisme religieux et politique, qui dé-
cuplait les forces des princes en exaltant
les peuples, qui offrait enfin aux chefs,
avec l'indépendance, la riche proie des

dépouilles du clergé ; un tel évènement, dis-je, dut alors produire dans l'Europe une agitation universelle. Le système des états modernes en fut ébranlé jusques dans ses fondemens. Durant la longue et douloureuse lutte qui s'ensuivit, tout prit une forme et une assiette différente. Un nouvel ordre politique sortit de la fermentation et de la confusion générale; les divers élémens qui le composent, longtems agités en sens divers, obéissant enfin à la loi de gravitation du monde moral, y prirent la place assignée par leurs poids respectifs, mais qui n'était plus, pour la plupart, l'ancienne place qu'ils avaient occupée. Un nouvel ordre d'idées sortit aussi du choc des opinions; on osa penser, raisonner, examiner ce qui auparavant ne comportait qu'une soumission aveugle. Ainsi une simple atteinte portée à la discipline ecclésiastique, amena un changement considérable dans la situation politique des états de l'Europe et dans la culture morale de ses habitans. L'institut a donc été animé du vrai génie de l'histoire en provoquant la solution du problême qu'il a si bien posé. Il est glorieux pour tout écrivain d'avoir à traiter, devant un semblable tribunal, de la religion et de la politique, ces deux points cardinaux de la vie humaine. Un des premiers apanages de la vraie liberté est le pouvoir de s'expliquer sans contrainte sur ces objets importans; et le pays où ce pouvoir s'exerce est infaillible- ment un pays libre.

L'Institut en demandant quelle *a été* l'influence de la réformation de *Luther*, indique assez qu'il considère cette influence comme n'existant plus aujourd'hui d'une manière active. En effet, près de trois siècles se sont écoulés depuis la première explo- sion. L'ébranlement qui en résulta s'est calmé par degrés; la force, qui originaire- ment donna l'impulsion, et qui produisit tant de choses nouvelles, a cessé d'agir comme force vive, comme principe pro- ductif. Les institutions qu'elle créa, celles qu'elle modifia, sont restées la plupart; quelques-unes se sont évanouies : mais celles qui ont demeuré suivent de nos jours le cours universel des évènemens, et la réformation n'est plus la cause immédiate qui dirige ce cours. Elle a fait à-peu-près tout ce qu'elle devait faire ; son influence ne se manifeste plus que médiatement,

sans secousses, et par la marche des institutions qui ont pris d'elle leur naissance.
Le tems est donc venu qu'on peut la juger,
dénombrer et discuter les avantages ou les
désavantages qui en ont résulté pour le
genre humain. C'est, il n'en faut pas douter,
se conformer aux vues de l'Institut, que de
se borner à spécifier exactement toutes les
suites prochaines qu'a eu la réformation,
et se contenter d'une indication légère de
ses suites éloignées. Si on voulait s'engager
dans le détail de ces dernières, il faudrait
refaire l'immense tableau de l'histoire des
états européens depuis cette époque, puis-
qu'il n'est presqu'aucun grand évènement
où quelque résultat de la réformation, tel
que la constitution actuelle du corps germanique, par exemple, ou la république
des Provinces-unies, n'ait influé à son tour
plus ou moins. On ne sortirait jamais de ce
labyrinthe des suites *médiates;* car, à le
prendre ainsi, l'influence de toute commotion politique ou religieuse se propage à
l'infini. Nous nous ressentons encore aujour-
d'hui plus ou moins de ce qui s'est passé
dans l'Inde, l'Arabie, la Grèce, l'Italie, en
des tems fort reculés, nous vivons sous l'in-

fluence encore très-sensible de l'invasion des peuples du Nord, des croisades, et d'autres mouvemens politiques devenus des principes d'action parmi les peuples. La ligne déviatrice, souvent tortueuse, quelquefois rétrograde de la culture des nations, procède de l'action compliquée de tant de forces diverses : marquer ses échappemens, ses déviations, en évaluant les forces qui y ont concouru, est l'office de la philosophie de l'histoire. L'auteur du présent écrit s'estimera heureux, si ses juges pensent qu'il a rempli une tâche pareille relativement à cette période de l'histoire moderne où la réformation a été la force prédominante.

Cependant, on ne peut s'engager dans la recherche des effets de la réformation, sans être en quelque façon contraint de se livrer à cette réflexion : « Le grand évènement que je considère comme une cause, n'est-il pas lui-même un simple résultat d'autres évènemens qui l'ont précédé, tellement qu'il faudrait que je rapportasse à ceux-là, et non pas à lui qui n'a été qu'un intermédiaire, la vraie origine de tout ce qui a suivi? » — Sans doute; tel est le sort de l'esprit dans ses recherches. Tant qu'il

blissement d'une opposition puissante au
sein de l'Empire, la fondation de la Hollande
comme état libre, et ainsi du reste, doit
voir d'abord l'origine immédiate de tous
ces évènemens dans la réformation, et les
attribuer absolument à son influence. Mais
poussant ses recherches plus haut, il aper-
çoit que cette réformation elle-même n'est
évidemment qu'un résultat nécessaire d'autres circonstances qui l'ont précédée, un
évènement du seizième siècle, dont le quinzième était gros, pour me servir de l'expression de *Leibnitz* : tout au plus la cataracte
du fleuve. Combien de gens s'obstinent encore à trouver la cause première de la révolution française dans le *déficit*, dans la
convocation des états-généraux, dans le
tiers-état, dans les curés ! D'autres, qui
portent la vue un peu plus loin, la veulent
trouver dans le parlement *Maupeou*, dans
l'extinction des Jésuites, etc... Ils ont tous
raison sous un certain point de vue borné,
qui est le leur. Ceux dont la vue contemple
cependant la marche de l'humanité pendant
une suite de siècles, voient se rouler cette
masse énorme d'individus, dont chacun,
animé par son intérêt, ses passions et son

esprit propre, semble vouloir contrarier la marche de tous les autres; mais, malgré leur infinie diversité, tous ces esprits ont des traits communs, tendent vers de certains buts, qui sont finalement les mêmes; ces traits, ces penchans communs à tous, forment une réunion de forces, ou plutôt une force unique, qui est celle du genre humain, celle d'un esprit universel, qui, caché dans les siècles, les guide et les gouverne. Sous l'empire de la providence (ce soleil du monde moral, pour me servir encore de l'expression d'un philosophe), cet esprit de l'humanité, dans son action continuelle, prépare et dispose les évènemens. Telle grande révolution qui nous surprend, n'en est qu'un produit, un résultat, une manifestation éclatante. Est-ce donc à elle, n'est-ce pas plutôt à l'influence des causes qui l'ont elle-même précédée et amenée, qu'on devra attribuer les évènemens qui l'ont suivie ?

Il convient donc à l'historien, dans le cas donné, d'avoir égard à ce qui était avant le grand évènement qu'il examine : de déterminer par l'influence de quelles causes cet évènement a été lui-même amené, et jusqu'à quel degré ces mêmes causes ont influé sur la série des évènemens postérieurs? Il lui convient encore de con-sidérer ce qui serait arrivé par la marche lente et progressive de l'humanité, qu'on nomme quelquefois le cours naturel des choses, si le grand évènement, si l'éclat dont il est question, n'était pas survenu? Enfin il doit déterminer ce que le caractère propre et individuel de cet évènement, le caractère du siècle et de la nation où il a eu lieu, celui des hommes qui y ont pris la principale part, a pu apporter de modi-fications particulières dans ses résultats.

---

§. 2. *Sur l'essence des réformations en général.*

Tout comme l'esprit remonte la série des évènemens, et passe de chaque effet à sa cause, pour arriver enfin à une cause première qui lui serve de principe, et où il consolide le premier anneau de sa chaîne; de même il redescend de causes en effets, avide de parvenir à un résultat dernier, à un effet absolu, qui se suffise par lui-

même, et qui n'ait plus à devenir cause,
qui n'ait plus à jouer le rôle d'un simple
moyen pour parvenir encore plus loin. Cet
effet qui doit tout conclure, dernier anneau de la chaîne, et résultat final de tout
ce qui a précédé, est le but cherché par
l'esprit, le lieu de repos où il consent enfin
à s'arrêter. Chacune de ses spéculations sur
les évènemens humains, se partage en cette
double enquête, du *principe* et du *but* :
d'où ils viennent et où ils tendent? C'est
entre ces deux points que se restreint l'activité de l'esprit; et il se les pose plus ou
moins prochains, plus ou moins éloignés,
selon son étendue, ou ses besoins actuels.
Mais tant qu'il n'est pas arrivé d'une part
à une cause qu'il se croie fondé à tenir
pour première, et de l'autre à un but
qu'il considère comme final, l'esprit de
l'homme reste en suspens, vacille dans un
équilibre forcé, et ressent l'inquiétude
d'une destination non - consommée. Il lui
est possible, à vrai dire, de se résigner sur
l'espace qu'il renonce à parcourir, et de
se poser une limite qui restreigne l'entier
déploiement de sa force; mais cette rési-
gnation même n'est pas au pouvoir de tous

les esprits, et n'est peut-être dans la nature primitive d'aucun.

Permettons donc à celui qui réfléchit sur l'histoire du genre humain, de se demander où tend cette succession d'évènemens tumultueux, de commotions, de transmutations dans les choses et dans les opinions? Qu'il ose donner un libre essor à sa pensée dans la recherche du but final de tant de révolutions progressives. — Il ne peut le trouver que dans cette idée sublime d'un état de choses, où la destination de l'humanité entière étant parfaitement accomplie, toutes ses forces physiques et morales ayant atteint le plus haut degré de développement, les hommes seraient aussi bons, aussi éclairés, aussi heureux que les dispositions originaires de leur nature le permettent. Non qu'il puisse être démontré que cet âge d'or de la moralité, ce *chiliasme* de la philosophie doive jamais se réaliser tel qu'un rêve bienfaisant nous le représente. Mais dans les efforts de l'homme, dans ceux des peuples, on ne peut méconnaître une direction vers le mieux, vers un ordre de choses plus juste, plus humain, où les droits de chacun soient plus assurés, et où ces

droits soient plus également répartis. Accor-
dons que la perfection absolue ne sera
jamais le partage des mortels ; mais avouons
en même tems, que cette perfection forme
l'objet idéal de leurs desirs, qu'elle est un
besoin de leur raison. Il n'est pas assuré qu'ils
y parviennent, mais il est certain qu'ils y
aspirent. Peut - être que le phénomène
géométrique de l'asymptote doit se répéter
dans le monde moral, et qu'approchant sans
cesse d'un point de rencontre sur la courbe,
nous ne l'aborderons jamais. Pourtant l'espoir de la seule approximation suffit pour
enflammér les belles ames, et peut devenir
un but digne d'elles. Eh ! quel serait le sort
des générations qui se succèdent, quel serait
le désespoir de celui qui médite sur elles,
si dans le chaos des choses humaines ne
se décélaient les lois d'une création constamment active, si dans les plus sombres
orages, et qui menacent de tout engloutir,
l'éclair de la Providence ne laissait entrevoir le lointain d'un meilleur avenir? Il
est bien vrai qu'au milieu des tempêtes
déchaînées, des ouragans élevés par les
passions sur l'océan des tems, la voie directe
vers le but ne peut être tenue strictement:

louvoyer, dériver devient trop fréquemment nécessaire. L'observateur quelquefois trompé peut juger la marche rétrograde ; alors même qu'elle ne l'est pas; car tous ne sont pas munis d'une boussole assez sûre pour fixer vers quel point on fait route. Mais celui qui prétend qu'on rétrograde, confesse par-là précisément l'existence du but, puisque rétrograder n'est autre chose que s'en éloigner. Et si bien même on s'en éloigne pour un tems, peut-il résulter de là qu'on ne s'en rapprochera pas ensuite avec d'autant plus de célérité ? N'est - ce pas une vue bornée que celle qui ne peut pas se porter au delà du point de dérivation? Pour juger de toute la route, il faut la contempler toute entière. Celle que parcourra l'humanité après nous, ne nous est pas connue ; mais on peut en présumer par celle qui a été parcourue avant. Jusqu'à nous les hommes ont gagné du terrein; il est croyable que nos successeurs en gagneront aussi. — La Grèce et l'Italie, sauvages dans leurs premiers jours, étaient bien en arrière de la Grèce et de l'Italie dans les beaux jours de leur culture. Mais quelqu'éminente qu'ait été sous plusieurs rapports

ports cette culture , elle était individuelle
pour chacun de ces peuples, exclusive
pour tous les autres : elle appartenait au
citoyen de Rome, au citoyen d'Athènes,
elle n'appartenait pas à l'homme. Tout le
reste du globle était barbare et esclave-
né, esclave aussi de fait devant quelques
milliers d'individus. Le développement de
la civilisation devait-il être pour toujours
restreint à quelques cités, à un coin si
borné de la terre ? Les millions d'humains
qui végétaient dans l'officine des nations,
depuis l'Oby jusqu'à l'Elbe , devaient-ils
éternellement y rester étrangers, et n'être
à jamais que la réserve des armées et des
chiourmes du peuple privilégié ? Non sans
doute. Il fallait une dispersion de la lumière
parmi eux; il fallait un mélange qui portât
dans la Cimbrique l'esprit du Latium et de
l'Achaïe. Le moyen pour y parvenir était,
ou que le petit peuple, dépositaire de la
lumière, soumît des peuples innombrables,
pénétrât jusqu'au fond de continens presqu'inabordables; ou bien que la foule des
nations grossières vînt conquérir le petit
peuple, et s'amalgamât avec lui au foyer
même de la lumière. Après l'emploi du

premier moyen, les Romains ayant pénétré aussi loin que le leur permit une force et une vertu dignes d'une éternelle admiration, le second, plus naturel, fut mis en œuvre par l'arbître mystérieux des destinées humaines. Les enfans du Nord se précipitèrent sur le midi de l'Europe, et y apportèrent leurs ténèbres. Le chaos sembla renaître ; la lumière scintillait à peine et faiblement çà et là au milieu d'une nuit profonde, qui dura le tems proportionné à la masse étrangère nouvellement survenue; il fallut dix siècles de fermentation, pour que tant d'élémens hétérogènes s'assimilassent aux meilleurs qui s'étaient confondus parmi eux. Enfin la lumière éclata derechef de toutes parts. Depuis trois siècles qu'elle a reparu, elle s'étend et fait des progrès inouis. La culture d'Athènes et de Rome se retrouva, non-seulement dans toute l'Europe, mais à Philadelphie et à Calcuta. Rome et Athènes, que nos arts et notre savoir étonneraient, admireraient aussi l'humanité de l'Européen, qui se fait gloire d'être homme, et ne souffre plus l'esclavage sur son sol.— Voilà donc ce qui est résulté de l'effroyable inondation des barbares au quatrième siècle, et comment le tems justifie à la longue la Providence, dont le pouvoir dans le cours d'une seule, ou même de plusieurs générations, semble quelquefois avoir entièrement cessé d'agir. J'ai dû choisir cet exemple, parce que la chûte apparente de l'humanité, durant le long intervalle de barbarie du moyen âge, est d'ordinaire le thême favori que les adversaires de la perfectibilité font valoir pour leur opinion.

Et si l'on voulait entrer dans le détail de la civilisation graduelle de ces barbares, qui sont les pères des nations aujourd'hui les plus policées, qu'y verrions-nous d'abord ? La force pour unique droit; chaque individu, chaque maître d'un château; en guerre avec tout son voisinage; et ces guerres, pour ainsi dire corps à corps, ensanglantant la terre, portant la désolation dans tous ses recoins, se faisant sans autre loi que la férocité du vainqueur. Quel tableau désastreux que celui des Gaules, par exemple, sous cette forme anarchique! Peu à peu, la valeur ou la fortune de quelques chefs réunit sous leur domination des provinces étendues, au sein desquelles ils introduisent un ordre, une discipline; et leurs habitans

sont sauvés des horreurs d'une guerre universelle et continue; enfin , ces provinces
elles-mêmes se trouvent réunies sous un
seul gouvernement; des millions d'hommes,
autrefois divisés en une multitude de hordes
qui s'entredéchiraient , sont dès - lors des
concitoyens, des frères, soumis aux mêmes
lois, réprimés, contenus par la même discipline. Là où était le meurtre , le pillage
effréné, se voit aujourd'hui la sûreté,
l'ordre , l'harmonie; la Gaule n'est plus
qu'un tout homogène; et sur toute sa surface règne en effet cette paix perpétuelle
qu'on a sous les yeux, et à laquelle on ne
veut pas croire. On citera nos guerres civiles?
— Mais du moins sont-elles devenues des
accidens, des crises contre nature; elles ne
sont plus l'état permanent et constitutionnel,
pour ainsi dire , de tout un pays. La force
curative du corps entier y apporte bientôt
un remède; et l'expérience prouve qu'elles
deviennent de plus en plus faciles à éteindre.
Concluons - en donc , malgré le penchant
frondeur qui fait de tant d'hommes d'ardens admirateurs du passé, uniquement
pour dépriser à leur aise le présent, que
notre siècle est bien au dessus de celui des

Goths et des Vandales; et puisque l'humanité a monté de toute la distance qui les sépare, cette consolante perspective ne peut nous être interdite, que notre postérité parviendra encore à un état meilleur et plus heureux.

J'implore l'indulgence de mes juges pour cette effusion échappée presqu'involontairement à mon ame. Je sais qu'on peut hasarder le langage de la spéculation devant une assemblée de sages, dont la destination est de porter dans l'étude de l'histoire les consolantes vues de la philosophie. Eh; comment se défendre de tourner les yeux vers une amélioration dans les choses humaines, quand on médite sur les suites de ces sanglantes révolutions, dont la réformation opérée par *Luther*, offre un si mémorable exemple ? A chacune de ces grandes secousses parmi les nations, ne devrait-on pas accuser la Providence divine d'une tyrannique absurdité, si le résultat de tant de malheurs était de retomber dans un état pire que celui dont on est sorti ? — Mais non, après ces crises déplorables où tant d'individus sont sacrifiés, il n'est pas rare de voir naître un ordre de choses.

meilleur, de voir marcher plus librement l'espèce entière vers le grand but qui lui est prescrit par sa raison, et atteindre un nouveau développement de sa culture à chaque nouvelle explosion de ses forces.

D'après ces données, nous considére-rons la culture graduelle du genre humain comme consistant dans une suite non inter-rompue de réformations; les unes sourdes et lentes, résultats tardifs des siècles, de la persuasion individuelle des puissans, et de l'opinion qui sape à la longue les erreurs; les autres, éclatantes et de vive force, résul-tats subits d'un coup de lumière qui frappe tous les yeux, de la lassitude d'une longue oppression, du besoin parvenu à l'excès de rétablir l'équilibre dans quelque partie du système politique ou religieux. Celles - ci sont comme les époques, les pierres mil-liaires du genre humain dans sa marche au travers des siècles. L'histoire les compte avec soin, en observe les résultats, et y fixe les divisions de son travail.

Les ames paisibles, qu'une douce philan-tropie échauffe sans enthousiasme, à qui les maux présens inspirent plus d'horreur que ne les flatte l'espoir des biens futurs;

ces esprits modérés qu'effraient une marche bondissante et les fureurs des révoltes ;
ceux - là , dis - je , partisans des améliorations , des réformes.que le tems amène sans
secousses, voudraient, avec justice, que le
bien ne se manifestât jamais que sous des
formes bienfaisantes. Par-tout où ils. aper-
çoivent l'éclat des passions, les armes pro-
voquées par les armes, la foudre qui répond
à la foudre, ils gémissent, ils s'affligent, ils
protestent également contre l'un et contre
l'autre parti. Fréquemment ils se déclarent
contre celui qui a porté la première atteinte
au repos qui leur est si cher : bien que souvent celui-là même soit le véritable innocent , soit l'opprimé qui a été poussé à
bout.— Ne peut-on pas ranger dans cette
classe un grand nombre des adversaires de
notre dernière révolution, tant d'hommes
probes et droits qui ont été froissés par le
choc des partis? Ainsi s'explique encore
l'éloignement que quelques hommes distingués du seizième siècle ont témoigné,
non pas pour la doctrine, mais pour les évènemens de la réformation. *Erasme* la nom-
mait *la tragédie luthérienne* ; et c'est parce
qu'en effet le drame s'annonça comme tra-

gique, que cet homme sage et circonspect,
dont la devise favorite était *otium cum dî-
gnitate*, refusa d'en devenir un acteur (1).
Mais vouloir que le bien ne s'opère que par
le bien, c'est faire le roman de l'humanité,
c'est faire de l'histoire une idylle, et de l'u-
nivers une Arcadie. Il n'en arrive malheu-
reusement pas ainsi. La nature, au milieu
des bienfaits qu'elle verse en foule sur la
terre, l'afflige par des ouragans, des inon-
dations, des feux souterrains, images des
terribles fléaux qui se manifestent parfois
au sein de nos sociétés, et qui souvent sont
dus aux fautes de nos pères, quelquefois
aux nôtres même. Il convient à l'homme
qui sait vivre dans son siècle, de s'y résigner, et d'y considérer l'accomplissement

---

(1) On sait d'ailleurs qu'*Erasme* n'était pas d'humeur à sacrifier son intérêt à ses opinions. Il aspi-
rait à devenir cardinal ; et quoiqu'il n'ait pas atteint
ce but, l'envie qu'il avait d'y parvenir donne la
clé de sa conduite à l'égard des réformateurs. Il
restait encore plus de dignités et de richesses au
clergé catholique qu'au clergé protestant ; cette
raison suffisait aux gens de la trempe d'*Erasme*
pour se déclarer en faveur du premier.

des lois profondes qui dirigent le grand tout ; lois que nous ne méconnaissons que quand nous osons juger de leur action trop partiellement, et sous un point de vue trop limité.

L'amélioration, que sans cesse l'homme ambitionne pour ses institutions, tant politiques que religieuses, consiste à les rapprocher et à les maintenir le plus près qu'il lui est possible de l'esprit particulier qui fait leur essence. Les formes extérieures, dont elles sont revêtues, ne sont jamais tellement convenables à leur esprit qu'elles en permettent le jeu et l'accomplissement tout entier. Il n'arrive que trop souvent que les rouages embarrassés de la machine suspendent et rendent irrégulière l'action du premier ressort. Ce qui soumet toutes les institutions humaines à cette duplicité discordante, est la nature même de l'homme, lequel est un composé d'un esprit et d'un corps étroitement unis. Contenue et comme entravée par les organes corporels qui lui sont donnés pour sa manifestation, l'intelligence ne peut librement déployer l'exercice de sa pensée, ni la produire aussi éthérée qu'elle l'a conçue. Il faut que cette pensée, pour agir et se rendre perceptible au dehors, s'allie à un corps à qui elle donne son empreinte, et qui a cours au lieu d'elle. De là vient, par exemple, l'extrême importance du langage, relativement à la faculté de penser, et comment il est vrai, en ce sens, que sans langage, nous serions inhabiles à combiner nos idées. Ainsi, toute institution, à l'usage de l'homme, doit être munie d'un corps, d'une forme physique et sensible. L'esprit de toutes les religions, sans doute, est originairement le même, ainsi que celui de tous les gouvernemens. L'un consiste à reconnaître, comme lois imposées par Dieu même, les lois morales et les règles de devoirs qui sont gravées dans tous les cœurs humains; l'autre à assurer à tous les membres de la société l'exercice de leurs droits naturels. Mais que serait-ce qu'une religion, que serait-ce qu'un gouvernement qui s'en tiendrait à cette simple pensée, qui ne serait qu'un pur esprit? — Ce ne serait point une machine organisée et capable d'action dans le monde de l'homme; ce ne serait point une institution humaine. Pour le devenir, il lui faut une forme extérieure, des organes, une consistance visible et matérielle.

Cependant l'esprit inaltérable, éternel,

qui forme l'ame de ces institutions, demeure toujours ce qu'il a été, toujours semblable à lui-même. Il n'en est pas ainsi des corps, de la forme extérieure. Celle-ci soumise à l'influence du monde physique, des passions humaines, variable, périssable, se modifie au gré du hasard et des évènemens. A mesure que sa configuration change, que ses organes se roidissent, s'épaississent, se surchargent, l'esprit, oppressé et contraint perd son action et sa direction primitives; quelquefois étouffé sous un agrégat mons-trueux, il cesse tout-à-fait de se manifester : le fantôme n'a plus de vie, plus de sou-plesse ; il n'a plus que la roideur et la pesanteur de la mort. Ainsi l'esprit si pur et si sublime du christianisme, à qui ne convenait qu'une forme aussi pure et aussi simple que lui (1), fut successivement

---

(1) *Fénélon*, dans sa *Lettre sur l'existence de Dieu et sur le culte digne de lui* (au tome second des *Œuvres philosophiques*), répète plusieurs fois, que la religion chrétienne n'est autre chose que l'amour de Dieu. Il cite, à la page 16, *Tertulien*, qui dit en ce sens, *que l'ame est naturellement chrétienne*; et à la page 28, *S. Augustin*, suivant

étouffé pendant une longue suite de siècles,
jusqu'au seizième, par une continuelle surcharge d'élémens étrangers, qui avaient
dénaturé son action, et en avaient peu à
peu fait un corps informe, d'où sortaient
tous les maux que les erreurs et les passions
peuvent produire. Ainsi l'histoire, dépositaire d'une funeste expérience, nous fait
voir que presque toujours les constitutions
politiques, établies pour maintenir le droit
naturel parmi les peuples, dégénèrent à la
longue et finissent par s'embarrasser d'une
masse ennemie et de la liberté et du salut
public. Pour cela s'est établie assez généralement, parmi ceux qui réfléchissent sur
le sort des nations, cette opinion presque
toujours confirmée par l'évènement, qu'un
gouvernement démocratique dans le principe, se transforme successivement et tôt

---

lequel il ne peut être d'autre culte que l'amour, *nec
colitur ille nisi amando.* «C'est, selon *Fénélon*, le
règne de Dieu au dedans de nous; c'est l'adoration en
esprit et en vérité; c'est l'unique fin pour laquelle
Dieu nous a faits.» On sent bien que le Saint-Siège
devait trouver cette manière d'être chrétien fort
peu convenable.

ou tard en oligarchie, en monarchie, et
finit par dégénérer en despotisme.

Et voilà d'où naît à certaines époques
le besoin, généralement senti par toutes les
ames droites et désintéressées, de réformations dans les grands établissemens humains. La forme extérieure n'est en général
que trop récalcitrante à l'esprit. Qu'est-ce
lorsque, n'ayant plus nulle harmonie avec
lui, elle le contraint, l'oppresse, le paralyse?
Il faut à la fin qu'il éclate, qu'il s'échappe
d'un corps, lequel ne lui offre plus les
organes qui doivent seconder son développement. Les hommes qui tous, plus ou moins,
trouvent en eux-mêmes la notion claire et
le type de cet esprit, s'irritent contre l'orgueilleux et nuisible colosse, le brisent
dans leur indignation, s'efforcent de recueillir la flamme sainte qui y était cachée;
légère et vacillante, ils ne peuvent la saisir; il faut qu'ils la renferment de nouveau
dans un vase ouvrage de leurs mains,
qu'ils l'unissent à une nouvelle forme sensible. Ainsi, après avoir détruit le vieil
édifice de la communion romaine, il fallut
aux chrétiens séparés d'elle la confession
d'Augsbourg, et d'autres semblables codes:

après la destruction de la monarchie en France, il fallut fixer l'esprit du gouvernement et celui des droits naturels de l'homme dans les formes positives d'une nouvelle constitution.

Mais en jugeant ces réformations, combien ne faut-il pas avoir égard à l'esprit général du tems et du pays où elles ont été opérées ? — Elles reçoivent de cette double circonstance, aussi bien que du caractère individuel de leur auteur et de ses principaux coopérateurs, du dessein et du but local de ces personnages, etc..... leur modification, leur couleur particulière. *Moïse*, sortant d'Egypte à la tête d'une troupe d'esclaves mutins, superstitieux, sensuels, dont il lui fallait faire des hommes soumis, des soldats capables de tout entreprendre, et animés contre toute nation qui occuperait une terre sur laquelle il voudrait les établir; *Moïse*, dans ces circonstances, a dirigé la réforme de son peuple comme elle devait l'être pour l'accomplissement de ses desseins. *Mahomet*, réformant une nation libre et fière, sensuelle à l'excès, mais capable d'exaltation et de vertu, sut lui imprimer un grand caractère, et réduisit

à de fort simples termes la forme extérieure
du pur déisme qu'il lui prêcha. Tous deux
amalgamèrent la constitution religieuse,
qui devrait convenir à tous les hommes,
avec la constitution politique qui ne doit
convenir qu'à une nation, confondirent
l'église et l'état, et rendirent par-là leur
religion purement locale. Quant à *Jésus*,
conformément à sa céleste origine, il sépara
les soins de l'état de ceux de la religion,
dont il proclama que l'empire n'était pas
de ce monde. Au milieu de la nation juive,
qui avait reçu de *Moïse*, pendant les quarante années du désert, une législation
convenable aux besoins de son premier
établissement dans la Palestine, mais qui
était parvenue au plus haut point de la
nécessité d'une réformation, *Jésus* entreprit
celle de toute l'humanité, en ce qu'il rejeta
les formes qui ne convenaient qu'à un esprit
local, et qu'il en appela à l'esprit universel
de la religion, qui est le même chez tous
les hommes. Aussi l'œuvre de sa réformation,
par l'esprit vraiment divin, c'est-à-dire, émi-
nemment humain, qui en était l'ame, et par
la simplicité des formes dont il était revêtu,
devait être adopté par tous les hommes

droits, d'un cœur simple et encore non
faussé par la contrainte de formes locales.
La réforme divine opérée par *Jésus* est
donc essentiellement, et par opposition aux
deux autres, cosmopolite, ou *catholique*,
suivant la vraie étymologie de ce terme.
Peut-être même que la forme donnée par
lui était trop simple, et que quand la société
religieuse fondée en son nom s'étendit par
toute la terre, il convint d'ajouter à cette
forme. De là aussi le pouvoir qu'a pu transmettre sur ce point le législateur à la future
église. Mais le droit d'approprier convenablement la forme, n'était pas celui de la
dénaturer, de la surcharger, de la rendre
contraire même à l'esprit auquel elle ne
doit que servir d'organe. L'esprit du *Christ*
n'était plus reconnaissable dans la constitution de l'Eglise chrétienne d'Occident
au quinzième siècle. La subordination de
l'église envers l'état dans les choses humaines et terrestres, la distinction de tous
deux en ce qui concerne la terre et ce qui
concerne le ciel; cette distinction primitive
avait été violemment effacée; l'esprit étranger de quelques institutions bizarres s'était
glissé dans le fantôme incohérent du christianisme

tianisme moderne ; tout était confondu et
altéré : il fallait une réformation ; un rappel
de l'esprit primitif, une simplification dans
la forme extérieure. Cette réformation
s'opéra au seizième siècle dans une partie
de l'Occident, et on la désigne par le nom
de *Luther*, qui en a été le courageux et
principal moteur.

Remarquons encore que la forme extérieure des institutions religieuses étant la
partie de ces institutions qui correspond
immédiatement aux sens de l'homme, et
qui par-là se marie à ses passions ; au contraire, que l'esprit qui anime ces institutions, étant ce qui correspond directement
avec son intelligence ; il en résulte premièrement, que plus une société est composée
d'hommes ignorans, sensuels, et dévoués
à la matière, plus il faudra à cette société
de pratiques extérieures, de préceptes purement cérémoniels dans son culte : et l'attachement passionné, qui naît par les sens
pour un tel culte, peut se porter à un excès
où il brave toutes les atteintes, même de
la raison la plus convaincante. Et secon-
dement, que plus une réunion d'hommes
est éclairée, plus les facultés intellectuelles

y sont cultivées par préférence aux sens,
plus l'esprit de ses autres institutions est
resté pur, moins aussi elle pourra souffrir
la surcharge dans la constitution de son
culte, et plus elle se montrera disposée à
une réformation dans cette partie.

L'attachement passionné pour ce qui est
corps et simple forme dans la religion,
attachement qui en fait méconnaître l'esprit,
et transporter aux accessoires, aux dogmes
et à l'extérieur du culte la vénération qui
n'appartient qu'à la Divinité; cette dérivation si commune parmi les hommes grossiers
et sensuels, est la source de la *superstition*.
Disposition pernicieuse, funeste, qui plaçant le foyer de l'enthousiasme au milieu
des sens et des passions, peut porter aux
plus grands excès et aux plus horribles
cruautés.

Le penchant contraire, celui par lequel
l'homme, suivant l'impulsion de sa nature
spirituelle, tend à rejeter tout ce qui est
forme et corps dans la religion, pour ne
s'attacher qu'à son esprit; cette exclusion
d'un culte visible et extérieur, est le chemin
qui mène à la *mysticité*. Elle est fréquemment le partage des hommes méditatifs et

solitaires, qui, ne sentant pas le besoin
d'influer sur d'autres hommes, croient pouvoir se passer des sens, et s'en tenir au
pur esprit de la religion. Cet attachement
à l'esprit, dégagé de tout ce qui est acci-
dentel et local, doit réveiller parmi tous
les hommes qui s'y livrent des sentimens
à-peu-près semblables. De là vient la conformité singulière remarquée entre les opinions de nos mystiques chrétiens, de *Quesnel*, de *Fénélon*, et de quelques Espagnols et
Allemands, avec les opinions des Bramines
de l'Inde. Le mysticisme, partage ordinaire
des ames douces et contemplatives, peut
bien produire un fanatisme intellectuel,
mais qui n'est d'aucun danger pour la société, tant que le mysticisme est sincère,
et qu'il n'est point joué par des hypocrites.
Notre révolution, dans sa courte durée, a
eu ses supersticieux, ses mystiques et ses
hypocrites. La sécheresse de cette digression, qu'il faut enfin se hâter de conclure,
ne peut être excusée que par la nécessité
où était l'auteur de mettre dans tout son
jour le point de vue sous lequel il lui semble
que doit s'envisager l'influence d'une révolution qui a commencé par le domaine de la

religion, et de jeter ainsi en avant comme les premiers linéamens de son travail.

---

§. 3. *En particulier sur celle de* LUTHER.

Deux objets sont principalement chers au cœur de l'homme, et il n'est pas rare de le voir sacrifier pour eux tous ses autres intérêts, et jusqu'à sa vie même. L'un est la conservation de ses droits sociaux, et l'autre, l'indépendance de ses opinions religieuses : la liberté dans ses actions civiles, et la liberté dans les actes de sa conscience. Il attache à l'une et à l'autre un prix égal à celui de son existence. L'idée de leur recouvrement quand il les a perdus, le porte au comble de l'enthousiasme : celle de les perdre quand il en jouit, le jète dans un désespoir qui peut tout lui faire entreprendre. L'une et l'autre de ces dispositions couvait sourdement dans presque toute l'Europe, au commencement du seizième siècle. Telle nation, qui avait perdu sa liberté civile et religieuse, commençait à sentir le poids et l'indignité de ses chaînes ; telle autre, qui jouissait encore d'une cer-

taine indépendance, frémissait de la voir
prête à lui échapper. Tous les états de
cette partie du monde, et plus en particulier la confédération d'états qui formait
l'empire d'Allemagne, étaient tourmentés
depuis longtems des tiraillemens opposés
qu'occasionnait la lutte opiniâtre qui avait
lieu entre les empereurs successeurs des
Césars, et les papes successeurs de S. *Pierre*;
lutte dont le prix devait être la monarchie
illimitée sur l'ancien territoire de l'empire
romain. Tous les deux concurrens prétendaient, ou affectaient des droits égaux
sur Rome; et il était clair à leurs yeux,
comme à ceux de toute l'Europe , que le
maître de Rome devait l'être aussi de l'Empire : tant les préjugés vulgaires sont difficiles à déraciner ! Ce magique nom de
Rome imposait encore des siècles après
l'évanouissement de sa gloire réelle, et
même il impose encore de nos jours. Une
des habitudes les plus funestes parmi les
hommes, c'est de se persuader machinale-
ment que ce qui a duré longtems doit durer
toujours; que l'existence d'un jour établit
un droit pour le jour d'après; que l'histoire ne peut être qu'une répétition pério-

dique des mêmes évènemens, et que chaque siècle doit ressembler aux autres siècles (1). Rome avait été longtems la capitale du monde, il s'ensuivait donc qu'il fallait qu'elle le fût toujours. Il ne vint d'abord en tête à personne de nier cette conséquence, et de laisser le maître de Rome pour ce qu'il était. On se battit longtems pour savoir qui resterait en possession de la ville souveraine, et à qui on se soumettrait des deux rivaux : on se disputait, à la lettre, pour le choix des tyrans.

La filiation du droit prétendu que pensaient avoir les princes successeurs de *Charlemagne* sur Rome et sur l'Empire, est assez connue. Ils se nommaient *Césars ;* or les anciens *Césars* avaient été empereurs dans Rome, et Rome était la maîtresse de la meilleure partie de l'Europe; donc le prince qui s'appelait *César,* devait incontestablement régner sur Rome et sur

_____

(1) « Les exemples du passé fussent-ils même vrais, ne prouvent rien pour l'avenir. Cette assertion est plus sûre : tout ce qui est possible peut arriver. » FRÉDÉRIC II, *Histoire de mon tems, Œuvr. posth.,* t. II, pag. 70.

l'Europe, en sa qualité d'Empereur. Cet argument a passé longtems pour irrécusable.

Le droit des papes n'était pas aussi clair, mais il n'en était que plus révéré. Comme Rome était la maîtresse naturelle de tout l'univers, et que le prince qui avait résidé si longtems à Rome était chef de l'Empire, il était évident que l'évêque de Rome devait aussi être le chef de l'église. Peu-à-peu, à force de machinations, de mesures habilement prises et opiniâtrement suivies, cette primatie du pontife romain s'établit, non sans peines et sans troubles. Quand Rome ensuite se trouva sans empereur, la considération du pontife ne fit que s'en accroître ; il se trouva le premier dans Rome, de second qu'il y avait été jusques-là. Et quand des princes francs et romains se mirent en tête la singulière ambition d'être couronnés empereurs dans la ville des *Césars*, ce furent les papes qui firent les honneurs de l'Empire, et qui semblèrent le donner en couronnant ses nouveaux chefs. Dès-lors que le pape fut en possession de couronner l'empereur, l'Europe hébêtée ne reconnut plus pour tel que celui qui

avait reçu la couronne des mains du pape.
De là les flatteries, les soumissions, les concessions des princes prétendans à l'Empire,
pour gagner les bonnes grâces du pontife.
Disposant de la première des couronnes,
celui-ci en conclut que les autres étaient
de même à sa disposition. Souverain d'un
innombrale clergé riche, actif et répandu
parmi toutes les nations, régnant par ce
moyen sur toutes les consciences, il lui
fut aisé de s'établir dans l'opinion comme le
chargé de pouvoirs de Dieu sur la terre,
le vicaire de Jésus Christ, le dominateur des
rois (1). Si quelque prince osait tenter de

---

(1) C'est le langage non-seulement des bulles
émanées de Rome à cette époque et dans les tems
suivans, mais des écrits les plus populaires et les
plus répandus alors, ce qui prouve que le préjugé
était établi bien généralement. On lit dans la préface du *Miroir de Souabe*, ouvrage qui est de la fin
du treizième siècle : « Depuis le tems que Dieu
s'est fait prince de paix, les deux glaives qu'il avait
dans le ciel pour protéger la chrétienté, il les a
envoyés sur la terre, et les a donnés tous les deux
à *S. Pierre*, l'un pour la justice temporelle, et
l'autre pour la spirituelle ; celui de la justice temporelle, le pape la commet à l'empereur, pour le

se soustraire à cette autorité émanée du
ciel, le pontife l'anathématisait, le repous-
sait hors de la communion des fidèles, et
ses imbécilles sujets s'éloignaient de lui
comme d'un pestiféré. Il allait d'ordinaire
demander grace au vice-dieu irrité, l'appaiser par les plus basses soumissions, et
par la reconnaissance de tous les droits que
l'altier pontife s'arrogeait ; après quoi le
prince repentant était rétabli dans ses
charges et honneurs ; et à chaque expérience pareille, le pouvoir des papes sanc-
tionné et accrû, s'affermissait plus que
jamais.

A Dieu ne plaise qu'on puisse me prêter
la vile intention d'insulter en cet écrit au
clergé et au chef de l'église romaine. Aujourd'hui que des siècles d'humiliation, de

---

service de l'église, et suivant la volonté du
pape.... etc. » Ce sont au reste les propres paroles
de *Boniface* VIII, dans sa fameuse bulle *Unam
sanctam*, donnée en l'an 1302, et qui finit ainsi :
*Porrò subesse Romano Pontifici omni humanæ
creataræ declaramus, dicimus, definimus, et
pronunciamus omninò esse de necessitate salutis.*
Un tel énoncé peut se passer de commentaire.

dépouillement, de persécution même, ont
expié-dessiè cles d'orgueil, d'avidité et d'intolérance, il serait barbare d'imputer aux
successeurs les torts de leurs prédécesseurs.
Les membres actuels du clergé ne sont plus
ceux d'alors. Combien ne serait-il pas de-
sirable de pouvoir même penser, que l'ancien esprit, qui après des jours d'une vaine
gloire a amené tant de jours d'opprobre sur
l'église, est tout-à-fait éteint chez ses ministres! Du moins devons-nous croire que
la plus grande partie d'entr'eux participe
aux lumières de leurs contemporains, que
la rigidité de la moderne orthodoxie a fait
place à un esprit plus doux, plus conforme
à l'antique esprit de l'évangile. Ce n'est donc
pas des derniers pontifes, qui ont fait voir
des vertus vraiment apostoliques sur le
Saint-Siège; ce n'est pas d'une foule de prêtres modestes et savans qu'il peut être question dans les jugemens sévères que méri-
tent les vices et la conduite des pontifes et
des prêtres aux quatorzième et quinzième
siècles. Qui imputera à *Marc-Aurèle* les
forfaits de *Néron*, à *Pie VII* les indi-
gnités d'*Alexandre VI*? Mais cette observation une fois faite, il doit être permis

à l'historien, dont la tâche est de peindre les évènemens tels qu'ils ont été, d'expliquer les causes de l'indignation et de la révolte des peuples dans un siècle déja loin du nôtre ; il doit lui être permis, dis-je, de ne rien dissimuler, de penser, de parler avec les contemporains des faits qu'il rapporte, de dévoiler la honte de ceux qui ont mérité la honte, et de justifier l'emportement des opprimés, par le récit naïf de l'oppression.

Les considérations sur l'essence de la révolution opérée par *Luther* en Europe, doivent se fixer à trois points principaux, qui en déterminent suffisamment la nature et l'influence postérieure. Faute de les considérer tous trois ensemble, on risquerait de méconnaître la véritable essence de ce grand évènement, de ne pas saisir dans son ensemble l'action générale et l'esprit de l'humanité au seizième siècle, esprit dont toutes les forces se sont développées à-la-fois dans cette occasion.

Le *premier* de ces trois points est l'état politique des nations européennes, leur position intérieure, leur situation à l'égard les unes des autres, à l'égard du chef de l'empire et du chef de l'église.

Le *second* est l'état religieux de ces mêmes nations, leur plus ou moins grande soumission aux décrets du trône pontifical, et les dispositions des princes à cet égard.

Le *troisième*, qui se lie intimement aux deux premiers, et plus immédiatement encore au second, est l'état des sciences et des lettres dans l'Europe devenue barbare au cinquième siècle, plongée dans les ténèbres et le chaos pendant les siècles suivans ; mais qui depuis environ trois siècles avait recommencé progressivement, bien que faiblement, à s'éclairer de nouveau.

Ce n'est qu'en épuisant ces trois points de vue qu'on pourrait parvenir à une connaissance suffisante de l'esprit général et de la position des états européens au seizième siècle, et par elle à une connaissance précise des suites de la réformation. Mais comment se livrer ici à l'immense détail, aux recherches et aux développemens qu'exigerait ce triple tableau ? — L'auteur doit se borner à une indication vague des principaux objets, et laisser soupçonner seulement ce que l'historien pourrait faire.

—*Esquisse de l'état politique, religieux et littéraire de l'Europe au commencement du seizième siècle.*

I. POLITIQUE.

DES débris de l'empire romain d'Occident s'étaient formées, sur le sol de l'Europe, une foule de dominations, à la tête desquelles étaient pour la plupart les chefs de ces peuplades du Nord qui avaient renversé l'Empire. Tour-à-tour faibles et puissans, ces états, longtems sans consistance, changeaient de maîtres et de forme au gré des évènemens; on en voyait s'élever, s'agrandir, tomber, s'éteindre; et parmi toutes ces vicissitudes, peu d'idées d'une réunion, d'un accord entre les faibles pour s'opposer au plus fort, aucune ombre encore de la grande et féconde conception d'un équilibre entre les puissances. Cependant peu-à-peu l'aristocratie féodale avait perdu de sa consistance; les croisades et autres guerres qui avaient appauvri la noblesse; le commerce,

l'industrie qui avaient enrichi la classe des
bourgeois; les lumières répandues dans celle-
ci, et qui réveillaient en elle le sentiment
des prérogatives de l'homme et de ses droits
naturels, provoquèrent enfin l'établissement
d'une existence civile pour le tiers-état, et
de son influence sur les gouvernemens. La
bourgeoisie de quelques villes, qui se cons-
tituèrent libres, osa même s'attribuer la souveraineté chez elle, ce qui ne fut pas sans
quelqu'effet sur l'opinion alors si enveloppée
de ténèbres, et si nourrie de préjugés.

L'*Italie* divisée en un grand nombre
d'états faibles, les uns monarchiques, les
autres républicains, déchirée intérieure-
ment par la jalousie et la haine de ces petits
états entr'eux, par la mutinerie des barons
et seigneurs particuliers qui prétendaient à
l'indépendance, était encore le malheureux
théâtre des invasions de ses puissans voisins,
Français, Allemands, Espagnols, qui tous
aspiraient à s'y voir fermement établis, les
uns à Naples, les autres à Milan, Mantoue, etc.... Cette belle contrée était livrée
à des désolations qui se succédaient sans
relâche. Ses faibles souverains, tantôt se
rangeant du parti d'un puissant conquérant,

tantôt jaloux de ses progrès, et complotant
pour l'expulser de leur pays, ne se sau-
vaient d'ordinaire que par la perfidie, la
fourbe, et une politique astucieuse, qui
dès-lors a été un des traits dominans du caractère italien. Ce pays, depuis longtems
le plus riche de l'Europe et le centre de
tout le commerce, était à la veille de voir
tarir pour lui la source de l'opulence, à cause
des nouveaux chemins qui venaient d'être
ouverts au commerce sur l'Océan par les
vaisseaux espagnols et portugais.

Les *Turcs* venaient de s'emparer du siège
de l'empire d'Orient, et portaient vers l'Occident leurs armes victorieuses, dans la Calabre, la Hongrie et jusqu'aux portes de
Vienne.

La *Pologne* livrée pendant le cours du
quinzième siècle aux convulsions d'une aristocratie anarchique, consumant toutes ses
forces au dedans d'elle-même, était presque
nulle au dehors. Dans sa partie septentrionale, les chevaliers de l'Ordre Teutonique,
sous prétexte de convertir les infidèles,
s'étaient formé une domination, origine
première du royaume de Prusse.

La *Russie* n'existait pas encore pour

l'occident de l'Europe, où depuis elle a acquis tant d'ascendant.

La *Suède* et le *Danemarck* étaient à-peu-près aussi nuls pour les états situés à leur midi. Les rois de Danemarck, après bien des guerres et des vicissitudes de succès, avaient soumis à leur domination l'impatiente Suède, toujours disposée à secouer ce joug étranger. Un héros, né dans son sein, consomma cette entreprise. *Gustave Wasa* devint le roi légitime de sa patrie qu'il avait délivrée.

Le *nord de l'Allemagne*, qu'on pourrait appeler l'Allemagne Saxone; parce que c'est l'ancienne race saxone qui y domine, était partagé en états la plupart peu étendus et peu riches. Ils ne tenaient au midi de l'Empire que par le lien alors si lâche, et si mal déterminé de la confédération germanique. L'empereur cependant harcelé sans relâche par les Ottomans, avait les motifs les plus pressans de ménager ces princes saxons, qui pouvaient lui fournir quelques secours. Cette partie de l'Empire avait vu se former dans son sein une ligue redoptable de villes commerçantes, qu'un intérêt commun avait réunies. La Hanse teutonique

s'était

s'était élevée pour s'opposer au pillage des
brigands féodaux, qui de leurs châteaux,
ou mieux de leurs repaires, infestaient
les routes de leur voisinage, et dévalisaient
les marchands qui allaient d'une foire à
l'autre. Les villes de Lombardie, celles du
Rhin, avaient formé des confédérations
pareilles : et ces associations d'hommes libres, d'une activité si bienfaisante, furent
du petit nombre des établissemens vraiment
humains dont les nations modernes aient à
se glorifier dans ces premiers tems.

La *Bohême* avait surtout montré à l'Europe un exemple de l'esprit républicain,
mais seulement dans son application à la liberté des consciences. Les partisans du martyr de la Bohême, de *Jean Huss*, avaient
soutenu, par des prodiges de bravoure et
de fermeté, leur croyance religieuse. Les
princes autrichiens n'avaient pu les y faire
renoncer. Une capitulation avait eu lieu
entre le prince et les sujets, sur l'article du
culte. Cet exemple semblait solliciter le
reste du monde chrétien à s'affranchir de
même. Ce n'est pas en ce que les braves
Bohémiens se servaient du calice en com-
muniant qu'ils étaient louables et dignes

4

de trouver des imitateurs, mais bien en ce qu'ils faisaient sur cet article ce que leur conscience leur prescrivait, et qu'ils eurent le courage de s'en acquérir le droit.

Le *midi de l'Allemagne* était presque soumis au même morcellement que le nord; mais la plus forte moitié de cette contrée faisait partie des états de la colossale maison d'Autriche, laquelle revêtue, presqu'à titre d'hérédité, de la dignité impériale, enrichie de tous les états de Bourgogne sous *Maximilien*, des couronnes de l'Espagne sous son successeur *Charles-Quint*, et d'une portion de l'Italie, ne déguisait même plus son dessein d'une monarchie universelle. Cette puissance était prédominante au commencement du seizième siècle, et menaçait d'engloutir toutes les autres.

Cependant sa noble rivale, la *France*, qui devait si puissamment concourir à sauver l'Europe de cet opprobre, la France avait enfin repoussé de son territoire les Anglais, qui en disputèrent si longtems une partie. L'armée permanente et soldée que les rois furent obligés de tenir sur pied à cette occasion, leur fut d'un merveilleux secours pour réunir à la couronne des pro-

vinces qui avaient leurs seigneurs particuliers, pour dépouiller tous ces grands et
petits vassaux, et enrichir l'état à leurs dépens. *Louis XI* avait, à peu de chose près,
consommé cet accroissement de la puissance royale. *Charles VIII* et *Louis XII*
avaient essayé leurs armes en Italie contre
les armes impériales. Malgré leurs revers,
ils avaient au moins montré qu'ils pouvaient
devenir redoutables. *François 1*, après eux,
se trouvait à la tête d'une puissance imposante, et sans doute la première en Europe après celle de l'Autriche.

Entre ces deux puissances, et aux dépens de la première, s'était formée une république de montagnards simples et énergiques, qui les premiers avaient rendu
croyable à l'Europe moderne ce qu'on con-
tait du courage des Spartiates aux Thermo-
pyles, et de leurs vertus en Laconie. Les
Suisses avaient repris le droit que repren-
nent tous les hommes quand ils le peuvent,
celui de vivre indépendans, et d'être maîtres
chez eux. Ils se tenaient en garde contre
l'Autriche, jalouse d'eux, en s'appuyant de
la protection des rois de France.

L'Angleterre qui avait si longtems négligé, le rôle auquel l'appelait la nature, celui de puissance maritime ; qui avait consumé si longtems ses plus précieuses forces à la conquête et au maintien de quelques provinces de l'ouest de la France, avait eu enfin, on peut dire la bonne fortune, de voir ses armées chassées du continent, et forcées de rentrer dans leur île. Cette perte apparente devint un avantage réel pour la nation, qui tourna par la suite son activité vers l'établissement de sa liberté et de ses flottes. L'Angleterre n'était pas au seizième siècle ce qu'elle est devenue depuis ; mais elle était déja au rang des premières puissances de l'Europe ; et *Henri VIII*, prince bizarre et violent, qui commença par écrire en théologien emporté contre *Luther*, et qui finit par l'imiter, eût joué en Europe un rôle bien plus important qu'il ne l'a fait, si moins occupé de ses passions, de ses amours et de ses cruautés, il eût su faire au dehors un sage emploi de sa puissance.

L'Espagne avait longtems consumé ses forces en combattant, sur son propre sol, les Maures qui en occupèrent, pendant des siècles, la meilleure et la plus belle part.

Enfin ces conquérans venaient d'en être
expulsés. *Ferdinand* d'Arragon, qui avait
eu la gloire de consommer cette délivrance
de l'Espagne, épousa *Isabelle*, et joignit
ainsi la Castille à l'Arragon. Ces états réunis passèrent à *Charles-Quint*, et l'Espagne
ne formait plus sous lui qu'une province de
la vaste monarchie autrichienne.

Cependant le système politique et le nouveau genre de guerre qui s'était introduit,
devenaient de plus en plus favorables aux
grandes puissances. L'invention de l'artillerie, qui rendait inutiles les châteaux et
les simples murs, obligeait à l'érection de
forteresses, trop coûteuses pour les petits
princes et les petits états. Les armées per-
manentes assuraient aussi aux grands souverains un avantage décidé sur ceux qui ne
pouvaient en soutenir les frais. Les princes
d'Empire avaient plus que jamais à redouter que *Charles-Quint* ne les traitât comme
Louis XI avait traité les seigneurs de
France. Malgré ce danger, ils s'affaiblis-
saient encore en partageant leurs états entre
leurs héritiers, et en donnant des apanages
à tous leurs fils, comme si les peuples et

les provinces eussent été leur propriété ;
personne alors ne révoquait ce droit en
doute.

Les Européens resserrés jusqu'alors dans
les limites de l'ancien monde, venaient de
s'élancer au delà ; le chemin des Indes et
celui de l'Amérique étaient découverts. En
même tems que des navigateurs hardis fran-
chirent de la sorte un Océan tenu pour
infranchissable, tous les esprits semblèrent
aussi chercher à sortir de l'étroite sphère
d'idées où ils languissaient depuis des
siècles. Le genre humain s'avançait visi-
blement vers le point de maturité d'une
nouvelle époque. Un changement dans l'ordre des choses, une commotion prochaine
devenait vraisemblable ; on entendait gron-
der les entrailles du volcan ; des vapeurs
ardentes s'en échappaient et sillonnaient
les ténèbres. Telle était la fermentation
menaçante qui se manifestait dans l'état
politique des nations dès les premières années du seizième siècle.

II. RELIGION.

La superstition religieuse qui avait tourmenté plus ou moins toutes ces nations, commençait à se modérer chez quelques-unes; et par-tout il se trouvait des hommes éclairés qui la combattaient efficacement. La doctrine des Vaudois et celle des Albigeois en France n'était pas oubliée ; *Wicleff* avait élevé la voix en Angleterre, et avait été écouté. Il a été fait mention ci - dessus des Hussites et de leurs succès en Bohême.

Parmi les princes, tous supportaient avec plus ou moins d'impatience les hauteurs et les prétentions du pontife romain. Quelques-uns osaient s'y opposer ouvertement; et l'université de Paris servit plus d'une fois d'organe au pouvoir souverain pour répondre aux menaces de Rome. On avait le courage d'en appeler à un futur concile, qu'on mettait sans détour au dessus du pape. D'autres princes, tantôt par conviction, et tantôt par politique, ployaient encore le genou devant Rome, et semblaient faire cause commune avec le chef de l'église.

Charles-Quint, par exemple, ne pouvait se dispenser de rester attaché au Saint-Siège, dont il avait intérêt de se ménager l'appui en Italie, pays dans lequel il voulait dominer. Ses sujets d'Espagne, où l'inquisition venait d'être introduite, et où la longue terreur inspirée par les Maures avait entretenu le peuple dans le catholicisme le plus superstitieux, se seraient à l'instant révoltés contre lui s'il eût paru catholique moins zélé qu'eux.

Les pays qui jouissaient d'une constitution républicaine, et qui nourissaient chez eux plus de penchant à la liberté, étaient ceux aussi qui se montraient les moins timides devant Rome. On sait avec quelle noble fermeté le sénat de Venise opposa constamment une digue à ses usurpations. Il est des cantons essentiellement républicains de la Hollande, du Holstein, de toute la Basse-Allemagne, qui n'ont jamais été vraiment papistes, et que la réformation a trouvé tout réformés.

D'ailleurs les yeux commençaient à se dessiller. Les violences impolitiques de quelques papes, la vie scandaleuse de quelques autres, le libertinage éhonté de leur

cour et de leur capitale, les mauvaises
mœurs du clergé, l'ignorance et l'effron-
terie de plusieurs ordres mendians, fidèles
satellites du Saint - Siège ; les septante années de captivité à Avignon, le schisme
de quarante autres années qui suivit, où
l'on vit deux et jusqu'à trois papes, ayant
chacun leur parti, s'injuriant, s'excommu-
niant, se prodiguant des injures révoltantes,
et se reprochant les vices les plus bas ;
révélations naïves qui couvraient d'igno-
minie les deux rivaux à la fois ; les exactions de toute espèce, les indulgences surtout, abus monstrueux du plus monstrueux
des pouvoirs ; l'intolérance, les cruautés
de l'inquisition : en voilà bien assez pour
expliquer la haine et le mépris qui cou-
vaient sourdement dans tant de lieux contre
la hiérarchie romaine. Or que devait devenir une puissance entièrement fondée
sur l'opinion, du moment que l'opinion se
retirait d'elle ? Douter de ses droits, c'était
les lui enlever ; sonder ses fondemens, c'était
les saper ; examiner, c'était détruire.

Les papes cependant, qui peut - être
sentaient mieux que d'autres les plaies
profondes qui affligeaient leur règne, n'en

laissaient rien paraître à l'extérieur, et affectaient la sécurité qui en impose à l'opinion. Ils savaient céder quelquefois, et ployer où la nécessité les y contraignait; mais ils changeaient de ton le moins qu'il leur était possible, espérant toujours qu'un meilleur tems reviendrait, un tems de bigotisme et de ténèbres, où ils pourraient déployer, dans toute sa magnificence, leur opiniâtre système de *Lamaïsme. L'irritable Paul III*, aussi audacieux qu'*Hildebrand*, cita le roi d'Angleterre à comparaître devant lui; et sur le refus du non moins irritable *Henri VIII*, il le déclara déchu de sa couronne (1), lui et ses descendans à

------

(1) « *Nos... Henricum privationis regni incurrisse pœnam declaramus... Ejus et complicum, etc. Filii pœnarum participes sint. Omines et singulos Henrici regis, et aliorum prædictorum filios natos et nascituros; aliosque descendentes... (nemine excepto, nullâque minoris ætatis, aut sexûs, vel ignorantiæ, vel alterius cujusvis causæ habitâ ratione) dignitatibus, dominiis, civitatibus, castris, privatos, et ad illa ac alia in posterum obtinenda inhabiles esse decernimus et inhabilitamus. Decernimus quod Henricus rex et complices et sequaces, nec non præfati descendentes, ex tunc infames existant, ad testimo-*

toute perpétuité. *Pie IV* traita de même la reine de Naples; *Pie V* porta la même sentence contre la fière *Elisabeth* d'Angleterre; et à chacune de ces occasions, le vicaire de J. C. étalait avec assurance ses droits incontestables sur toutes les couronnes et sur tout le globe. Il distribuait l'Amérique à mesure qu'on la découvrait, et même avant qu'on la découvrît (1); et il

---

nium non *admittantur, testamenta facere non possint,* etc. » (BULLAR. MAGN.) Voilà ce qu'on appelle une colère vraiment pontificale! Elle ne se contente pas de poursuivre et de déclarer *infâme* jusqu'à la quatrième génération; elle atteint l'éternité et frappe les derniers neveux des arrière-petits-enfans.

(1) « *Nos motu proprio. . . . de nostrâ liberalitate, . . . omnes insulas et terras firmas inventas et inveniendas, detectas et detegendas versùs occidentem et meridiem, fabricando et construendo unam lineam a polo arctico, silicet septentrione, ad polum antarcticum, scilicet meridiem, sive sint versùs Indiam, aut versùs aliam quamcunque partem, quæ linea distet a quâlibet insularum quæ vulgariter nuncupantur* De los Azores y cabo vierde, *centum leucis versùs occidentem et meridiem; ità quod omnes insulæ et terra firma reperta et reperienda à præfatâ lineâ versùs occidentem et meridiem, quæ*

avait sa légion d'écrivains, de théologiens
et de juristes qui démontraient avec intré-
pidité toute la sainteté et l'évidence de
ces droits. L'Eglise reconnaissante a placé
les noms de plusieurs d'entr'eux au calendrier (1).

Ce système désastreux qui subordonnait

_____

*per alium regem aut principem christianum non
fuerint actualiter possessæ, auctoritate omnipotentis
Dei, et vicariatûs J. C. quâ fungimur in terris,
cum omnibus illarum dominiis, civitatibus, castris,
locis et villis, jurisque et jurisdictionibus, ac per-
tinentiis universis, vobis, hæredibusque vestris, in
perpetuum, tenore præsentium donamus, vosque et
hæredes illarum dominos facimus et deputamus.* »
(BULLAR. MAGN., t. I, p. 454.) Singulier droit
public de l'Europe d'alors, qui se fondait sur de
telles pièces! On voit que la chancellerie apostolique, qui d'ailleurs ne se pique pas d'une grande
exactitude en géographie, ne reconnaît sur la terre
pour souverains légitimes que les princes *chrétiens.*
Tous les autres peuvent être dépossédés, sans qu'il
soit besoin seulement d'en faire mention.

(1) *S. Thomas, S. Antoine, S. Bonaventure,
S. Raymond,* etc. Elle a revêtu pour la même
cause de la pourpre des cardinaux : *Turrecremata,
Reginald - Polus , Albert - Pighius, Sylvestre-
Prieiras , Navarrus , Bellarmin,* etc.

les sociétés civiles au sceptre de fer d'une
église exclusive, et hors de laquelle il n'y
avait pas de salut (1), devait peu à peu
aliéner d'elle les meilleurs esprits. Des réclamations, des murmures s'élevaient de
tous côtés; mille voix se réunissaient pour
provoquer une réformation de l'église *dans
le chef et dans les membres, dans la foi
et dans les mœurs*; ce sont les termes

---

(1) La qualité de catholique romain avait tout-
à-fait remplacé celle d'homme et même de chrétien.
Qui n'était pas catholique romain, n'était pas
homme, était moins qu'homme, et eût-il été un
souverain, c'était une bonne action que de lui ôter
la vie. Voici quel était, à cet égard, le langage
ordinaire des casuistes de Rome. Je cite au hasard
les paroles d'un d'entr'eux : « *Ostendimus jam satis
apertè justum esse, ut hæreticus occidatur; quo
autem genere mortis sit occidendus, parùm ad rem
facit. Nam quocunque modo occidatur, semper con-
sulitur ecclesiæ*. ALPHONSUS A CASTRO. (*De justâ
Hæreticorum Pœnâ*, l. II, cap. 12.) — Ce *Castro*
écrivait dans le tems que la réformation commencée
aurait dû apprendre aux gens de sa robe à être plus
circonspects. On remplirait des volumes de passages
semblables, et l'on se rappelle en les lisant l'horrible joie que fit éclater *Grégoire XIII* à la nouvelle
du massacre de la *Saint-Barthelemy*.

consacrés. Trois conciles coup sur coup, à Pise, à Constance et à Basle, avaient dévoilé les plaies de ce vieux corps, et en avaient sondé la profondeur. La tension et le mécontement étaient devenus plus sensibles que jamais au commencement du seizième siècle ; et ce fut au milieu de cet état de choses que le jeune et voluptueux *Médicis* monta sur le trône pontifical. Ami des beaux-arts, dont il n'attendait que de l'éclat et des jouissances, politique rusé, mais présomptueux, préoccupé de mépris pour la grossièreté allemande, sous laquelle il ne savait pas deviner une profondeur et une virilité de caractère dont il devait éprouver toute l'énergie, *Léon X* n'était pas de force à se mesurer avec *Luther*; et l'orgueilleuse faiblesse de l'un préparait bien des succès à l'intrépide fermeté de l'autre.

III. LUMIÈRES.

L'ignorance qu'avaient apportée avec eux les barbares du Nord, secondée par les guerres, les dévastations continuelles qui désolèrent depuis leur apparition le sol de

l'Europe, y avaient effacé presque toute
trace de culture. Le peu d'instruction qui
se propageait encore faiblement pendant
les premiers siècles du moyen âge, ne se
trouvait que parmi les ecclésiastiques, et
surtout dans les cloîtres. C'est dans ces
asyles, souvent respectés par la superstition
de guerriers féroces qui ne respectaient
rien au delà, que se conservaient, se co-
piaient quelques livres manuscrits, que
s'écrivaient les annales du tems, que s'enseignait un mélange, le plus souvent bizarre,
mais quelquefois étonnant par sa subtilité
et ses heureux éclairs, d'une théologie,
d'une logique et d'une métaphysique presqu'entièrement défigurées et mésentendues.
On devine bien qu'il est question de la
scholastique, laquelle a eu des périodes
et des destinées si diverses : désert inhabi-
table pour le sens commun, mais çà et là
parsemé d'Oasis où l'on reconnaît la main
d'une nature bienfaisante, et où l'esprit
s'arrête avec ravissement.

Si les gens d'église conservèrent ainsi la
faible tradition des lumières, il faut convenir aussi qu'entre leurs mains elles devinrent plus d'une fois dangereuses, et

furent détournées par leurs dépositaires à des usages pernicieux. La domination de Rome fondée sur un échafaudage de fausses preuves historiques, avait besoin du secours de ces fidèles auxiliaires, pour d'un côté employer leur demi-savoir à fasciner tous les yeux, et de l'autre empêcher ces mêmes yeux d'apercevoir la véritable lumière, et de s'éclairer au flambeau de la critique. Les usurpations locales du clergé en beaucoup d'endroits étaient fondées sur des titres pareils, avaient besoin de pareils moyens pour se maintenir. Il s'ensuivait donc, et que le peu de savoir permis devait être mêlé d'erreurs; et que les nations devaient être entretenues soigneusement dans une profonde ignorance, amie de la superstition. L'étude, autant que possible, était rendue inaccessible au laïque; celle des langues anciennes était traitée comme une monstruosité et une idolâtrie. La lecture surtout des saintes écritures, ce patrimoine sacré de tous les chrétiens, était sévèrement interdite : lire la Bible, sans permission des supérieurs, était un crime : la traduire en langue vulgaire, eût été une témérité digne du dernier supplice. Les

papes

papes avaient bien leurs raisons pour que la parole de J. C. ne parvînt pas jusqu'aux peuples, et qu'il ne s'établît pas une communication directe entre l'évangile et le chrétien. Quand on est forcé de retenir dans l'ombre des objets aussi éminens que ceux de la croyance et du culte publics, il faut que les ténèbres soient universelles et impénétrables. Les nombreuses légions de moines mendians ne suffisant pas à cet effet, l'horrible inquisition fut inventée, pour éteindre dans le sang et dans les larmes toute étincelle de clarté qui se montrerait au sein de la nuit.

Mais les efforts des hommes ne peuvent éternellement suspendre le cours de la nature. L'aurore devait infailliblement renaître ; le jour devait la suivre, et illuminer de ses rayons le fantôme des ténèbres devenu à-la-fois la risée et l'admiration des peuples. L'université de Paris avait déjà des filles et des émules dignes d'elle en Allemagne et en Angleterre. Celle de Wittemberg, où *Luther* et *Mélanchton* débutèrent par être professeurs, venait d'être fondée. Les princes entraînés par l'esprit général, par l'émulation de gloire,

par l'éclat ravissant de lumières si nouvelles, en secondaient la renaissance par
de tels établissemens. Il devenait impossible
d'imposer silence à tant d'écoles qui se
rendaient célèbres à l'envi l'une de l'autre.
Les langues anciennes, l'histoire, la critique y étaient publiquement enseignées,
malgré les clameurs des partisans de l'ignorance. La science y sortait enfin de tutelle,
et rompait peu à peu son antique pacte
avec l'erreur. Le commerce dans les pays
lointains, la connaissance d'un nouveau
monde, avait disposé les têtes à recevoir
des idées nouvelles. L'art de l'imprimerie,
bienfait incalculable pour les hommes,
et le plus grand que la pensée ait jamais
reçu de l'industrie, venait d'être inventé
en Germanie sur les bords du Rhin, multipliait la lumière à l'infini, et ôtait tout
moyen de la renfermer derechef sous le
boisseau. A l'autre extrémité de la Germanie, sur les bords de la Vistule, *Copernic*
venait de réformer le ciel, et d'en dévoiler
l'ordre véritable, que des bulles pontificales
n'ont pu changer depuis. Quand on considère l'histoire des premières années de ce
seizième siècle, on ne peut s'empêcher de

considérer cette époque comme une des plus décisives pour le perfectionnement et l'amélioration de notre espèce.

Pendant ce premier conflit de la lumière et des ténèbres, chaque parti se roidissait, s'affermissait dans son opinion, et se préparait à un choc. A la tête du parti ami des lumières, la voix publique avait placé le spirituel *Erasme* de Rotterdam. Ses piquantes satyres contre les débordemens du clergé et contre la stupidité monacale avaient fait une vive sensation. Il contribua puissamment à faire naître le goût de l'érudition et de la critique. *Reuchlin*, philologue et littérateur très-savant, qui avait enseigné dans presque toute l'Europe, était alors fixé en Allemagne, sa patrie, et y excitait un vif enthousiasme pour l'étude des langues, en particulier du grec et de l'hébreu, pour la lecture des livres saints dans les originaux, et pour l'exégèse de la Bible. Les théologiens inquisiteurs de Cologne, entr'autres le fougueux dominicain *Hochstraten*, qui avait sollicité et obtenu un édit impérial, enjoignant de brûler et d'exterminer tous les livres hébreux, cherchèrent querelle à *Reuchlin*, et voulurent démon-

trer que l'étude du grec, comme celle de
l'hébreu, étaient pernicieuses à la foi (1).
Peut-être avaient-ils raison dans leur sens,
et toute étude était‑elle en effet dangereuse pour l'inquisition et pour la puissance
qui soldait de tels auxiliaires. Quoiqu'il en
soit, cette dispute fit un éclat prodigieux, et
finit par couvrir de honte les fauteurs de

---

(1) La faculté de théologie de Paris elle-même
avança vers ce tems, devant le Parlement assemblé,
« qne ç'en était fait de la religion, si on permettait
l'étude du grec et de l'hébreu.» Les moines mendians
tenaient bien un autre langage, et voici comment
s'expliquait à ce sujet un de ces simples soldats de
l'armée de *Hochstraten.* C'est *Conrad de Heresbach,*
écrivain très-grave et très-respectable de ce tems,
qui rapporte les propres paroles du moine : « On a
inventé une nouvelle langue, qu'on appelle le grec;
il faut bien s'en garder; c'est la mère de toutes les
hérésies. Je vois entre les mains de beaucoup de
gens un livre écrit en cette langue, et qu'ils ap-
pellent le *Nouveau-Testament:* c'est un livre plein
d'épines et de serpens. Quant à l'hébreu, mes chers
frères, il est certain que tous ceux qui l'apprennent
deviennent à l'instant juifs. » — Voilà un échantillon de l'esprit du papisme durant ce siècle. Etait-
il bon et convenable de le laisser ainsi poursuivre
en paix?

l'ignorance. Les Hébraïsans triomphèrent, *Ulrich de Hutten*, jeune gentilhomme de Franconie, plein de chaleur et de génie, guerrier, poète, érudit, et même théologien, écrivit à cette occasion les fameuses *Lettres d'Hommes obscurs* (*Epistolæ virorum obscurorum*), satyre remplie d'esprit et de sel, qui versa sur le parti opposé un ridicule ineffaçable. On soupçonna *Reuchlin*, et quelques autres, d'y avoir eu part.

Tels sont à-peu-près les traits principaux du tableau de l'Europe, au moment de la réformation, tant par rapport à la politique qu'à la religion et à la culture intellectuelle.

— *Réformation.*

Le catholicisme n'était pas une religion qui, déja toute formée, ait été donnée à-la-fois à des peuples neufs, où elle ait pu prendre une face uniforme. Le christianisme, introduit en des tems divers chez des nations très-diverses, avait reçu de chacune une modification locale, résultante de l'esprit particulier de cette nation. Ainsi la langue des Romains, introduite en plusieurs

contrées de l'Empire, trouva ici la langue
des Goths et des Lombards; là, celle des
Celtes et des Teutons; en d'autres lieux, le
gallique, le saxon, ou le cantabre, et devint
ainsi peu à peu l'italien, le français, l'anglais, ou l'espagnol. Le christianisme lui-
même, lors de sa transmutation successive
en catholicisme romain, altéré dans son
essence par les innovations de la cour de
Rome, des moines et des théologiens, ne se
trouva pas subir par-tout des variations uni-
formes. Avec la similitude fondamentale
des dogmes principaux, il prit en différens
lieux une physionomie différente. Ainsi,
même de nos jours, le catholicisme de Ma-
drid n'est pas en tout semblable à celui de
Paris, non plus que celui de Rome n'est pareil à celui de Vienne. Là, il avait pris une
tendance plus superstitieuse, une forme plus
surchargée, plus matérielle, plus propre à
en étouffer l'esprit; là, au contraire, il
s'était moins embarrassé de liens matériels,
et avait conservé plus de pente au mysticisme : l'esprit était resté plus libre et plus
reconnaissable. Ces variétés dans le caractère de la religion procédaient de la variété
dans le caractère des nations : là plus sen-

suel, plus dissipé, plus extérieur, pour ainsi dire ; là, au contraire, plus méditatif, plus grave, plus recueilli. L'*Italie* d'un côté, et la *Saxe* de l'autre, nous fourniront un exemple de cette diversité ; et il est naturel de choisir ces deux pays, puisque l'un était le siège du catholicisme, et que l'autre devint celui de la réformation.

L'Italie avait été longtems la résidence des chefs de l'Empire romain. Le luxe et la corruption des Asiatiques avait passé dans la ville des *Césars* et dans le reste du pays. Là, abondaient et circulaient les richesses du monde entier. La mollesse des derniers tems de l'Empire décida du caractère italien. Conquis ensuite par une foule de vainqueurs qui se succédaient sans relâche les uns aux autres, ce beau pays fut, pendant plus de dix siècles, le théâtre des guerres continuelles que des étrangers venaient y faire les uns contre les autres pour se le disputer. L'Italien, jamais maître chez lui, toujours opprimé, subjugué, devint naturellement fourbe, adroit, dissimulé, égoïste. Le commerce l'enrichissait encore, mais il se hâtait de consommer en jouissance ce qu'il prévoyait que la violence pourrait bientôt lui arracher. Le goût du luxe, de la pompe, des voluptés, celui des beaux-arts, devinrent ses consolations. La magnificence des débris antiques dont il était entouré influa sur celle qu'il donna à tous ses ouvrages, à tous ses édifices religieux. Le culte devint l'affaire des sens, la religion une mythologie. Les cérémonies pompeuses prirent la place des simples prières ; des saints, des images devinrent les suppléans d'un Dieu presqu'oublié , et les objets immédiats de la dévotion. Tel était l'aspect sous lequel la religion s'offrait à l'Italien dès sa naissance. L'esprit essentiel de cette religion n'existait plus pour lui. Sans doute que le peuple et les hommes vulgaires tenaient très - fortement à ce système de superstition qui captivait leurs sens, et qui mettait à l'aise tous leurs vices ; mais quoi d'étrange, si celui qui venait à penser et à examiner, rejetait à-la-fois, et sans en rien retenir, tout ce système où il ne voyait que l'ouvrage de l'homme, et s'il restait sans une ombre de religion quelconque ? Il fallait donc que l'Italien fût papiste ou athée ; qu'il adorât Notre-Dame de Lorette, ou qu'il n'adorât rien. Aussi n'y eût-il jamais autant d'athées que dans le

pays et autour des souverains pontifes (1). Le
bigotisme le plus outré, ou l'incrédule libertinage de l'*Aretin*, est le lot nécessaire
de gens qui ne peuvent plus croire à toute
leur religion, et qui ne peuvent plus en discerner l'esprit. « *Quand ils jètent*, dit un
ancien proverbe, *l'eau du bain par la fe-
nêtre, ils jètent l'enfant avec.* » — Une
réformation religieuse était impossible dans
ce pays. Ceux qui étaient bons catholiques
n'auraient pas souffert le déplacement d'une

─────────────────

(1) Qu'on ajoute à ceci les raisons que donne de
l'impiété et de la corruption italienne, *Machiavel*
témoin oculaire, et à qui on accordera assez de
sagacité pour bien voir d'où venait le mal. Voici
comment il s'explique : « Le plus grand pronostic
de la ruine prochaine du christianisme, c'est de
voir que plus les peuples sont proches de Rome,
qui est la capitale de la chrétienté, moins ils ont
de dévotion.... Les exemples scandaleux et les
crimes de la cour de Rome, ont été la cause que
l'Italie a perdu entièrement tous les principes de la
piété et tout sentiment de religion... Nous avons
donc, nous autres Italiens, cette première obligation à l'église et aux prêtres, d'être devenus des
impies et des scélérats. » *Disc. sur la prem. Décade
de Tite-Live*, l. I, ch. 12.

relique ; ceux qui ne l'étaient pas n'étaient rien , se conformaient aux pratiques extérieures , mais restaient indifférens à tout intérêt moral et religieux , à tout desir d'une amélioration , à laquelle il n'était pas en eux de penser ni de croire (1).

Quel autre aspect n'offrait pas la Saxe ! Ses peuples n'avaient jamais été amollis , ni par le luxe et l'opulence, ni par un climat trop doux. Là , résidait une nation indigène , énergique, franche, qui, jusqu'au neuvième siècle de notre ère , n'avait jamais été subjuguée. Elle avait arrêté , sur les bords de

---

(1) Les Italiens prouvèrent bien par le fait qu'ils n'étaient nullement capables d'une réformation. Quelques années avant *Luther*, l'ardent *Savonarole* prêcha à Florence à-peu-près les mêmes choses que prêcha ensuite le réformateur de la Saxe, contre les indulgences, l'inconduite de la cour papale, etc. L'infâme *Alexandre VI* régnait alors : loin de se déclarer pour *Savonarole* , comme le peuple de Wittemberg se déclara pour *Luther*, celui de Florence se jeta sur l'infortuné , trop honnête homme pour son tems et pour son pays, le traîna au bûcher allumé par les bourreaux de l'inquisition , et le vit brûler en poussant des hurlemens de joie, et criant: vive le pape *Borgia !*

l'Elbe, le vol de l'aigle romaine qui ne put pénétrer dans ses provinces. Plus tard, cette nation avait donné des vainqueurs à l'Europe; les Angles, les Normans, les Bourguignons, les Francs, essaims échappés de la Saxe, étaient allé soumettre la Grande-Bretagne, les Gaules, et d'autres provinces de l'Ouest. Ceux qui étaient demeurés sur leur ancien territoire, attachés à leur culte national, antique et simple, avaient laissé le reste de l'Europe embrasser le christianisme, sans être tentés de l'imiter, et de quitter une croyance dans laquelle était tissue la mémoire des grandes actions de leurs pères. Quand, après une résistance désespérée de trente-trois années, *Charlemagne* parvint à leur faire recevoir le christianisme, ils l'adoptèrent de bonne foi, et avec simplicité; mais on conçoit qu'il ne put jamais devenir chez eux ce qu'il était devenu chez les Italiens. Il y enchanta moins les yeux, et y il toucha plus les cœurs. Là, il était plus *culte*, ici il était plus *religion*. Des hommes graves, de mœurs en général pures, pratiquèrent naturellement un christianisme plus épuré et plus spirituel. Ils supportèrent toujours, avec une secrète impa-

tience, le joug que la cour de Rome appe-
santissait sur eux, et ils le secouèrent à la
première occasion qui s'en offrit; mais en
rejetant cette croûte parasite qui s'était attachée à l'Evangile, l'Evangile leur resta.
Ils n'en avaient point étouffé l'esprit; le papisme n'était pas pour eux toute la religion;
il leur importait encore d'en conserver une;
l'intérêt aux choses religieuses était vivant
et actif en eux; ils étaient propres à une
réformation.

La culture intellectuelle des deux peuples différait dans la même proportion. Les
beaux-arts, tout ce qui apprête des jouissances au goût, tout ce qui flatte la sen-
sibilité, physique ou morale, était devenu
l'objet de l'activité italienne. L'activité
calme, égale, durable des Saxons s'était
tournée vers les sciences abstraites, vers
la philosophie, les recherches historiques.
Quand la réformation éclata, il ne se trouva
pas un théologien d'Italie de force à se
mesurer avec ceux de la Saxe : quelques-
uns eurent la présomption de s'y risquer,
présomption toujours compagne de l'ignorance. Ils furent battus et couverts de confusion. En revanche, l'Italie s'applaudissait

avec fondement de ses poètes et de ses peintres. Elle n'eût pas produit un *Luther*, mais
la Saxe n'eût pas produit un *Arioste*.

Aux dispositions particulières qui viennent d'être indiquées, la Saxe joignait encore l'indignation et le mécontentement
qui lui étaient communs avec le reste de
l'Europe. Pour subvenir aux dépenses d'une
cour fastueuse, *Léon X* venait d'imposer
sur la chrétienté l'impôt onéreux d'une
nouvelle indulgence. Le prétexte était l'édi-
fication de la superbe basilique de S. *Pierre*.
Mais la preuve au moins que ce motif n'était
pas le seul, c'est que *Léon* avait fait
d'avance présent à une sœur, qu'il aimait
beaucoup, des sommes qui devaient provenir de la levée dans la Basse-Saxe jusqu'à la mer Baltique. Cette circonstance
était sue de tout le monde : et le dominicain *Tetzel* eut l'audace de venir dans le
voisinage de Wittemberg, ouvrir son trafic
d'indulgences, afficher sa mission vénale,
et s'appuyer de prédications d'une extra-
vagance et d'une grossièreté qu'on aurait
peine à croire aujourd'hui.

Martin Luther, docteur, prêtre et religieux augustin, était alors professeur de

philosophie et de théologie à la nouvelle université de Wittemberg, où régnait un excellent et sévère esprit d'assiduité, d'amour des sciences, de vraie religion, et de liberté de penser. *Luther* avait eu des parens pauvres : ses talens seuls l'avaient élevé au poste qu'il occupait. L'un des premiers il s'était voué avec ardeur à l'étude des connaissances nouvelles, que cultivaient les génies les plus éminens de ce siècle. Ainsi que les premiers rayons du soleil prêt à naître frappent d'abord les hauts lieux et les sommets les plus élevés, *Luther* avait aperçu, avant le vulgaire, le jour nouveau qui commençait à poindre. Il s'intéressait de toutes ses forces intellectuelles aux succès des lettres renaissantes, suivait les progrès, et applaudissait à la victoire des partisans des langues anciennes sur les inquisiteurs de Cologne ; même il avait rendu son nom célèbre par quelques bons écrits dans ce genre. Soutenu par un zèle infatigable, par une mémoire prodigieuse, il s'était rendu imperturbable dans la connaissance des saintes écritures, des Pères, et autres antiquités ecclésiastiques. Une de ses vues principales était de renverser la

scholastique en bannissant *Aristote* du domaine de la théologie, et en démontrant
combien, dans ce singulier mélange de la
logique du philosophe païen avec la doctrine
du christianisme, on avait mésentendu la
première, et altéré toutes les deux. Il accablait les scholastiques en toutes rencontres
d'argumens et de plaisanteries, couvrait
leur science de confusion et de ridicule.
Son caractère individuel, qui a tant influé
sur celui de la réformation, était l'énergie
et la droiture. Ardent et calme, fier et
humble à-la-fois, irritable, emporté dans
ses paroles, quand on le provoquait par
des injures; doux et ennemi de toutes violences dans ses actions; jovial, ouvert,
plein de saillies, et même bon compagnon
à la table des grands; studieux, sobre et
stoïque dans son intérieur; courageux et
désintéressé, il savait s'exposer froidement
à tous les risques pour le soutien de ce qu'il
regardait comme la vérité. Appelé à comparaître devant la diète de Worms, il s'y
présenta, malgré l'exemple terrible et assez
récent de *Jean Huss*, avec dignité, simplicité et fermeté. Loin de braver d'abord
Rome, il écrivit avec soumission au pape,

et ne fit sentir d'autre supériorité que celle
de son immense savoir à *Cajetan*, et aux
autres théologiens députés par Rome pour le
convertir. Harcelé ensuite d'injures et d'outrages, il y répondit vivement, et excom-
munié par le pape, il jeta publiquement
au feu la bulle d'anathême. *Luther* connaissait toute la faiblesse intrinsèque et les
abus de la cour pontificale. Il avait été
député à Rome pour les affaires de son
ordre, quelques années auparavant; et là,
tout ce qui avait frappé ses yeux, avait
rempli son cœur d'indignation. Il est assez
probable que dès-lors il conçut en secret,
sinon le dessein, au moins le vœu de la
délivrance de sa patrie : et comme son ancien compatriote *Arminius*, qui avait servi
en Italie dans les légions romaines, avant
que de repousser ces mêmes légions de la
Germanie, c'est dans Rome qu'il avait ap-
pris à mépriser cette Rome, qui de loin
semblait si redoutable. A de pareils traits,
on ne peut méconnaître une de ces ames
supérieures, qui tout en participant à quelques défauts de leur siècle, sont faites pour
le dominer et l'entraîner avec elles dans
la route du perfectionnement. J'ajouterai

encore

encore, qu'après avoir refusé les offres de la cour de Rome, après avoir été pendant tant d'années le fondateur et comme le patriarche d'une nouvelle église, avoir été l'ami, le conseil, le père spirituel de tant de princes que la réformation enrichissait de tous les biens du clergé, dont il aurait pu s'attribuer une riche part, *Luther* vécut et mourut dans un état voisin de la pauvreté, et ne légua à sa femme, à ses enfans, que l'estime due à son nom.

Un tel homme dut bouillonner d'indignation à l'approche de l'éhonté *Tetzel*. Dans les sermons qu'il avait coutume de proférer, *Luther* exposa l'abus du trafic des indulgences, le danger qu'il y avait à croire qu'on pût acheter le ciel et le pardon de tous les crimes à prix d'argent, tandis qu'un sincère repentir et une meilleure vie étaient les seuls moyens d'appaiser la justice divine. Le dominicain répondit avec fureur à ces sermons. *Luther* répliqua, fit un pas de plus, mit en question l'autorité du pape, et donna le signal du soulèvement. Ainsi naquit la réformation (1). Elle trouva une

_____

(1) On sait avec quel acharnement la fureur des

6

foule d'esprits disposés à la recevoir, comme
aussi quelques hommes éclairés et éloquens

---

partis répand la calomnie sur les hommes éminens.
Luther en a été accablé plus qu'aucun. — Par exemple
on voulut trouver la cause de son zèle dans le mécontentement des Augustins, qui voyaient avec envie,
disait-on, les Dominicains chargés par le pape de la
prédication des indulgences. Que *Maimbourg* ait recueilli cette fable, inventée par *Cochlæus*, il n'y a là
rien de surprenant ; mais il est inconcevable que
Voltaire et *Hume* l'aient répétée comme un fait certain. Depuis longtems cette commission était devenue si odieuse et si méprisable, que personne, et
moins *Luther* qu'un autre, ne pouvait l'envier aux
Dominicains, lesquels d'ailleurs étaient en possession presqu'exclusive de ces indulgences, comme de
l'inquisition. Le docteur *Maclaine* a mis à sa traduction anglaise de l'Histoire ecclésiastique de
Mosheim (tom. IV, ch. 2.), une note dans laquelle
il démontre sans réplique le ridicule de cette im-
putation. Il n'est pas inutile de la relever ici, où
l'on a cru nécessaire de dévoiler les vraies sources
de la réformation, pour faire juger plus sainement
de sa nature et de son influence. Pour ne laisser
même aucun doute sur l'autorité de *Maclaine*, non
plus que sur la fausseté de l'allégation, et pour
donner un exemple de bonne critique historique,
cette note sera transcrite en entier à la fin de ce
volume.

disposés à en devenir les apôtres. Le savant,
le modéré *Mélanchton*, l'inconsidéré *Carlstadt*, tous deux à Wittemberg ; en Suisse,
Zwingle ; en France, *Calvin*, s'élevèrent
bientôt, et apportèrent dans l'œuvre de la
réforme leurs opinions particulières. La
grande majorité de la nation allemande,
(qu'il ne faut pas confondre avec la prépondérance de certains gouvernemens ; comme
l'Autriche, etc.), celle de la nation suisse,
un très-grand nombre d'individus en France,
en Pologne et en Hongrie, le Danemarck,
la Suède, l'Angleterre, se séparèrent en
peu d'années de l'église romaine, et refu-
sèrent toute obéissance, comme tous tributs
à son chef.

Cependant, malgré les dispositions générales ci-dessus décrites, malgré le besoin
universellement senti d'une réforme dans
l'église, malgré l'éloquence et la force de
Luther, cette mémorable révolution ne se
fût sans doute pas affermie, elle n'eût jamais
pris une consistance politique, si un autre
intérêt que celui de la religion et de la
vérité, n'était venu prêter à celui-ci son
appui, et en faire un intérêt d'état. Les
princes du nord de l'Empire, à qui la ré-

sistance contre l'ambitieuse Autriche devenait presqu'impossible avec leurs moyens
ordinaires, virent dans le nouvel enthousiasme de leurs peuples un moyen inespéré d'en tirer des secours extraordinaires,
et d'en pouvoir opposer toute la masse
aux armes impériales. Une réunion intime
entre chaque prince et son peuple, aussi
bien qu'une alliance entre la totalité de
ces provinces et de ces peuples, qui eût
été auparavant une entreprise chimérique,
devenait une suite nécessaire de l'intérêt
commun qui parlait à tous les cœurs. D'ailleurs l'appât des trésors du clergé, que
chaque prince réunissait à son fisc, celui de
l'indépendance, la satisfaction d'une haine
invétérée contre la cour de Rome, tout contribua à forcer l'assentiment des chefs, et
à les entraîner dans le même torrent que
les peuples. Quels qu'aient été enfin leurs
motifs, si ne peut-on nier que la ligue de
Smalcalde n'ait offert la première réunion
efficace d'états et de princes libres contre
leurs oppresseurs dans l'Europe moderne,
qu'elle n'y ait posé les fondemens d'un meilleur régime, et de la liberté des consciences.
On a déjà rapporté quelques-unes des raisons

qui purent détourner *Charles-Quint* d'embrasser la réforme. C'en était une suffisante
pour lui, que de la voir adoptée par des
princes dont il était l'adversaire naturel.
François Ier. eût pu se déclarer pour elle et
l'introduire en France. Sa conduite a tenu,
partie à sa propre conviction religieuse,
partie à sa politique, et à ses projets sur
l'Italie. Mais, voyant un parti formé et redoutable dans l'Empire contre l'Autrichien
son rival, il seconda ce parti efficacement,
et de tout son pouvoir.

Ce n'est pas ici le lieu d'entrer dans le
détail des évènemens qui ont accompagné,
suivi et consolidé cette mémorable révolution. L'institut d'ailleurs a prescrit d'en indiquer les résultats, et non la marche. Con-
tentons-nous donc de dire que cette grande
affaire occupa presque seule toutes les puissances de l'Europe, depuis l'an 1520 jusqu'à
la moitié du siècle suivant. Au milieu de
succès divers, de triomphes, de défaites,
d'alliances, de défections, les états protestans parvinrent à donner une existence constitutionnelle à leur confession, et à partager
l'Empire avec le catholicisme. Tant que
Luther vécut, il soutint le caractère d'un

ministre de paix, et employa tout son crédit
à la maintenir. La guerre civile des paysans
de Souabe et de Franconie affligea les premiers jours de la réformation. Des sectes
fanatiques se formèrent en plusieurs lieux,
mais surtout dans le cercle de Bourgogne
et en Westphalie. Le court règne des Anabaptistes de Munster, et de leur roi *Jean
de Leyde*, offrit le spectacle de désordres
affreux. Les protestans ne virent qu'avec
douleur les excès de ces faux frères. *Luther*
et *Mélanchton* écrivirent contre eux, et
firent voir que ces excès étaient tout à-la-
fois contraires au christianisme et au véritable esprit de la réforme. Après une paix,
presque non interrompue, sous quatre empereurs successeurs de *Charles-Quint*, pendant tout le reste du seizième siècle et les
premières années du dix-septième, la guerre
qui s'alluma vivement sous *Ferdinand II*,
au sujet des capitulations religieuses de la
Bohême, se changea bientôt en une lutte
furieuse entre les deux partis. Il ne s'a-
gissait de rien moins que de l'extirpation
entière du protestantisme, de l'anéantissement de la constitution et de la liberté
germanique, et de la domination absolue

de l'Autriche sur l'Empire, laquelle lui eût fourni les moyens de s'étendre davantage encore. Cet effroyable incendie qui pendant trente années de suite ravagea l'Europe, depuis les confins de la Pologne jusqu'à l'embouchure de l'Escaut, depuis les rives du Pô jusqu'à la Baltique, dépeupla des provinces entières, y anéantit l'agriculture, le commerce, l'industrie, coûta la vie à plusieurs millions d'hommes, et retarda en Allemagne de près d'un siècle l'étude des sciences qui y avait fait d'abord de si grands progrès. Cette guerre funeste durait depuis douze ans; et malgré les prodiges de constance et de valeur des princes confédérés, ils allaient succomber sous leur puissant adversaire, quand un héros, successeur de *Wasa*, l'immortel *Gustave-Adolphe*, quitte son royaume à la tête d'une armée invincible, et vient sauver, aux dépens de sa propre vie, qu'il perdit victorieux à Lutzen, la liberté de l'Allemagne, peut-être de l'Europe entière, et la croyance qui lui était commune avec les princes du corps *évangélique* : tel était le nom que se donnaient ceux qui s'étaient séparés de Rome. Le Danemarck, qui avait voulu an-

trente ans par le traité de *Westphalie*, chef-d'œuvre de la prudence et de la sagesse humaine, qui constitua pour la première fois les nations européennes en un système lié de corps politiques. C'est durant la tenue de ce long congrès que se perfectionna l'art de négocier, qu'on reconnut le besoin d'un équilibre des puissances, d'un poids et d'un contre-poids, par où les plus forts pussent être contenus, les plus faibles protégés et maintenus.

Après ce coup-d'œil trop rapide sur les évènemens principaux qui suivirent immédiatement la réformation, hasardons quelques conjectures sur ce qui serait arrivé le plus probablement en Europe, au cas qu'elle n'y fût pas survenue. En effet, un peu plus de prudence et de réserve de la part de la cour de Rome, ou un peu moins d'inflexibilité dans notre réformateur, ou plus d'indifférence de la part des princes, et peut-être que cette grande explosion était étouffée dans son principe. Il fallait un *Luther* pour l'opérer ; mais il fallait une foule de circonstances favorables pour que ses efforts ne fussent pas vains. Combien de voix ne s'étaient déja pas élevées, sans être entendues, sans être portées jusqu'à l'oreille de ceux qu'il s'agissait d'émouvoir !

---

§. 4. Conjectures.

Si le torrent des évènemens eût suivi au seizième siècle, et pendant ceux qui vinrent après, le cours qu'il avait conservé jusques-là, rien n'aurait pu sauver l'Europe d'un asservissement prochain, et du joug d'une monarchie universelle. Ce danger, quoiqu'imminent, n'était pas néanmoins assez sensible pour le vulgaire. Les peuples n'eussent point fait contre lui cause commune avec les princes; les princes n'eussent point fait cause commune entr'eux; l'intrigue et l'intérêt les eussent trop facilement divisés. D'ailleurs, quel moyen d'émouvoir et de tourner vers un but commun les hommes d'alors, qui avaient presqu'oublié qu'ils étaient des hommes? Les gens d'église possédaient des richesses qu'ils cherchaient à conserver; le tiers-état, presque serf encore, avait ses bourgeois et ses marchands qui cherchaient à s'enrichir. Entre ces deux

classes en était une autre, jalouse d'elles-
deux, les dévalisant l'épée à la main par-
tout où elle le pouvait, et dont celles-là
n'avaient qu'à se garder. Le gentilhomme,
au reste, se glorifiait de ne savoir pas lire,
et le clerc n'était guère plus savant. Combien on était loin d'aucune idée d'une police
et d'une société régulière, de droits communs à tous les hommes, et d'égalité entr'eux ! Combien surtout ces idées étaient
loin de l'esprit des campagnards! Ceux-ci
étaient si ignorans, et tellement préoccupés
de papes et de clergé, d'empereurs et de
noblesse, de saints, de miracles et de re-
devances féodales, qu'ils étaient inacces-
sibles à une raison saine et à toute considération de leurs droits. L'excès de l'oppression les porta, çà et là, en divers tems,
à quelques révoltes qui, faute d'ensemble,
n'aboutirent à rien. On en massacrait à
chaque fois quelques milliers, et on appe-
santissait les chaînes de ceux qui avaient
échappé à la boucherie. En général, ils
ignoraient qu'il fût une autre manière possible d'exister, que d'aller aux corvées pour
leurs seigneurs, et d'être pillés par les gens
de guerre. Il ne restait plus que la religion

qui fût d'un intérêt commun et vivant
pour toutes les classes.

Les papes et les empereurs, dans la
longue et opiniâtre lutte de leurs prétentions, s'étaient heureusement contre - ba-
lancés pendant les premiers siècles, et les
efforts d'un parti avaient souvent neutra-
lisé ceux du parti contraire. Si le pape
n'eût pas été aussi puissant, la maison
d'Autriche eût trouvé moins d'obstacles à
se soumettre l'Europe ; comme aussi, sans
la résistance de l'empereur, le pape serait
plus aisément parvenu à se constituer sans
retour le Grand-Lama de l'Occident. Un
mal servit ainsi longtems de remède à
l'autre ; mais cette lutte ne pouvait durer
toujours, et l'un des deux devait enfin l'emporter. Un pape avait déja conçu l'idée de
mettre la couronne impériale sur sa tête,
et un empereur celle de placer la thiare sur
la sienne. A l'avènement de *Charles-Quint*,
la puissance déposée en ses mains était si
prépondérante, qu'il eût aisément triom-
phé de tous ses adversaires, et mis à exécution le projet favori de ses prédécesseurs,
de ramener tout l'empire romain d'Occident sous sa domination. Si l'on a vu des

états faibles résister par leur unité, et à
cause de cette unité seule, à des coalitions
puissantes, que n'eût pas pu exécuter une
force aussi formidable, confiée à une seule
main, avec un chef tel que *Charles-Quint*,
contre l'Europe divisée et sans ensemble ?
La politique de cet empereur est assez
connue pour que l'on puisse penser qu'il
aurait, dans ce grand dessein, ménagé le
chef de l'église; et que pour mieux soumettre par lui les nations, il lui eût ac-
cordé le second rang dans l'Empire, avec
un pouvoir illimité sur les consciences. La
sainte inquisition fût devenue l'instrument
de l'un et de l'autre despote, et eût entretenu encore pour quelques siècles sur le
sol européen la superstition, l'esclavage
politique, et l'esclavage de la pensée. La
réformation seule pouvait mettre une digue
à ce torrent; elle atteignit à-la-fois les
deux ambitieux qui aspiraient à donner des
fers à l'Europe. L'orgueilleuse Autriche a
été pour jamais abaissée et contenue. Le
pontife romain a perdu une partie de sa
domination, et n'a conservé qu'un pouvoir précaire dans ce qui lui est resté. Enfin
des gouvernemens puissans se sont élevés;

émules dans tout ce qui peut contribuer à
la gloire et au bonheur des nations, ils
secondent pour la plupart l'action du nouvel esprit qui anime les peuples, et s'efforcent d'effacer successivement toutes les
traces de la barbarie du moyen âge.

« Le progrès successif des lumières, dit-
on, eût insensiblement amené les mèmes
résultats, et eût épargné tous les maux
qui naissent d'une si terrible commotion
et d'aussi longues guerres. » Mais on ne
réfléchit pas que dans le système d'une
église infaillible, dont toutes les décisions
sont dictées par l'Esprit Saint, une réformation telle qu'il la faudrait devient impossible, et qu'elle est même en contradiction avec l'esprit du catholicisme romain.
Il est permis de douter au moins que le
changement desiré fût arrivé de sitôt, et
qu'il eût été aussi complet. Il est certain
qu'au moment de la réformation, les chefs
de la catholicité, qui n'avaient vu d'abord
dans la renaissance des lettres que de la
gloire ou des jouissances, ou une certaine
disposition à l'élégance des manières, et
qui les avaient encouragées dans ces vues,
commençaient à sentir le danger pour eux

de trop de lumières dans les esprits, et qu'il se manifestait de leur part une réaction très-prononcée. Cette réaction n'a pas cessé de sitôt dans les états de la maison d'Autriche en Allemagne, en Espagne, en Italie, et dans la Belgique, où tous les moyens d'inquisition et de censure ont été employés pour entraver le vol de la pensée, et faire rétrograder la culture. Que l'on compare l'état politique, religieux, littéraire de la plupart de ces pays pendant les siècles suivans, avec l'état de l'Allemagne protestante, de la Hollande, de l'Angleterre, sous ces mêmes rapports; et qu'on juge sans prévention de ce qu'on aurait eu à attendre de ce même régime, devenu universel et despotique en Europe (1).

_____

(1) Que l'on fasse encore aujourd'hui la même comparaison; on trouvera dans tous ces pays, qui ont été longtems sous la férule autrichienne, la bigoterie et la superstition à la place de la religion et de la moralité; l'ignorance et les préjugés à la place d'une saine et solide instruction; une grossière sensualité à la place de tous les nobles penchans qui distinguent l'homme, quand il a reçu une culture plus élevée et plus libérale. Quiconque a vu de près l'Autriche, l'Espagne ou la Belgique, sentira

Quant

Quant à ce qu'on aurait dû attendre à la longue des papes et du clergé, si on les eût laissés agir spontanément dans toute leur puissance et leur crédit, on peut en juger par l'état moral et physique de la plupart des domaines soumis immédiatement à des princes ecclésiastiques (1). L'es-

---

la vérité de cette remarque. Sans doute que l'esprit universel de notre tems y a pénétré çà et là, et donné lieu à quelques exceptions. La Lombardie, surtout, placée entre la France, l'Allemagne, Venise et Gênes, et qui supportait avec peine le joug autrichien, n'a pu être entièrement abrutie. Un monument remarquable, et qui dépose de la barbarie qui existait encore à la fin du dix-huitième siècle dans l'Allemagne catholique, c'est le récit que vient de publier de ses aventures M. *Schad*, professeur de philosophie à l'université de Iéna, lequel a été auparavant bénédictin dans le couvent de Banz, d'où il s'est échappé heureusement pour lui, et pour la philosophie qu'il cultive avec succès. Ces moines de Banz passaient cependant pour les lumières de l'Allemagne catholique. On aurait peine à croire l'excès de leur superstition, si elle n'était racontée par un témoin oculaire, et qui en a été longtems victime.

(1) Il m'est doux de pouvoir citer une exception éclatante. Toute l'Europe proclamera avec moi

prit du papisme est exclusif et intolérant, il faut le dire : or l'esprit d'une institution ne peut cesser d'agir, que cette institution ne cesse. Une observation assez décisive, c'est que le vertueux et humain *Innocent XI* ne put presqu'exécuter aucun de ses louables projets pendant un pontificat de douze années. Les papes, plus avisés depuis la réformation, affaiblis, presque nuls, ont cédé forcément en diverses rencontres ; mais c'est le pouvoir qui leur a manqué, et non la bonne volonté. On a souvent tenté de réunir l'église réformée à l'église romaine : celle-ci a rendu vaines toutes ces tentatives, en ne voulant rien relâcher de ses prétentions. Vers la fin du dix-septième siècle, l'empereur *Léopold Ier*. fit beaucoup de démarches à ce sujet, et des plénipotentiaires furent nommés de part et d'autre. Les négociations s'étendirent jus-

_____

l'illustre Électeur archi-chancelier de DALBERG, que l'histoire comptera entre les meilleurs princes, que les sciences réclament avec orgueil, et qui occupe dans le monde littéraire un rang analogue à celui que sa haute dignité lui assure dans le monde politique.

qu'en France, entre *Leibnitz* pour les protestans, *Pélisson* et *Bossuet* pour les catholiques. Ce dernier y déploya toute son éloquence, mais aussi toute l'inflexibilité de son génie et celle, de son église. Il ne pouvait être, selon lui, nullement question d'accommodement, mais seulement de soumission. Quand on considère quel langage hautain et violent tint alors un homme, aussi éclairé qu'était *Bossuet*, on ne peut s'empêcher de penser que, si peut - être l'on rendait au clergé romain son pouvoir et ses richesses, on le reverrait fanatique et persécuteur comme par le passé (1).

_____

(1) Chaque année, à l'office du Jeudi-Saint, le pape excommunie et maudit encore tous les hérétiques, et particulièrement les Luthériens, en ces termes : « *Nos igitur, vetustum et solemnem hunc morem sequentes, excomunicamus et anathematisamus ex parte Dei omnipotentis, Patris et Filii et Spiritus sancti, ac nostrâ, omnes hæreticos, nec non damnatam, impiam et abominabilem Martini Lutheri hæresin sequentes, ac omnes fautores et receptatores, librosque ipsius Martini aut quorumvis aliorum legentes, et generaliter quoslibet defensores illorum.* » (BULLAR. MAGN. Luxemb. 1741, t. I. p. 718.) Qui eût pensé qu'après même que les plus

Les intrigues du parti catholique, pour ramener à la communion romaine les princes du parti réformé seraient dignes d'être connues; telles, par exemple, celles qu'on a mises en jeu près de l'électeur de Saxe et de la reine *Christine* de Suède. La mauvaise humeur contre les souverains qui restent séparés de Rome est assez visible, et le Saint-Siège jusqu'aujourd'hui n'a pas encore reconnu formellement le roi de

---

zélés catholiques avaient blâmé l'impolitique révocation de l'édit de Nantes par *Louis XIV*, il se trouverait encore en Europe un prince capable de se résoudre à une démarche aussi inhumaine, et aussi funeste pour ses états? L'archevêque de Salzbourg, baron de *Firmian*, a frappé son pays, en l'an 1732, d'une pareille désolation. Après des persécutions inouïes exercées sur les non-catholiques, il leur ordonna enfin de quitter leur patrie, au nombre de plus de 30,000, sans oser rien emporter, ni emmener avec eux leurs familles. Une telle émigration épuisa cette petite contrée. Les malheureux fugitifs furent accueillis par les états protestans de l'Europe, qui pourvurent à leur subsistance; une grande partie fut peupler et défricher des cantons de l'Amérique septentrionale, où l'on rencontre encore les descendans de ces émigrés salzbourgeois.

Prusse (1). Longtems après la réformation,

(1) Le pape aujourd'hui régnant vient de déclarer, dans un bref adressé au prince *Ruspoli*, qu'il devait être regardé comme chef suprême de tous les ordres de chevalerie; il s'est réglé en cela sur l'exemple de ses prédécesseurs. Quand, au treizième siècle, les chevaliers teutoniques eurent conquis la Prusse ducale, et s'y furent établis comme souverains, *Innocent IV* déclara par une bulle, datée de 1243, que cette conquête appartenait de droit à son siège. Voici ses paroles : « *Terram Prussiæ... in jus et proprietatem B. Petri suscipimus, et eam sub speciali apostolicæ sedis protectione ac defensione perpetuis temporibus permanere sancimus...*»(*Acta Borrussica* t. I. p. 423.) On ne renonce pas volontiers à une souveraineté si bien acquise. Lorsque les électeurs de Brandebourg prirent le titre de rois de Prusse, et que toutes les cours de l'Europe, hors l'Espagne, les reconnurent en cette qualité, le pape *Clément XI* jeta les hauts cris, et écrivit à tous les princes pour les soulever contre la témérité inouie du *marquis* de Brandebourg. Dans le bref adressé au roi de France, du 16 avril 1701, on lit ce qui suit : « *etsi nobis persuasum sit, majest. tuam nullo modo probare consilium, deterrimo in christianâ republicâ exemplo, à Friderico marchione Brandeburgensi susceptum, dùm regium nomen publicè usurpare præsumpsit; ...factum hujusmodi apostolicarum sanctionum dispositioni contrarium, et hujus sanctæ*

Clément VIII a encore dressé une for-

---

sedis auctoritati injuriosum.... ex quo scilicet sacræ
regalis dignitas ab homine acatholico non sinè
ecclesiæ contemptû assumitur, et quidem Marchio
se regem dicere non dubitat ejus partis Prussiæ,
quæ ad militarem teutonicorum ordinem antiquo
jure pertinet ; nos rem silentio præterire non pos-
sumus, ne muneri nostro deesse videamur.... expe-
timus, ne videlicet regios honores illi tribuas, qui
illorum numero nimis incautè se junxit, quos in-
crepat simul et reprobat sermo ille divinus : ipsi
regnaverunt et non ex me, principes existerunt et
non cognovi... » Et dans les *Orationes consistor.*
Clémentis XI, on voit que ce pape, rendant compte
de cet évènement et de sa bulle au collège des
cardinaux, rapporte « que le margrave *Frédéric*
s'est arrogé le titre de roi d'une manière impie,
et jusqu'à présent inouie chez des chrétiens ; étant
assez connu, que suivant les lois pontificales, un
prince hérétique devait bien plutôt perdre ses
anciennes dignités, qu'en acquérir une nouvelle. »
— N'est-ce pas là le langage et les principes de
Hildebrand, les mêmes prétentions, les mêmes
abus de passages de la Bible, singulièrement appliqués aux tems modernes ? On croirait peut-être
que le Saint-Siège est ensuite revenu de cette
protestation, et a reconnu un monarque qui traite
ses sujets catholiques avec une égalité de droits
exemplaire ? — Rien moins que cela. Lorsqu'en

mule de serment pour être prêté par les

1782, *Pie VI* fit le voyage d'Allemagne, un ministre prussien tenta près de lui quelques démarches pour en obtenir une reconnaissance formelle de la couronne de Prusse. *Pie VI*, qui ne voulait pas alors se brouiller avec un prince allemand, répondit poliment, et promit qu'aussitôt son retour à Rome, il assemblerait pour délibérer sur cette affaire une congrégation de cardinaux, sans laquelle il ne pouvait rien décider. Cette congrégation n'a jamais été convoquée, et le pape a oublié sa promesse. Le calendrier pontifical imprimé à Rome, avec approbation et privilège du S. Père, a continué, après comme avant, à ne faire aucune mention, ni du royaume, ni du duché de Prusse, ni même de l'électorat de Brandebourg. A l'article généalogique de cette maison (1783), on voit le grand *Frédéric* indiqué de la sorte : *Charles-Frédéric, marquis* (*Marchese*); titre si trivial à Rome qu'il en est ridicule. Le prince *Henri* de Prusse est indiqué comme *frère du marquis.* Il n'est pas plus question dans ce calendrier d'un électorat d'Hanovre. En général, tout ce qu'a statué l'*odieux* traité de Westphalie n'est d'aucune valeur à Rome : on connaît la foudroyante bulle d'*Innocent X* contre cet instrument de paix entre des peuples chrétiens; et ses successeurs de tems à autre ont renouvelé ces anathèmes. La cour pontificale, à cet égard, vit

évêques et archevêques (1), où sont établis
tous les principes du despotisme et de l'in-

---

hors de la loi au milieu de l'Europe, et s'est séparée
de la communion politique. En 1782, au sujet de
quelques contestations qui concernaient la partie
prussienne du diocèse de Cologne, le roi de Prusse
s'appuya d'un article de ce célèbre traité ; le pape
répondit en propres termes que le traité de Westphalie n'était d'aucune valeur pour lui, et ne
pouvait l'obliger à rien, n'étant pas reconnu par
son siège : « *Non può valutarsi a quest' oggetto la
separazione che si suppone fatta in virtù dell' art. V
della Pace Westphalica ; giacche è noto, che la
S. Sede non ha mai riconosciuta questa Pace, contro
di cui Innocenzo X si protestò, non solo in voce ...
ma anche con due sue costituzioni... cosi permetterà
che il S. Padre non convenga in una ragione la
quale s'opporebbe a tutto ciò.* » Cette lettre est assez
connue dans Berlin. Le même calendrier d'état
cité plus haut, à l'article de la population de Rome
compte aussi les étrangers, et porte entr'autres :
« *Hérétiques, Turcs et autres infidèles, environ* 100 !
— Voilà des faits récens, et on en pourrait citer
mille autres. Je demande à tout juge impartial,
s'ils sont de nature à inspirer une confiance bien
grande en l'amendement volontaire du système de
la cour pontificale et de l'esprit du papisme ?

(1) « *Fidelis et obediens ero domino nostro papæ,*

tolérance de Rome. Qu'attendre, en bonne
foi, de semblables dispositions ? Qu'eussent

---

*ejusque successoribus. Consilium quod mihi tradituri
sunt nemini pandam. Papatum romanum et regalia
S. Petri adjutor eis ero ad retinendum et defenden-
dum contrà omnem hominem. Jura, honores, privi-
legia et auctoritatem S. Rom. ecclesiæ, domini
nostri papæ et successorum, conservare, defendere,
augere, promovere curabo. Quæ si talia à quibus
cumque tractari vel procurari novero, quantò citiùs
potero, significabo. Hæreticos, schismaticos, et
rebelles eidem domino nostro, pro posse persequar.»*
(PONTIFICALE ROMANUM, CLEM. VIII. Pontif.
max. jussu editum. *Antwerp.* 1627, p. 59.) Ajoutons
encore un mot sur la fameuse bulle *In Cæna Domini*,
qui renferme tout l'élixir de l'orthodoxie ultra-
montaine, et où sont déposés les principes qui font
et feront toujours la base secrète de la conduite du
S. Siège. Cette bulle, rédigée en 1610, par *Paul V*,
promulguée en 1627 par *Urbain VIII*, n'est qu'un
recueil complet des anathêmes lancés depuis des
siècles contre les réfractaires aux ordres du vicaire
de J. C. Elle excommunie les hérétiques, les schis-
matiques, les pirates, les corsaires; tous ceux qui
osent appeler des bulles et brefs du pape à un futur
concile ; les princes qui établissent de nouveaux
impôts sans la permission du pape; ceux qui font
des traités d'alliance avec les turcs et les hérétiques;

fait des papes absolus, appuyés d'empereurs bigots et ombrageux qui eussent été réunis d'esprit et d'intérêt avec Rome.

Rien n'est donc plus vague, plus incertain, plus dénué de fondement réel, que cette assurance donnée gratuitement par les antagonistes de la réformation, savoir, que les lumières renaissantes auraient insensiblement corrigé tous les abus de l'église et de la politique. Assurément, nous voyons peu de traces de cette prétendue amélioration dans le régime des peuples ultramontains, et de ceux qui sont restés le plus

---

ceux qui réclament les juges séculiers contre les torts et les griefs reçus de la cour de Rome, etc. etc... Ces dispositions révoltantes ont fait loi bien longtems dans l'obédience romaine, et même dans quelques provinces de France, telles que le Roussillon et la Cerdagne, jusqu'à ce qu'enfin le courageux M. de *Cappot*, avocat-général au conseil supérieur de Roussillon, prit, au mois de mars 1763, des mesures contre cet abus de la puissance ecclésiastique, et mit obstacle à la publication annuelle qui se faisait de la bulle. Voyez l'ouvrage intitulé : *Jurisprudence du grand-conseil examinée dans les maximes du royaume.* Avignon, 1775.

immédiatement soumis au joug du papisme.
Qu'est-ce qui retient, depuis plusieurs siècles, nos voisins les Ottomans, avec qui
nous avons d'ailleurs tant de relations de
commerce, dans une barbarie pareille à
celle des nations chrétiennes pendant le
moyen âge? C'est la superstition religieuse,
ce sont leurs muftis, leurs fakirs, leurs
dervis, lesquels entretiennent parmi eux
la haine des vraies lumières et de la philosophie. Nous autres occidentaux avions
assez de pareils opposans; et plus intolérans que les orientaux, nous avions encore
de plus qu'eux l'inquisition, dont, sans
la réformation, nous aurions vu peut-
être jusqu'à nos jours le règne terrible se perpétuer. Beau chemin vers un
meilleur état de choses! Quelques états
européens et un grand nombre de particuliers au seizième siècle, jugèrent convenable d'en prendre un autre. Les princes
catholiques suppôts de Rome, prétendirent
leur en ôter la liberté. Ils combattirent à
outrance les protestans qui purent s'armer;
et brûlèrent, massacrèrent avec une indi-
cible férocité, ceux qu'ils trouvèrent sans
armes. Puis ils s'écrièrent : « Voyez, de

» combien de maux ces mutins sont la
» cause ! comme ils ont mis l'Europe en
» feu ! Ils sont coupables de tout leur sang
» que nous avons répandu, de tous les
» échafauds que nous avons dressé pour
» eux ! » — Etranges récriminations auxquelles bien des gens ajoutaient et ajoutent
encore foi. Car on s'endort si facilement dans
la routine d'un ordre de choses tout établi,
et qui dure depuis des siècles ! Et comme
l'ordre établi au seizième était soutenu par
une double puissance, par celle du bras
séculier et du fanatisme religieux, qui ne
négligeaient rien pour le maintenir, il est
assez évident que le tems n'aurait pas
amené de changement salutaire, à moins
d'une commotion au moins égale à celle
qui a eu lieu.

Considérer ainsi ce qui eût pu arriver,
et qui n'est pas arrivé, n'est-ce pas en quelque sorte décrire l'influence qu'a eu la réformation sur l'état des choses en Europe ?
Mais voyons plus en détail quels ont été
ses résultats positifs.

SECONDE PARTIE.

INFLUENCE DE LA RÉFORMATION.

PREMIÈRE SECTION.

SUR LA SITUATION POLITIQUE DES ÉTATS DE L'EUROPE.

MENS AGITAT MOLEM.

(La force vive de la pensée triomphe de la force inerte des masses.)

L'EUROPE, avant la réformation, était en général soumise à deux puissances, la spirituelle et la temporelle. D'un côté, le chef de l'église étendait son autorité et ses prétentions sur tous les états indistinctement; de l'autre, un grand nombre d'évêques et de prélats s'étaient rendus souverains temporels des troupeaux qui avaient été confiés d'abord à leur gouvernement spiri-

tuel ; et il n'était point de pays où le clergé
haut et bas, séculier et régulier, ne pos-
sédât des droits et des richesses considérables, ne jouît d'un grand crédit. L'église
formait un corps puissant qui étreignait
avec force tous les corps politiques, et qui
influait plus ou moins sur leur manière
d'exister. Aussi tout changement remarquable dans l'église en produisait-il un
dans l'ordre politique. : or une révolution
qui avait commencé par le domaine de la
religion, avait dû exercer sa première influence sur l'église. Il est donc naturel de
traiter d'abord de celle-ci, tant en elle-
même et dans son chef, que dans ses relations et celles de ses membres avec les
divers gouvernemens ; puis on examinera
ce que la réformation, considérée sous le
point de vue politique, a exercé d'influence
sur les états de l'Europe, tant protestans
que catholiques. Enfin on jetera un coup-
d'œil historique sur le système d'équilibre
introduit en Europe depuis cette époque,
sur ses variations, et sur les puissances qui
y ont joué tour-à-tour les principaux rôles,
jusqu'au moment où la réformation a cessé
d'influer sur lui.

---

§. 1. *Sur l'Église en elle-même et dans son rapport avec la Politique.*

Les papes perdent une moitié de l'Empire, et plus de la moitié de la Suisse, tout le Danemarck, la Suède, la Hollande, l'Angleterre : les riches tributs qui s'écoulaient de ces pays vers Rome, cessent tout-à-coup. Le crédit du souverain pontife près de toutes ces puissances chrétiennes est anéanti. Encore si ce n'eût été qu'une nouvelle inondation de barbares, un tremblement de terre, un submergement, quelque cause physique enfin qui eût ravi ces belles possessions au Saint-Siège! Mais c'était une force active, une épidémie dangereuse qui lui causaient de tels maux. C'étaient des peuples et des princes, qui de leur plein gré, par conviction, avaient osé se soustraire de la sorte à l'autorité pontificale. L'exemple était à redouter, et pour le moment présent, et pour tous les tems futurs. Il était aisé de prévoir que tôt ou tard cet exemple serait universellement suivi. L'église séparée de Rome, subsistait avec décence et

honneur; la religion, l'évangile, les mœurs
y étaient respectés; les droits que s'était
attribué Rome y étaient appréciés à leur
valeur; les bons écrits sur ce point étaient
répandus de toutes parts; on les lisait même
dans les pays catholiques; ils y faisaient
impression; et jusques sur les marches du
trône pontifical, plus d'un sourire d'ironie
venait ravaler la thiare. Voilà ce qui rendait
la plaie profonde et incurable, et ce que les
papes ne s'avouèrent pas d'abord dans toute
son étendue. On en vit encore, après ce coup
terrible, rappeler un instant au monde chrétien l'orgueil de *Hildebrand* et les vices
de *Borgia*. Mais enfin le tems et la dure
expérience les ont éclairés sur leur véritable position; ils se sont résignés, au moins
dans la pratique, au rôle d'humilité et de
souplesse, devenu désormais leur partage
devant les puissances de la terre. Les souverains catholiques, de leur côté, ont depuis regardé le pape comme un ressort politique à faire jouer pour l'accomplissement
de leurs desseins, et un moyen de mettre à
profit la crédulité de leurs peuples; de là
les ménagemens d'usage envers lui; mais
le respect apparent ne fut dès-lors qu'une
vaine

vaine étiquète; on savait trop que le Vati-
can n'était plus qu'un volcan éteint. Ce qui
procédait spontanément de Rome n'avait
plus d'efficace, tandis qu'un simple courier
secrètement expédié de Paris, de Vienne,
ou de Lisbonne vers cette vieille capitale
du monde, en provoquait tantôt une bulle
d'extinction de quelqu'ordre religieux, tantôt une réforme, tantôt un règlement; autant de preuves de soumission données par
le faible successeur de tant d'orgueilleux
pontifes, qui n'achetait plus sa précaire
existence qu'au prix de toutes les com-
plaisances exigées de lui.

Une portion si considérable des richesses
et du crédit de Rome en ayant disparu;
le luxe excessif, les flatteurs, les parasites.
disparurent aussi peu à peu. Cela donna
jour à une réforme de mœurs, à un changement de vie devenu tout-à-fait indispensable au clergé romain. Celui de l'église
protestante était en général pauvre, savant
et exemplaire. Tant d'yeux ouverts sur le
contraste des deux corps, faisaient une loi
impérieuse de l'adoucir et même de le faire
disparaitre. D'ailleurs les papes et tous les
membres du clergé romain, vivant dans

leur siècle et participant à ses lumières,
auraient rougi eux-mêmes d'une conduite
semblable à celle de beaucoup de leurs prédécesseurs. Ceux qui surtout ont rempli les
fonctions de pasteurs dans les tems plus
rapprochés de notre âge, ont communément vécu dans l'exercice des plus émi-
nentes vertus. Le chef et le clergé de
l'église romaine sont, en grande partie, re-
devenus ce qu'ils auraient dû toujours être.
Il est très-vrai que cette église s'est imposé
une réforme, comme aussi il est vrai que
cette réforme n'est qu'une suite immédiate,
et peut-être forcée de celle opérée par
Luther, lequel, d'après cette considération,
doit être regardé comme le réformateur
même du clergé catholique.

: Ce qui vient d'être dit concernant l'affaiblissement et l'abaissement du clergé
romain, ne doit pas s'entendre, ainsi qu'il
a déja été remarqué, des tems qui ont immédiatement suivi la réformation. Comme
les troubles politiques qui naquirent en
Europe à son occasion, eurent tous un caractère religieux, et prenaient leur source
dans les démélés de religion, il est naturel
que les ecclésiastiques y aient joué un rôle

important, que les princes les aient considérés comme des acteurs nécessaires dans
les évènemens, en aient fait leurs conseils,
leurs ministres. On voit en effet, pendant
cette période, une foule de gens d'église
occuper les premières places, et devenir
puissans dans l'état. Le concile fameux de
Trente, qui occupa et mit en mouvement
toutes les cours, depuis 1545 jusqu'en 1563,
rendait aussi les ecclésiastiques indispensables dans les cabinets des souverains. La
haute idée d'ailleurs qu'on avait encore
de la politique raffinée de la cour romaine,
était un préjugé favorable pour tout ce qui
était prêtre. Cette importance politique,
qui devint le partage de quelques membres du clergé, ne put manquer d'influer
en quelque chose sur tout le corps; et sans
doute que l'église lui doit le raffermisse-
ment et le maintien de bien des droits
qu'elle eût perdus dès lors. Plusieurs des
mesures violentes prises par les souverains,
et dont l'histoire du seizième et dix-septième
siècles offre assez d'exemples, furent aussi
dues, sans nul doute, au zèle inquisitorial
de semblables conseillers. Cependant quelques-uns de ces prêtres-ministres se compor-

tèrent plus en desservans de l'état, qu'en des
servans de l'autel, et le ministre quelquefois l'emporta en eux sur le prêtre. Enfin
cette dernière période de l'importance sacerdotale est elle-même évanouie. Elle a
passé à l'instant, après le traité de Westphalie, où la religion a cessé d'être le ressort principal de la politique, et où l'activité des gouvernemens a été mise en jeu par
d'autres principes; comme, par exemple,
l'esprit financier et commercial, dont l'influence dure encore de nos jours, et pourra
durer longtems.

C'est aux mêmes motifs qu'on doit attribuer l'élévation rapide et le crédit immense
du nouvel ordre des jésuites; qui, né à côté
du protestantisme et dans le même tems,
fut destiné, dès sa naissance, à le combattre et à le contre-balancer. Ces nouveaux
soldats de l'église, constitués d'une manière
bien plus redoutable que l'armée de mendians érigée dans des siècles barbares, et
inventeurs d'une tactique bien plus convenable à l'esprit du nouveau siècle, firent
pour l'église affaiblie, tout ce qu'on peut
attendre de forces humaines dirigées par
la plus profonde prudence, le zèle, la per-

sévérance, le génie et la réunion de tous les talens. Ils s'emparèrent des cours, des peuples, des confessionnaux, des chaires, de l'éducation de la jeunesse, des missions et des déserts des deux mondes. Rien ne leur parut impossible pour étendre la domination du Saint-Siège aux lieux où elle n'existait pas, et pour la consolider là où elle avait été maintenue. Ils ne redoutèrent pour cela ni persécutions, ni calomnies. Décriés comme des ambitieux, des fauteurs de troubles, des hommes corrompus, et même comme des régicides par leurs adversaires, ils surent opposer à ces clameurs la sévérité stoïque de leur vie, leurs services réels, et leur studieuse austérité. Ce n'est pas ici le lieu de déduire en détail tout ce qu'a produit de mouvemens dans la politique de l'Europe cette société célèbre, dont l'influence n'a été due qu'à la réaction du catholicisme contre la réforme. Il suffit de dire que, si cette dernière eût pu succomber et éprouver une contre-révolution, les jésuites sans doute eussent opéré ce grand œuvre. Bien loin de là, l'ennemi qu'ils se flattaient de terrasser, les a frappés du coup mortel : le génie des tems modernes déclaré contre

la tyrannie spirituelle de Rome, et constitué en une puissance effective par la réformation, a repoussé dans le néant ces audacieux défenseurs du papisme. Il a fallu,
pour consommer et constater en même tems
l'affaiblissement de son parti, que ce fut
le pape lui-même qui fut contraint de les
licencier. Victime de l'esprit général de
l'humanité, lequel dans sa marche progressive commande la ruine de toute institution qui lui est contradictoire, *Ganga-*
nelli signant, l'œil humide, la bulle d'extinction des jésuites, n'était que le précurseur de l'infortuné *Louis XVI*, forcé,
moins de vingt ans après, à éloigner de lui
son armée, sa noblesse, et ses gardes. Quiconque méditera sur l'histoire, ne pourra
jamais refuser son admiration à une société
qui a constamment fait voir tant de courage, d'ensemble, de persévérance, et d'a-
dresse dans ses plans; il ne pourra s'empêcher, en avouant le mal qu'elle a pu
faire, de rendre un juste hommage à tout
ce qu'elle a produit de grand et d'utile.
Son vice radical et le principe de sa destruction gisaient dans son institution même.
Destinée au maintien de l'édifice hiérar-

chique qui croulait imperceptiblement de
toutes parts, la main du tems, l'opinion
qui la dirige, ont dû renverser ce dernier
contrefort appliqué à une grande ruine
que rien ne pouvait plus étayer (1).

L'aspect du clergé dans les pays qui ont
adopté la réforme, est tout autre : ses membres ne veulent être que ce qu'ils peuvent
et doivent être, les ministres de la parole
de Dieu, les instituteurs de la morale publique. Séparés de toute obéissance étrangère à la patrie, dont ils reçoivent leur

----

(1) Quelques individus, animés d'un zèle peu
éclairé, font encore de faibles et vains efforts pour
ressusciter l'ordre des Jésuites. Ils n'y réussiront
pas. L'impossibilité morale est contr'eux. Leur
ordre a été un produit naturel du tems où il est né ;
il n'est pour le tems présent qu'une plante étrangère et parasite, qui se desséchera faute de nourri-
ture. Notre siècle ne peut plus reconnaitre pour ses
enfans les fils de *Loyola*. Quelques azyles où se
cacheront leurs faibles restes, où ils propageront
sourdement des principes surannés, seront leur
seul recours. Ils n'en sortiront plus pour dominer
l'opinion, et par elle le monde; c'est l'opinion
qui les y atteindra, et qui changera même jusqu'à
l'esprit de leurs sectateurs.

salaire, devenus époux, pères, citoyens, ils n'ont plus d'autre intérêt que celui de l'état dans lequel ils vivent. C'est, ou le prince, ou le magistrat, ou le peuple qui les nomme : *Luther* a ramené l'église saxone, dans ce qui concerne son régime intérieur, à la démocratie du premier âge, et la hiérarchie à un système modéré de subordination. Les églises qui ont suivi *Calvin*, sont constituées plus démocratiquement encore. Mais chez aucune le clergé ne forme plus de corporation civile. Quelques marques publiques d'honneur et de déférence sont les seules attributions des pasteurs. Suivant la parole du maître, on accorde à *César* tout ce qui est à *César*, en rendant à Dieu ce qu'on lui doit. La confession auriculaire abolie, tranche, d'un seul coup, les ramifications infinies par où le despotisme hiérarchique s'était enraciné de toutes parts, et prive le clergé de son influence incalculable sur les princes, les grands, les femmes, et l'intérieur de toutes les familles (1).

---

(1) Il faut bien se garder de confondre la confession *auriculaire* des catholiques romains, avec la

La constitution de l'église en Danemarck, en Suède, et surtout en Angleterre est demeurée plus conforme en apparence à celle de la hiérarchie romaine, par des raisons particulières à ces trois pays, et qu'on trouve dans leur histoire. Une des principales fut l'attachement des souverains au système de subordination épiscopale, qu'ils croyaient plus favorable à leur autorité. Les purs réformés, les presbytériens et autres, s'étaient montrés républicains assez pour alarmer les princes sur les suites de cet esprit, étroitement lié à celui du protestantisme. On connaît la devise favorite des *Stuart* : « *no bishop*, *no king*. Point d'évêque, point de roi. » Ces royaumes ont ainsi conservé des évêques protestans, qui jouissent de revenus modiques, et de quelques prérogatives civiles attachées à leurs places, comme d'être membres des états, ou de la chambre des pairs, etc... Mais ces prérogatives sont individuelles, et on aurait

---

confession *particulière* encore en usage chez quelques protestans. Ce sont deux choses très-différentes, et qui ne se ressemblent guère que par le nom.

tort de croire pour cela que le clergé forme
encore un ordre à part au milieu de ces
nations (1). Dans quelques parties de l'Allemagne, les principaux préposés du culte
se nomment *surintendans-généraux*. Les
affaires ecclésiastiques sont traitées par des
tribunaux, appelés *consistoires*. C'est le
prince qui les établit, et il n'est pas rare de
les voir présidés par un laïque; comme,
par exemple, dans les villes libres, par le
syndic du Sénat.

Partout les princes protestans sont devenus les chefs suprêmes de l'église. Cette
circonstance n'a pas peu contribué à l'accroissement du pouvoir qui a eu lieu pour
la plupart des gouvernemens de l'Europe
après la réformation, et qu'on peut regarder
comme une suite de son influence. Dans
les pays protestans, le vide immense que
causa subitement la cessation de toute
autorité et juridiction ecclésiastique, fut

---

(1) Il est inutile de faire mention des deux seuls
évêques évangéliques d'Allemagne, celui d'Osnabruc et celui de Lubec. Ces deux évêchés viennent
d'être sécularisés au profit des maisons qui les possédaient depuis longtems.

rempli de suite par le pouvoir civil, lequel s'accrût d'autant. Dans les pays catholiques, l'église épouvantée et menacée céda aussi quelque terrein à l'autorité du gouvernement. Les guerres, tant civiles qu'extérieures, qui furent pour la plupart des états une suite de l'animosité religieuse, donnèrent enfin lieu aux princes de rendre leur puissance illimitée, ainsi que nous l'indiquerons en parlant de chaque état en particulier.

Une suite prochaine de la réformation et des résistances, des actions et des réactions qu'elle mit en jeu, fut aussi l'établissement prononcé de diverses sectes du christianisme comme *religions dominantes* dans les états où elles avaient pris pié. Auparavant, et dans le tems qu'on ne connaissait qu'une seule communion, une telle idée ne pouvait venir à personne. Le papisme dominait par le fait, mais non par la loi. Quand des hérétiques étaient persécutés, ce n'était point par une loi de l'état; c'était sur une requisition du pape, à qui le prince prêtait main-forte. Un effet de la jalousie et de l'antagonisme réciproque des sectes, fut d'exclure de toutes les places de

l'état, et même souvent du trône, quicon-
-que ne professait pas la même foi, n'avait
pas le même symbole que celui adopté par
le gros de la nation et par le gouvernement. De cette disposition légale naquit
une nuance nouvelle d'intolérance, qui
jusques-là était restée inconnue, et qui
s'établit chez les diverses communions protestantes, aussi bien que chez les catholiques. Delà la révocation de l'édit de Nantes
et la nullité civile qui pesait sur tous les
citoyens d'une autre confession que la confession déclarée dominante. Dans quelques
pays catholiques, cette nullité alla jusqu'à
la mort civile. Un réformé ne pouvait ni
posséder de biens en propre, ni tester, ni
se marier et procréer des enfans légitimes.
Heureux si on ne mettait pas des dragons
à sa poursuite, et qu'il ne périt pas sous
leurs coups, ou sous ceux des bourreaux;
car il faut avouer que les états catholiques
poussaient cette intolérance infiniment plus
loin, que les plus intolérans réformés.

Enfin des états d'Europe encore attachés
au Saint-Siège, on n'en peut guère compter
où il ait conservé toutes ses prérogatives.
Venise et le Portugal se sont toujours

montrés récalcitrans. L'Espagne aussi par
fois. La Pologne, la Hongrie, l'Autriche
virent s'élever sur leur sol une foule de
protestans, de sociniens, de dissidens de
toutes les confessions. Il en fut de même
des principautés ecclésiastiques d'Allemagne. En France, outre qu'il y avait un
très-grand nombre d'individus qui avaient
adopté la réforme, les rois et les parlemens
se sont en beaucoup d'occasions montrés
peu favorables aux prétentions ultramontaines : plus d'une fois les monarques ont
menacé Rome de suivre l'exemple de
Henri VIII. La courageuse église galli-
cane a eu plus d'un digne successeur des
Gerson et des *Richer ;* et il s'en fallait de
beaucoup qu'elle fit une partie intégrante
du patrimoine de *Saint-Pierre.* Le concile
assemblé à Trente pour réconcilier toute
l'église de J. C., ne fit que mieux en marquer les divisions. Cette assemblée fit des
décrets multipliés, que la plupart des états
catholiques n'adoptèrent que très-modifiés,
et qui tombèrent même bientôt en désué-
tude, faute d'une force qui veillât à leur
exécution. Ce concile, qui devait réhabi-
liter les papes, produisit le livre de *Sarpi,*

lequel leur fit plus de mal que dix conciles
ne pouvaient leur faire de bien. M. de
Marca, archevêque de Toulouse, dans son
traité *De concordiâ sacerdotii et imperii*,
et surtout M. de *Hontheim*, évêque suf-
fragant de Trèves, dans l'ouvrage qu'il a
publié sous le faux nom de *Justinus Fe-
bronius* (1), ont achevé ce que *Sarpi* avait
si heureusement commencé. Les efforts suc-
cessifs d'indépendance des états chrétiens
se lient par une chaîne non-interrompue à
ceux des premiers réformateurs. Ainsi l'on
ne peut méconnaître comme suites de la
même influence, les réformes tentées et en
partie opérées sur le clergé d'Autriche par
Joseph II; non plus que le dépouillement
total du clergé de France et son anéantissement politique sous l'Assemblée cons-
tituante; non plus enfin que la sécularisation générale qui vient de s'effectuer dans
l'Allemagne catholique (2). On sent com-

(1) *De statû Ecclesiæ et legitimâ potestate Ro-
mani Pontificis. Ad conciliandos dissidentes in
Religione christianos.* Bullioni, 1763.

(2) De plus terribles coups attendent peut-être
encore dans ce pays l'autorité papale et le clergé

bien: il serait facile de démontrer que des
grandes mesures ont leur source éloignée
dans la réformation, qui seule bien évidemment les a pu rendre possibles, et que
la décadence alors commencée du clergé
romain n'a fait seulement que se consommer de nos jours.

§. 2. *Sur les principaux Etats chrétiens.*

Ici se présente manifestement un double
point de vue ; celui de la situation *intérieure* des divers états en eux-mêmes, et
celui de leur situation *extérieure* les uns
à l'égard des autres. — Le premier doit

romain. Quel ami des lumières et de l'humanité
n'observe pas avec intérêt les mesures prises dans la
Bavière par un prince éclairé et bienveillant, qui
va régénérer cette belle contrée, en y favorisant
le savoir et l'industrie aux dépens de la superstition
et du monachisme? Puissent toutes ses vues bienfaisantes s'accomplir sans opposition! L'immorta-
lité qui l'attend, les hommages de tous les hommes
de bien, les bénédictions de ses sujets, seront son
infaillible récompense.

faire voir leur degré de force, celui de prospérité, de pouvoir dans les princes, de liberté dans les peuples; le second doit concerner uniquement le système de l'équilibre introduit en Europe depuis la réformation.

PREMIER POINT DE VUE.

Situation intérieure des Etats.

L'influence de la réformation a été plus sensible sur les états au sein desquels elle est née et a pris consistance, que sur ceux qui ne l'ont pas adoptée. Il paraît donc naturel de devoir commencer ici par les premiers.

Et d'abord, arrêtons nos regards sur leurs destinées communes, en tant qu'*Etats protestans.*

I.

Les sommes immenses que, sous toute sorte de noms et de prétextes, ces états envoyaient continuellement à Rome, et qui épuisaient leur numéraire, cessent de sortir du pays, y circulent, y donnent une nouvelle

velle activité au commerce, à l'industrie ;
y causent un nouveau bien-être pour les sujets, un accroissement de forces pour le gouvernement ; tandis que d'un autre côté le
crédit public éprouve chez eux des chocs
momentanés. Des trésors sont cachés, en-
fouis par la terreur de l'avenir ; les mon-
naies sont altérées dans leur titre. Les émi-
grations devenues fréquentes, l'incertitude
de la propriété, qui est une suite de l'incertitude du triomphe des partis, fait tomber
en discrédit les fonds de terre. L'argent,
plus transportable, est plus estimé qu'eux ;
mais surtout l'homme en lui-même acquiert
plus de prix et d'estime que l'un et l'autre ;
sa valeur intrinsèque, plus utile, en est
mieux sentie, et devient le plus considéré
de tous les biens. C'est-là un des plus beaux
effets de ces commotions terribles qui, dé-
plaçant toutes les propriétés, fruits des institutions sociales, ne laissent à leur place
que la grandeur d'ame, les vertus et les talens, fruits de la seule nature.

Les immenses possessions du clergé, tant
séculier que régulier, sont mises à la disposition des gouvernemens. La plupart d'entre
eux profitent avec sagesse de cette bonne

9

fortune, paient leurs dettes, emplissent
leurs coffres, appliquent les biens d'abbayes
entières, et autres possessions ecclésiastiques, à des établissemens utiles, des
écoles, des universités, des hôpitaux, des
maisons d'orphelins, des retraites et des
récompenses pour les vieux serviteurs de
l'état; mesures par qui ces biens se trouvent
rendus à leur destination primitive; et enfin
ces gouvernemens se mettent en état de
supporter les guerres où tous prévoyaient
que la crise actuelle les entraînerait im-
manquablement. Quelques-uns cependant
aussi dissipent légèrement les biens acquis;
d'autres sont obligés d'en laisser la meilleure part à la noblesse, comme le Danemarck, ainsi qu'il sera dit plus bas.

Non-seulement les gouvernemens dispo-
sent des biens de l'église, mais ils se trouvent
aussi avoir la disposition des biens, des personnes, et de toutes les forces des peuples.
La cause de la religion est devenue celle de
tout individu; les ressources que cette disposition offre aux princes sont incalculables.
On a vu ce qu'elle pouvait produire dans la
première guerre contre *Charles-Quint*, et ensuite pendant la guerre de trente ans contre

les deux *Ferdinand*. Ce que le danger le plus imminent de l'état n'aurait pu obtenir des particuliers, le zèle pour la religion l'obtenait sans peine : artisans, bourgeois, cultivateurs, couraient aux armes pour elle ; personne ne songeait à se soustraire à des impôts, devenus triples de ce qu'ils étaient auparavant. Dans l'agitation violente où le danger de la religion mettait les esprits, on offrait sang et bien, et l'on ne s'apercevait pas des efforts ni du fardeau dont on se serait senti accablé dans un état plus calme. L'effroi de voir chez soi une inquisition, des Saint-Barthelemy, ouvrait à la ligue de Smalcalde, au prince d'*Orange*, à la reine *Elizabeth*, à l'amiral de *Coligny*, des sources de puissances qui leur eussent été fermées dans tout autre état de choses.

Quand une fois les peuples ont fait de plein gré, par enthousiasme, et durant plusieurs générations successives, cause commune avec leurs princes, il naît de-là un esprit public d'accord et d'harmonie entre le peuple et le gouvernement, entre le chef et les membres, qui est salutaire pour le pays, et qui s'y propage quelquefois pendant des siècles. On ne peut encore mécon-

naître cette disposition parmi. les nations
protestantes, quand on les observe de près;
et leur histoire, celle de la Prusse surtout,
offrirait l'exemple de plus d'une occasion
où elle s'est manifestée.

Mais si par sa qualité de chef de l'Eglise
et par la confiance des peuples, un prince
réformé acquit plus de consistance et d'autorité qu'il n'en avait, la nature même du
mouvement qui lui mettait cette autorité
nouvelle entre les mains, lui prescrivait
d'en faire l'usage le plus légitime et le plus
équitable. Il n'acquérait de la force que pour
servir et défendre la nation, non pour l'op-
primer. Les plus grands observateurs ont
reconnu que la nature a fait particulièrement républicains les peuples du nord;
et l'on ne peut nier que plusieurs de ceux
qui ont embrassé la réformation n'aient toujours été animés de cet esprit, comme les
Saxons, les Suisses, les Hollandais, les Anglais : on peut dire que la réformation elle-
même n'en a été qu'une application positive.
Cette secousse, à son tour, en avait réveillé
toute l'énergie et les idées accessoires. La
volonté d'être libre dans les matières de
conscience, est la même au fond que la vo-

lonté d'être libre en matières civiles. Or
cette volonté fait tout, et il n'y a d'esclaves
que ceux qui veulent l'être, ou qui n'ont
pas la force de vouloir cesser de l'être. L'é-
nergie des ames constitue à la longue la
vraie liberté, comme leur molesse nécessite
à la longue le despotisme. Le sentiment
calme et grave de la haute dignité de
l'homme, est le seul fondèment valable d'un
vrai républicanisme ; ce n'est que par lui
que s'établit l'égalité des droits, la récipro-
cité des devoirs. Le christianisme, dans la
pureté de son essence, inspire ce sentiment ;
c'est pourquoi il est assez commun et général
dans les pays évangéliques. On a beaucoup
admiré la constitution d'Angleterre. Je ne
veux pas disputer sur sa valeur ; mais ce qui
rend cette bizarre constitution si bonne,
c'est le patriotisme, la fierté, l'indépendance du paysan, du bourgeois, du gentle-
man anglais. Faites entrer dans tous ces
cœurs, qui battent en liberté, des sentimens
d'esclaves, et vous verrez à quoi servira ce
beau palladium de constitution. La Prusse,
le Danemarck n'ont ni parlemens, ni au-
cunes barrières visibles à l'autorité royale,
et on y jouit de la plus admirable liberté;

mais les barrières invisibles y sont dans les
ames, dans celle même du prince, nourri
et élevé dans l'esprit qui anime la nation;
elles sont dans les mœurs plus simples, plus
éloignées du faste et de l'orgueil. C'est-là
qu'on voit des princes puissans, vêtus comme
leurs sujets, allant comme eux à pié ou dans
un modeste équipage, sans suite, sans étiquète, simples officiers pendant leur jeunesse
dans l'armée nationale qu'ils doivent apprendre à commander un jour. Quel état moderne
peut se glorifier d'un roi tel que l'immortel
Frédéric II? quels peuples d'une réunion
de princes aussi distingués et aussi sages que
les peuples protestans de l'Allemagne ? La
Suède cite avec orgueil ses quatre *Gus-
taves*. On compte, pendant les derniers
siècles, sur les trônes de l'Europe, deux
femmes extraordinaires, *Elizabeth* et *Catherine;* toutes deux furent élevées dans
les principes du protestantisme. La France
enfin peut-elle oublier que le meilleur de
ses rois, et que le meilleur ministre de ce
roi étaient des élèves de la réforme ?

Puisque j'en suis venu à parler de cette
disposition de l'esprit public parmi les protestans, dois-je placer ici ce que j'ai à dire

sur les pas qu'a fait parmi eux la science
de la législation , et les autres qui y appartiennent , comme l'administration , la statistique , etc. ? ou bien réserverai - je ces
considérations pour la section où il me
faudra traiter du progrès des lumières ? —
L'incertitude où je suis à cet égard prouve
que tout ce qui concerne l'homme en société
est lié par une chaîne étroite , et que la
grande affaire de sa liberté tient de bien
près à la vraie culture de son esprit.

Qu'il suffise donc d'observer , que l'autorité
ecclésiastique étant , avant la réformation ,
entrelacée étroitement avec l'autorité civile
en beaucoup de lieux , et tout-à-fait con-
fondue avec celle-ci en beaucoup d'autres ,
il ne fut pas possible de sonder et discuter
les droits de l'une , sans que l'examen ne
s'étendit aussitôt sur les droits de l'autre.
On rechercha par quelle autorité les papes
prétendaient pouvoir instituer et destituer
les rois ; cela mena naturellement à rechercher quelle était donc l'autorité première
qui instituait les rois ? On discuta les droits
respectifs de l'église et de l'état ; on ne pouvait toucher à ce point important , sans
tomber aussitôt sur les droits des peuples. On

reconnut que la société, envisagée comme réunion religieuse, c'est-à-dire, comme église, avait le droit de se choisir ses pasteurs, et de fixer sa croyance : il était tout simple d'en conclure que la même société, en tant que réunion politique, avait aussi le droit d'élire ses magistrats et de se donner une nouvelle constitution. L'empereur s'opposait à la nouvelle croyance religieuse; on rechercha donc si, en matière de croyance, on devait obéir à l'empereur. En 1531, la faculté de droit et celle de théologie de l'université de Wittemberg répondirent unanimement par la négative. Dès-lors il ne fut plus question que de débats sur les bornes de l'obéissance qu'on devait aux souverains, et sur celles de la résistance qu'on pouvait leur opposer. *Zwingle* prononça, contre le prince oppresseur, son rigide *cùm Deo potest deponi.* Avant *Luther*, on n'avait jamais parlé tout haut et explicitement un tel langage dans l'Europe. Il osa dire de grandes vérités, et il mit sur la voie de beaucoup d'autres (1). Les écrits des premiers réfor-

_____

(1) *Luther* dit lui-même dans son livre, *De la guerre contre les Turcs* : « Personne n'avait encore

mateurs sur la politique respirent la plupart cet esprit. Quand les longues guerres
d'Allemagne et de Flandre furent terminées, ce même esprit se développa dans
d'excellens ouvrages, encore classiques au-

---

enseigné, ni entendu, personne ne savait quelque
chose de la puissance séculière, ni d'où elle venait,
ni quel était son office, ni comment elle pouvait
être agréable à Dieu. Les plus savans tenaient
la puissance et l'autorité temporelle pour une chose
mondaine, profâne, voire païenne et impie, et
comme un état dangereux pour le salut... En somme,
les bons princes et seigneurs (si disposés d'ailleurs
à la piété) tenaient leur état et dignité pour moins
que rien, et pour nullement agréable à Dieu; devenaient pour cela de vrais prêtres et moines, bien,
que sans calotte ni capuche... Par-dessus cela, le
pape et les clercs étaient tout en tout, par-dessus
tout et partout, comme Dieu lui-même dans le
monde; et l'autorité civile était dans l'ombre, op-
primée et méconnue... A présent, ils me repro-
chent d'être un séditieux, attendu que j'ai (par la
grace de Dieu) écrit sur la puissance séculière sa-
gement et utilement, ainsi que ne l'a fait aucun
docteur, depuis le tems des apôtres (n'est peut-être
S. *Augustin*); voilà ce que je puis dire en bonne
conscience, et de quoi le monde peut rendre témoignage ».

jourd'hui, et où les droits des deux puissances, ceux des princes et des peuples,
ceux des corps politiques entr'eux, sont dé-
battus avec une précision et un esprit bien
différent, et de l'ancien esprit des écoles
et de l'exagération démagogique du dix-
huitième siècle. L'Allemagne, la Suisse, la
Hollande, l'Angleterre, la France même
où la réforme était très-répandue, quoique
le gouvernement ne l'ait pas adoptée, produisirent grand nombre de pareils écrits
vers cette époque. On en citera quelques-
uns des principaux ci-après, dans un des
articles de la seconde section.

La réformation, qui d'abord n'était qu'un
retour à la liberté dans l'ordre des choses
religieuses, devint donc, par toutes ces
raisons, un retour aussi vers la liberté dans
l'ordre politique. Les princes s'appuyaient
de cette liberté, la réclamaient et l'embras-
saient aussi bien que leurs sujets. Aussi les
souverains protestans ont-ils tenu constamment un autre langage envers leurs peuples,
ont-ils professé d'autres principes de libéralité et d'humanité, que les souverains
catholiques leurs contemporains. Ces peuples sont dès longtems familiarisés avec le

langage et les principes de la raison ; ils
savent que telle est la base même de leurs
gouvernemens , et ils sont accoutumés à la
discussion de leurs intérêts et de leurs
droits : elle ne les émeut aucunement ; la
liberté de penser et d'écrire leur est aussi
naturelle que l'air qu'ils respirent. Cela
peut faire croire, avec raison, qu'une révolution politique , semblable à celle de
France, ne peut nullement avoir lieu dans
les états non-catholiques; les résultats les
plus essentiels d'une telle révolution y sont
d'avance tout établis, et la cupidité ne
peut plus y être mise en jeu par l'appât des
possessions de l'église. Aussi n'est-il pas
de peuples plus soumis à leurs princes et
aux lois de leurs pays que les protestans,
parce que ces lois sont conçues dans un
bon esprit, que princes et sujets y sont
également patriotes et républicains, et que
tous y savent également par expérience,
quel milieu modéré il convient de tenir entre
la démocratie spéculative et la démocratie
pratique.

Il est avéré que *François Ier* se montra
d'abord assez favorable à la doctrine des

réformateurs de l'église (1). Sa sœur chérie, *Marguerite*, reine de Navarre, la proté-geait publiquement. Le sort du royaume a dépendu, en cet instant, du parti qu'il embrasserait. S'il eût adopté la réforme, la France entière aurait suivi son exemple ; le sort du protestantisme dans l'Europe en eût été plutôt décidé, les guerres civiles de France n'eussent sans doute pas eu lieu, non plus que la révolution du dix-huitième siècle. Tout prit une autre face, parce que ce prince conçut de vives appréhensions sur les suites politiques de la réformation. *Brantôme* rapporte, qu'un jour où le roi s'expliquait sur ce sujet, il lui échappa de dire : « *Que cette nouveauté tendait du tout au renversement de la monarchie divine et humaine* (2). » En effet, ce prince fit éclater par la suite contre le protestan-tisme une haine irréconciliable, dont ses

_____

(1) Il écrivit même à *Mélanchton* pour l'engager à venir à Paris. *Mélanchton* ne put s'y rendre, parce que l'électeur de Saxe lui en refusa la per-mission.

(2) Cette opinion de *François I* ne lui est-elle pas venue d'insinuations ecclésiastiques ? Ce roi

successeurs n'héritèrent que trop : la leçon leur était restée. Mais si *François I* a pensé de la sorte, n'est-il pas permis de tenir son opinion pour une autorité, et de regarder l'établissement de la République Française comme un corollaire éloigné, mais nécessaire de la réformation, ainsi que la république des Provinces - Unies en a été un corollaire prochain, et celle d'Amérique un autre plus rapproché de nous? — On retrouve parmi quelques-unes des sectes exagérées qui sont nées de la réformation, telle que celle des Anabaptistes, les mêmes prétentions à l'égalité et à la liberté absolues, qui ont causé tous les excès des jacobins de France : la loi agraire, le pillage des riches, faisaient

---

(dit le président *Hénault*, sous l'an 1534) se plaignant du pape à son nonce, voulut lui faire craindre l'exemple de *Henri VIII*, à quoi le nonce lui répondit : « franchement, Sire, vous en seriez, marri le premier; une nouvelle religion mise parmi un peuple, ne demande après que le changement du prince ». — *François* aurait pu répliquer, que ni *Henri VIII*, ni *Gustave-Wasa*, ni aucun des princes saxons n'avait été détrôné après avoir embrassé la réforme.

déja partie de leur symbolé; et sur leurs
enseignes' aurait déja pu être inscrit :
*Guerre aux châteaux, paix aux chau-
mières.* Ces enthousiastes donnèrent d'abord
beaucoup à faire aux princes d'Allemagne.
Luther ressentit un chagrin violent de
leurs excès, et se reprochait souvent d'y
avoir, bien qu'innocemment, donné lieu.
Pourtant ils furent bientôt réprimés. L'Angleterre ne se délivra pas aussitôt de l'inquiétude de ses presbytériens et indépendans, ainsi qu'on le verra à l'article de
cette puissance, dans le détail où nous
allons passer.

Il faut encore ajouter, que les princes
et états protestans profitèrent tous, plus
ou moins, des bras et de l'industrie d'une
multitude de proscrits, qui émigraient des
pays catholiques où on les persécutait; ainsi
qu'il arriva particulièrement aux protestans de France à la révocation de l'édit de
Nantes; tandis que les catholiques, tran-
quilles et tolérés, sous la domination des
protestans, ne songèrent jamais à quitter
et à appauvrir leurs patries.

Remarquons encore, que l'agriculture et
l'industrie, dans les pays protestans, s'en-

richirent de la suppression des nombreux jours de fêtes, perdus pour l'activité dans les pays catholiques ; quantités vraiment négatives, qui diminuent d'autant la somme du travail et des richesses nationales.

— *Allemagne.*

Avant la réformation, l'empire d'Allemagne était un agrégat irrégulier d'états, que le hazard, la convenance, les évènemens avaient réunis en une confédération informe, dont la constitution était un vrai chaos. Les forces particulières de ces divers états, sans direction, sans unité, étaient presques nulles, comme forces confédérées, et incapables d'agir au dehors. La *Bulle d'or*, monument bizarre du quatorzième siècle, fixait, il est vrai, quelques-uns des rapports du chef avec les membres ; mais rien n'était moins clair que le droit public de tous ces états indépendans et pourtant unis. Le caractère personnel, la puissance de l'empereur, étaient les seuls motifs qui décidassent ordinairement du degré de déférence des autres princes pour lui. Sous le long règne de l'indolent *Fréderic III*, dit le *Paci-fique*, qui dormit sur le trône impérial de-puis 1440 jusqu'en 1492, ce trône perdit presque toute sa considération. *Maximi-lien I* eut peine à la rétablir, malgré tous les efforts qu'il y employa. Parmi les élec-teurs et autres princes les plus puissans, il n'en était pas un seul qui le fut assez pour se faire respecter au dehors. Tous vivaient chez eux plus en simples gentilshommes et en pères de famille que comme des souverains, et n'étaient guère que les plus riches propriétaires de leurs provinces. Il n'y avait nulle aparence que du sein de cette léthargie générale, aucune des fa-milles régnantes vint à s'élever au dessus des autres. Chaque prince partageait ses états entre des fils souvent assez nombreux, ce qui affaiblissait les dynasties, bien loin de les renforcer. Il n'y avait d'indivisibles que les terres auxquelles était attachée en particulier la dignité électorale. Il nais-sait souvent de ces partages, et d'autres causes, des guerres de prince à prince, des troubles, des désordres auxquels on avait peine à mettre fin. Les cadets le plus mal apanagés, les simples seigneurs se li-

vraient

vraient fréquemment à des brigandages, qui aujourd'hui seraient punis du dernier supplice, et auxquels on attachait dans ce tems une espèce d'honneur chevaleresque. Rien de plus faible qu'un corps ainsi constitué. On s'assemblait, il est vrai, en diète, pour délibérer sur les affaires communes; mais *Frédéric* n'y avait jamais paru pendant plus d'un demi-siècle de règne; et *Maximilien*, son fils, n'y parut guère que pour demander l'argent qui lui manquait toujours pour l'exécution de ses nombreux projets. Si, pendant les premières années du règne de *Frédéric*, le Turc, alors irréconciliable ennemi de toute la chrétienté, n'était venu planter le croissant en Europe, et menacer incessamment l'empire d'une invasion, il n'est pas aisé de voir comment le faible lien qui unissait ce corps ne se serait pas rompu. La terreur qu'inspiraient *Mahomet II* et ses féroces soldats, fut le premier intérêt commun qui porta les princes de la Germanie à se serrer les uns contre les autres et autour du trône impérial.

C'est dans ces circonstances que *Charles*, déja maître de la florissante Espagne, d'une

partie de l'Italie, des états de la maison de
Bourgogne et de la maison d'Autriche,
vint occuper ce trône. La puissance démesurée de ce nouvel empereur inspira bientôt de l'inquiétude à la plupart des états
sur leur existence future, menacée par
l'ambition de leur jeune chef. La réformation leur offrit un point de ralliement, des
forces nouvelles, la possibilité de former
une opposition respectable; ils l'embrassèrent, autant par ces motifs politiques, que
par persuasion religieuse. *Charles-Quint* ne
l'embrassa pas, et n'y vit de son côté
qu'une circonstance heureuse pour lui, laquelle lui donnant le prétexte et le droit de
combattre à main armée la nouvelle opposition, présentait à ses desseins la plus
belle occasion de se réaliser sans peine et
d'une manière plausible. C'est là l'idée
principale qui forme comme le plan de
toute l'histoire de son règne. Les princes et
états protestans se liguèrent solemnellement, dans une sorte de diète particulière
à Smalcalde, sous la direction des deux
princes les plus considérables de la ligue :
Frédéric le Sage, électeur de Saxe, protecteur de *Luther*, et son premier disciple

parmi les souverains ; et *Philippe* , land-
grave de Hesse, dit le *Généreux*. Longtems cette ligue resta en présence de *Charles* , dans une attitude fière et indépendante. Ce qui empêcha la rupture d'éclater
plutôt, furent les attaques continuelles tant
des Français, des Vénitiens, des Milanais
et des papes, que des Turcs sous *Soli-
man II*, et qui donnaient assez d'affaires
à l'empereur, au Midi et à l'Est. Les protestans, durant cet intervalle, exigèrent
de l'empereur de fréquentes concessions,
et *Charles*, qui avait besoin d'eux, fut
contraint de souscrire à la plupart.

Enfin le moment arriva (en 1546, l'année même de la mort de *Luther*, qui avait
fait des efforts constans pour prévenir toute
catastrophe sanglante) où, débarrassé de
ses autres ennemis, *Charles-Quint* put engager la lutte avec le parti des protestans.
Elle fut d'abord heureuse pour lui ; les
forces et les talens militaires des princes
ligués ne répondirent pas à leur courage ;
et l'éclatante victoire de Muhlberg, dès la
seconde année de la guerre, où les principaux d'entre eux furent faits prisonniers,
semblait devoir y mettre fin. Mais à peine

Charles commençait-il à jouir de son triomphe, que *Maurice* de Saxe lui enleva, par
un coup aussi impossible à prévoir qu'à
parer, les lauriers qu'il venait de cueillir,
et presque tous ceux de sa laborieuse carrière. Peu s'en fallut que le prince saxon
ne s'emparât de la personne même de l'empereur dans Inspruck. Celui-ci, par la paix
signée à Passau en 1552, affermit plus
que jamais l'existence du corps évangélique, et vit s'évanouir les beaux projets
qu'il avait conçus, de ranger l'Allemagne
sous ses lois. Le roi de France *Henri II*,
qui avait secouru les protestans dans cette
guerre, prit publiquement le titre de *protecteur de la liberté germanique et vengeur
des princes captifs.* A l'aide de ces troubles
civils dans l'Empire, il s'empara aussi des
évêchés de Metz, Toul et Verdun. *Charles-
Quint* ne perdit pas un instant pour accou-
rir et reprendre ces villes. Il échoua devant
Metz, et ce fut un de ses derniers revers.

L'Allemagne n'était plus dès-lors ce qu'elle
avait été avant cette crise. L'ancienne indolence s'était changée en une vigilance active. Les princes ligués avaient fait l'épreuve
de leurs forces, et prit confiance en eux-

mêmes. La confédération générale , qui
continua à subsister , se vit composée de
deux partis antagonistes, jaloux l'un de
l'autre, jouissant tous deux d'une existence
constitutionnelle, se surveillant, se mon-
trant prêts sans cesse à en venir aux mains.
Cet antagonisme prononcé, cette irritabilité réciproque devint un nouveau principe de vie pour tout le corps, et qui en
développa toutes les forces. Malgré la paix
(trop subite pour être bien affermie),
l'Empire offrait le spectacle de l'Océan,
dont les vagues sont encore terribles après
une tempête. L'agitation universelle faisait
prévoir un nouvel éclat; et certes ce serait
un phénomène inexplicable dans l'histoire,
que cet éclat ait été retardé jusqu'en 1618,
si le caractère personnel de trois empereurs, successeurs de *Charles-Quint*, n'ai-
dait à en pénétrer les causes.

. Enfin *Ferdinand II*, en montant sur le
trône impérial, trouva déja allumée cette
guerre dévastatrice qui dura pendant tout
son règne, et la plus grande partie de celui
de son successeur. L'Autriche profita de
sa rupture ouverte avec le parti protestant,
de ses succès fréquens , et de la présence

de ses armées pour anéantir dans l'Archi-
duché, la Silésie, la Moravie, et les privilèges auparavant accordés aux nombreux
protestans, qui avaient donné plus d'une
fois de l'inquiétude à leurs ombrageux souverains, et les privilèges des états, qui mi-
tigeaient la constitution. Elle en fit autant
dans la Bohême et la Hongrie, où non-seulement elle détruisit toute liberté religieuse, mais où elle s'appropria l'hérédité de la couronne, élective jusqu'à cette
époque. C'est à la réformation que les monarques autrichiens doivent l'établissement
définitif de leur puissance réelle dans l'intérieur de leurs états; l'espoir qu'ils perdirent
de dominer au dehors sur les autres, ne
leur valait pas sans doute l'avantage réel
d'être maîtres absolus et illimités chez eux,
et d'acquérir, comme biens patrimoniaux,
deux royaumes aussi inépuisables en ressources et en richesses naturelles. Le sort
de la Bohême fut déjà décidé en 1620, après
la sanglante bataille de Prague. Celui de la
Hongrie, il est vrai, n'a été définitivement
arrêté qu'environ soixante ans plus tard;
mais n'en fut pas moins une suite immédiate de la guerre de religion, et de l'op-

pression du parti protestant dans ce pays.
La puissance autrichienne, après le traité
de Westphalie, n'eut plus d'autre principe
intérieur d'affaiblissement que le morcellement de ses possessions, dans la Souabe,
la Belgique et l'Italie, qui par-là devenaient
trop difficiles à défendre, ce qu'elle a bien
senti dans ses guerres subséquentes. La dernière qu'elle a eue avec la France, lui a enlevé ces beaux mais onéreux domaines. Elle
en a acquis d'autres en Allemagne et en Pologne, qui sont bien plus convenables à
ses vrais intérêts. L'Autriche ne peut plus
concevoir de projets contre la liberté de
l'Europe, parce que des rivaux trop puissans se sont élevés autour d'elle, et la con-
tiennent de toutes parts ; mais elle pourra
toujours tenir un rang honorable parmi les
premières puissances, si elle sait user sage-
ment des leçons que lui a fourni la réformation, de son abaissement au dehors, et de
son affermissement dans l'intérieur.

Pendant cette longue et cruelle discorde
civile des nations de la Germanie, le vieux
lien qui subsistait entr'elles ne se rompît
jamais. Les uns voulaient que tout fût catholique, les autres voulaient rester protestans ;

mais tous, à cela près, voulaient rester
unis entr'eux et à leur chef. Que l'Empire
se fut divisé en deux empires, ces deux
faibles confédérations seraient devenues la
proie du plus fort, ou de quelque étranger.
Au contraire, l'expérience a démontré que
l'existence d'un corps évangelique et son
organisation définitive, est devenue une in-
titution salutaire pour l'Empire en général,
et une ferme garantie de sa constitution,
que les deux partis ont un intérêt égal à
surveiller et à maintenir. Aujourd'hui même
que tant de ses membres ont changé de
forme et de nom, la vie qui soutient le
corps entier n'en deviendra peut-être que
plus active. Quoiqu'il en puisse arriver,
tout était désordre et désorganisation dans
cette vaste contrée avant la réformation ;
tout y est devenu ordre et organisation
après elle, et par son influence.

L'Allemagne protestante subsista d'abord
par sa force fédérative, avec assez d'égalité dans ses principaux membres. Comme
tous ces états, hors un, ne se sont pas élevés
depuis de manière à influer sensiblement
sur la situation politique des états de l'Europe, on les passera ici sous silence. Qu'une

suite de troubles religieux ait porté la maison de Brunswic sur le trône de la Grande-Bretagne, c'est bien une circonstance intéressante sous plus d'un rapport; mais en somme, elle concerne plutôt une maison particulière, qu'un état. Le roi d'Angleterre étant membre de l'Empire, a eu plus de facilité quelquefois à en émouvoir la masse selon ses intérêts; il a pu tirer du Hanovre quelques régimens. Mais que l'on calcule aussi ce que la défense de ce pays, et l'attachement des rois de la maison de *Brunswic* pour leurs états allemands, a coûté à l'Angleterre; qu'on calcule l'espèce de dépendance où cette couronne royale, par son amalgame avec l'électorale, se trouve toujours envers la Prusse et la France; l'état d'humiliation où elle a été quelquefois réduite à cette occasion, et l'on conviendra que les désavantages balancent au moins les avantages. La véritable force de l'Angleterre est dans ses richesses, et ses richesses procèdent de ses flottes. Nous verrons plus loin quelle a été l'influence de la réformation sur le premier développement de cette marine. Une circonstance plus importante pour le mode d'existence de l'Allemagne, a été l'établissement de la monarchie prussienne, dont les fondemens ont été posés par la réformation. Au commencement du seizième siècle, la Prusse était encore un pays ecclésiastique; gouverné par le Grand-Maître de l'Ordre Teutonique. *Albert* de Brandebourg, alors Grand-Maître, suivit bientôt l'exemple que lui donna plus d'un prince ecclésiastique. Il sécularisa la Prusse en 1525, et en fit un duché héréditaire pour lui et ses descendans, sous la suzeraineté des rois de Pologne. Il se maria, eut des enfans, et la dernière héritière de cette branche, nommée *Anne*, épousa le prince héréditaire, ensuite électeur de Brandebourg, sous le nom de *Jean-Sigismond*. La Prusse cessa d'être un fief de la Pologne, en 1657, par le traité de Wehlau, et définitivement par celui d'Oliva, trois ans après. En 1701, elle fut érigée en royaume, et s'est élevée depuis au rang des premières puissances de l'Europe. Il est bien vrai que, dans la sécularisation du duché de Prusse, on ne pouvait encore soupçonner la grandeur future des monarques prussiens : cependant, il est vrai aussi que sans cet évènement, on comp-

terait aujourd'hui un électeur de Brandebourg, mais point de roi de Prusse, parmi
les souverains de l'Europe.

Cette puissance, en se développant, a
conservé la manière d'être que nous avons
attribuée en général, ci-dessus, à tous les
états protestans ; un esprit public très-pro-
noncé, un patriotisme fervent, beaucoup
d'attachement réciproque entre le prince et
les sujets, un esprit de liberté et de vrai républicanisme, qui s'étend du trône jusqu'au
peuple. Qu'on y ajoute, qu'une bonne partie des anciennes possessions du clergé est
encore unie aux domaines de la couronne,
et une autre employée en fondations utiles
au pays, et l'on s'expliquera d'où procédait
cette force intérieure que la Prusse a manifestée en plusieurs rencontres, et qui a
si bien secondé le génie de son grand *Frédéric*, pendant la guerre de sept ans. Il
n'est pas douteux que sa qualité de protestant n'ait valu à ce prince quelques
succès, comme aussi quelques ennemis de
moins parmi ses co-états dans l'Empire.
Le nombre de ceux qui suivaient en secret
la réforme, était grand en Silésie, en
Bohême, et autres pays autrichiens. Quand

les bannières tolérantes de la Prusse se montraient, toutes les sectes devaient leur être plus favorables, qu'aux drapeaux catholiques de l'intolérante Autriche.

Depuis que la Prusse a atteint, par le concours de beaucoup d'autres causes étrangères au but de cet écrit, le rang d'une puissance du premier ordre, ses souverains ont remplacé les électeurs de Saxe dans le rôle important de chefs du parti protestant en Allemagne. Ils sont revêtus en Europe de cette double attribution, de contrebalancer l'Autriche au sein de l'Empire, et de contribuer puissamment au dehors au maintien de l'équilibre dans le système général des états.

Remarquons encore que les traités d'Augsbourg et de Munster, tout en consolidant dans l'Empire le corps des états évangéliques, laissaient néanmoins les catholiques en possession d'une certaine primauté et de la prépondérance, tant dans le collège électoral que dans le reste des affaires communes (1). Aucune tête protestante n'a en-

_____

(1) Ne fût-ce que par la clause qui établit qu'un prince ecclésiastique changeant de confession, loin

core été décorée de la couronne impériale.
Depuis que l'intérêt religieux a été peu à
peu remplacé par un intérêt politique, on
pourrait appeler plus convenablement le
corps évangélique parti *Prussien*, et le
reste parti *Autrichien*; bien que plus d'un
prince catholique ait souvent trouvé convenable de s'allier avec la Prusse, comme
aussi l'on a vu des états protestans tenir à
l'Autriche. Il est croyable que la dignité
impériale restera encore longtems, et peut-
être jusqu'à son extinction, sur la tête du
chef de cette dernière maison.

C'est à l'époque des guerres de la réformation, et des longs intervalles de paix
qui les ont suivis, que l'on peut rapporter
aussi l'origine de cet usage, chez quelques
princes allemands, de vendre leurs troupes
à des puissances étrangères. Ces troupes levées pour le besoin pressant, aguerries, accoutumées à la vie des camps, au brigan-
dage, aux excès, devenaient, lors de la
paix, étrangement onéreuses à leur maître
et au pays. On était trop heureux de s'en

de pouvoir séculariser ses états, en est déclaré
déchu.

délivrer en faveur de qui les voulait payer,
et même on tirait encore du profit de ces
marchés. *Philippe II* attaquait la Hollande
avec des soldats allemands, et c'était avec
des allemands que la Hollande se défen-
dait. Cette coutume s'est maintenue depuis,
comme on sait, au grand scandale de l'humanité.

— Danemarck.

Depuis la fameuse *Marguerite*, appelée
la *Sémiramis du Nord* avant *Catherine II*,
le Danemarck s'était agrandi de la Norvège,
et les états de Suède avaient encore rémis
aux mains de *Marguerite* le sceptre de leur
patrie. Ses successeurs prétendirent faire
valoir cette élection comme un titre héréditaire; et de là les guerres animées entre
les monarques danois et l'aristocratie své-
doise. Les premiers y perdirent le trône de
Suède, et y gagnèrent de n'avoir plus cette
occasion de consumer leurs forces au dehors.
Le clergé et la haute-noblesse de leurs propres états leur donnaient assez à faire chez
eux. Ils adoptèrent, avec leurs peuples, la
réformation en 1527; mais elle n'y fut bien
consolidée que douze ans après par le sage

Christiern III. Il fut obligé de partager les dépouilles du clergé avec les grands de son royaume, et de n'en garder que la plus faible moitié. Les menses des prélatures furent seules adjugées à la couronne, sur quoi même furent encore prélevés les fonds de plusieurs établissemens. La dignité royale resta de plus élective. Il fallut le règne guerrier de l'entreprenant *Christiern IV,* il fallut surtout l'ascendant que commença à prendre l'ordre des bourgeois, pour abaisser la noblesse, et conduire les choses au point où *Frédéric III* les trouva en 1660, qu'il put rendre le royaume héréditaire, et son autorité illimitée. La seule loi fondamentale qui restât intacte et expresse, fut celle qui établit le luthéranisme comme religion dominante de l'état (1). Pendant la guerre de trente ans, le roi de Danemarck fut un instant l'*Agamemnon* de l'armée protestante; c'est le premier essor que ce gouver-

----

(1) M. *Spittler*, ancien professeur de Gottingue, et ministre du duc de Wirtemberg, a donné de cette révolution une très-bonne histoire, traduite en français, sous les yeux de l'auteur par M. d'Artaud, et qui doit bientôt être publiée.

nement ait pris vers le Sud dans les affaires générales de l'Europe.

— Suède.

La réformation trouva aussi en Suède une couronne élective, et une aristocratie puissante. Mais *Wasa* était un conquérant; il venait de s'élever sur le trône par une révolution, et de délivrer sa patrie du joug danois. Il lui fut donc possible de tirer un meilleur parti de la réformation, que n'avait fait son voisin *Christiern.* Il s'appropria, en 1527, la plus grande part des possessions du clergé, et n'en abandonna aux nobles que de petites parcelles. Son administration sage et vigoureuse tourna ces nouvelles richesses vers l'affermissement de l'autorité royale, et il se fit constitutionnellement décerner l'hérédité.

Cette puissance, que la nature a fait plus faible qu'aucune des grandes puissances européennes, s'éleva cependant bientôt par le génie de ses rois et de ses ministres, autant que par les bienfaits de la réformation, à une sorte de suprématie dans l'Europe. Ses armées sauvèrent le protestantisme

tisme, et battirent, presqu'en toute rencontre, les armées impériales. Elle eut la gloire de présider à Osnabruc au congrès européen de Westphalie, comme la France y présidait à Munster. Les autres avantages qu'elle retira de ses victoires furent médiocres. On lui paya une somme d'argent pour l'engager à retirer ses troupes de l'Allemagne, où elles devenaient aussi à charge à leurs amis qu'elles l'avaient été à leurs ennemis; et on lui céda une partie seulement de la Poméranie, au lieu du tout qu'elle demandait, avec quelques autres petits districts dans le nord de l'Empire. Par cette cession, les rois de Suède sont devenus membres du corps germanique, comme le roi de Danemarck l'est par le Holstein, et celui d'Angleterre par le Hanovre. Depuis lors, la Suède épuisée déclina constamment. Vingt ans après la paix de Westphalie, en 1668, malgré les obligations que ce pays avait à la France son alliée, l'intérêt de religion, ou peut-être la jalousie, la firent se liguer contre cette puissance, avec l'Angleterre et la Hollande, pendant la guerre de Flandre et de Franche-Comté. *Christine*, dont le seul mérite, comme reine, est d'avoir protégé les savans, d'avoir honoré surtout notre grand *Descartes*, contribua beaucoup à la décadence de la Suède. *Charles XII* acheva de la ruiner. Une reine galante et faible, un roi despote et conquérant, neutralisèrent les avantages que la réformation avait procurés à ce pays : si *Gustave-Adolphe* et *Oxenstiern* avaient toujours eu de dignes successeurs, les Czars n'eussent pas probablement bâti leur ville impériale sur la Néwa; ils n'eussent pas atteint les bords de la Baltique; et la face du Nord, par conséquent celle de l'Europe serait, sans doute, différente de ce qu'elle est aujourd'hui. Mais la Suède ne brilla qu'un instant; et comme ces météores subits qui viennent donner à ses longues nuits un éclat passager, elle disparut bientôt de l'horizon politique.

— *Suisse.*

La Suisse a eu son réformateur dans la personne de *Zwingle*, moine comme *Luther*, soulevé comme lui par le scandale des colporteurs d'indulgences, et qui se montra presqu'au même instant. Républi-

cains, amis ardens de la liberté, il semble
que les Suisses eussent dû tous voler au
devant de la réforme : sept cantons restèrent pourtant catholiques ; et ce qu'il y a
de plus remarquable, c'est que les cantons
les plus décidément républicains furent de
ce nombre. Ce phénomène n'est pas facile
à expliquer pour qui ne connaît pas les
localités. Il a déja été observé plus haut (1),
que le catholicisme n'est, ni ne peut être
en tous lieux le même, modifié qu'il est
dans les divers lieux par l'esprit et le caractère particulier de chacun. Le catholicisme des petits cantons de Schwitz, d'Uri,
d'Underwald, précisément parce qu'il s'é-
tait établi au milieu de ces montagnards,
républicains par nature, avait pris des
formes qui convenaient à leur caractère,
et s'était ployé à leurs mœurs. Les habitans
des montagnes d'ailleurs ont une imagination vive, sur qui les objets extérieurs in-
fluent puissamment : l'oisiveté de la vie pas-
torale leur fait un besoin des spectacles et
des fêtes religieuses. Un culte qui est revêtu

_____

(1) Dans la première partie, au commencement
du paragraphe *Réformation.*

de beaucoup de formes et de cérémonies, doit donc leur plaire préférablement à un culte trop simple et trop sévère. C'était ici qu'avaient habité les fondateurs de la li-berté helvétique ; et la mémoire de tous les évènemens, de tous les grands-hommes de cette époque, s'y était intimement amal-gamée au culte catholique et à ses céré-monies. Ce n'était pas des obélisques, c'était des chapelles, qui marquaient sur leur sol les champs de bataille fameux, les actes de leurs ancêtres. Qui a voyagé en Suisse, et n'a pas été voir la chapelle de *Guillaume Tell*? C'était une idolâtrie, un fanatisme national qu'excitait dans les petits cantons ce mélange du culte de la liberté avec celui de la religion. Tel est encore aujourd'hui leur catholicisme. Ils n'en soupçonnent pas un autre. A peine les abus de l'église s'étaient-ils fait sentir chez eux. Les papes n'exigeaient guère de tributs de ces pauvres montagnards ; et leurs prêtres étant les seuls hommes un peu instruits de leurs hameaux et de leurs bourgades sauvages, avaient pris, et ont conservé jusqu'aujourd'hui un très-grand ascendant sur les délibérations des assem-

blées et sur toutes les affaires. Qu'on ajoute
à cela, que les lumières avaient moins pénétré chez eux, que chez leurs riches alliés
de la plaine ; et qu'ayant jadis fait à ceux-ci
comme le don de la liberté, ils n'étaient
pas d'humeur à s'en laisser prescrire un
changement dans la religion. D'autres localités maintinrent Lucerne, Fribourg,
Soleure dans la foi catholique. Il s'ensuivit
des chocs sanglans et une guerre civile religieuse, plusieurs fois suspendue, mais
prolongée par intervalles jusqu'au dix-huitième siècle, entre les membres de cette
moderne Achaïe ; et il en est resté un germe
de division qui n'est pas encore détruit.

L'Espagne, le pape, l'Autriche soutinrent efficacement le parti catholique. La
France, l'Angleterre soutinrent tour-à-tour
les cantons protestans. De là les sympa-
thies et les antipathies des divers membres
de la confédération helvétique envers les
unes ou les autres de ces puissances. Les
derniers évènemens ont encore montré un
exemple, et de l'animosité des petits cantons contre les Français, anciens protec-
teurs des cantons réformés, et du dévouement des Bernois à ces mêmes Français.

La Suisse occupée et affaiblie par ces discordes civiles perdit, depuis la réformation, quelqu'influence extérieure qu'elle avait eue auparavant dans les affaires de l'Europe. Mais ses cantons protestans furent au nombre des contrées à qui la révocation de l'édit de Nantes procura les plus grands avantages. Les réfugiés y portèrent en foule leur industrie et leurs fonds.

On sait aussi à quel haut point ces cantons ont vu fleurir dans leur sein les sciences et les bonnes mœurs, à l'aide de la longue paix, et de la sorte d'inviolabilité dont a joui si longtems cette respectable confédération.

— Genève.

Tandis que dans cette faible ébauche, j'ai négligé de consacrer à des états même considérables, tels que la Bavière, par exemple, des articles particuliers, on s'étonnera, sans doute, que je m'arrête à une simple ville, à une cité de quelques milliers d'habitans. Mais ce point imperceptible sur la carte physique de l'Europe, est d'une très-grande importance sur celle de l'Europe morale. C'est là que les deux

Français, *Calvin*, *Théodore de Bèze*, re-
poussés par leur pays, établirent un nouveau et puissant foyer de réforme religieuse. Le premier fruit en fut la liberté
de Genève, qui chassa son prince-évêque,
et se gouverna depuis elle-même pendant
près de trois siècles. Elle trouva assez de
ressources dans l'énergie de ses habitans,
et assez de forces dans les bienfaits de la
réformation, pour soutenir de longues
guerres et se défendre à main-armée contre
les princes de la maison de Savoye, ses
dangereux voisins, qui ont longtems prétendu l'asservir, et n'ont reconnu définitivement son indépendance que vers le milieu
du dernier siècle. L'influence de cette petite
démocratie, née de la réformation, remplie
de lumières, de patriotisme et d'activité,
son influence, dis-je, sur quelques grands
états, particulièrement sur la France, l'Angleterre et la Russie, est incalculable. Genève
était le berceau de la religion que professait
Henri IV, et que l'ambition de la maison
de *Guise*, l'astuce d'une *Médicis*, l'intérêt
et les menées de Rome et de l'Espagne,
l'empêchèrent de porter sur le trône de
France. C'est à Genève qu'allèrent s'enivrer

de républicanisme et d'indépendance, tous ces exilés, ces proscrits anglais, qu'éloignait de leur île l'intolérance de la première Marie, femme de Philippe II. C'est de ce foyer que partirent les sectes de presbytériens, d'indépendans, qui agitèrent si long-tems la Grande-Bretagne, et qui conduisirent sur l'échafaud l'infortuné Charles I. On trouve dans les œuvres du docteur Swift un sermon, qu'il a prononcé à un anniversaire de la mort de ce roi martyr (car c'est ainsi que les Anglais l'ont nommé depuis), et où il explique en homme très-bien instruit toute cette filiation.

Enfin, on sait assez que de Genève sont sortis une foule d'hommes de génie, qui, comme écrivains, comme gens en place, ont influé de la manière la plus décisive sur les différens états de l'Europe, sur leur situation politique et morale, sur l'opinion et sur les lumières. Nommer ici Le Fort, l'ami et le conseil de Pierre I, c'est rappeler tout ce qu'un de ses citoyens a fait pour la civilisation et pour la prospérité du plus vaste empire qui existe. Genève, outre les grands-hommes qu'elle a formés, a été de tout tems visitée par les nombreux voyageurs de tous les pays qui allaient voir l'Italie et la Suisse. Elle a, plus ou moins, laissé quelque chose de son esprit, à ceux qui étaient organisés pour le recevoir : et par toutes ces considérations il est vrai de dire, que cette petite république a eu autant de part au sort et à la culture morale ou politique de l'Europe, que plusieurs grandes monarchies.

Ceci est une nouvelle preuve de l'avantage immense pour l'humanité des petits états, et de l'emploi qui se fait à leur moyen, de la force centrale de chaque district de la terre. Cette preuve se renouvelle à chaque pas en Allemagne, où l'on rencontre des villes libres, des principautés d'une médiocre étendue, qui toutes ont leur vie active, propre, indépendante. Chacun se pique de faire fleurir dans sa petite capitale, l'industrie, les arts, les sciences. Les universités, les écoles se multiplient, et l'instruction en devient plus générale dans la nation. La vérité, si elle est poursuivie en quelqu'endroit par le fanatisme, n'a qu'à faire un pas, et trouve un asyle assuré en passant la prochaine frontière. Enfin, chaque petit état de ce système

confédéré se sent quelque chose par lui-
même, et dès-lors il devient en effet quelque chose. Chaque ville d'une médiocre
étendue n'est pas frappée de paralysie par
l'idée qu'elle n'est rien : qu'à cent ou deux
cents lieues d'elle, est une autre ville plus
grande qui est tout, un-gouffre où vont
s'absorber ses labeurs, une ville où toute
la gloire de l'empire brille en un seul
point, et hors de laquelle il n'est pas de
salut, hors de laquelle il n'est qu'ilotisme
politique, moral et littéraire pour toute
une immense contrée. — O si Athènes, si
Delphes, si Corinthe, Pise, Lacédémone,
Mytilène, Smyrne, n'eussent pas joui de
cette individualité propre, et qu'une ville-
reine eût soutiré à elle tout l'éclat de la
Grèce, y aurait - on vu briller de toutes
parts tant de grands-hommes et de grandes
vertus ? — Si les arts, si les muses de l'Italie,
aux quinzième et seizième siècles n'avaient
vu par-tout et à proximité leur rire ces
cours, ces républiques florissantes ; si le
génie n'eût pas été réveillé par l'éclat et
les encouragemens immédiats à Ferrare,
à Mantoue, à Venise, à Florence, à Guas-
talle, à Sienne, comme à Rome et à Na-

ples ; s'il n'y avait eu dans toute l'Italie
qu'un centre, qu'un point, qu'une ville,
cette terre serait-elle devenue pour les arts
la plus classique des tems modernes ?

— *Hollande.*

Une autre création plus immédiatement
importante à la politique de l'Europe, et
qui sortit du sein de la réforme, fut la
république des Provinces-Unies. Ce nouvel
état faisait partie des possessions de la maison d'Autriche, et était resté à la branche
espagnole, c'est - à - dire, à *Philippe II*,
après la mort de *Charles-Quint.* Là régnait
ce même fond sérieux d'esprit national,
de liberté et de droiture, que dans la
Basse-Saxe ; c'étaient les mêmes mœurs,
presque le même langage, et la même
origine. Les Pays-Bas faisaient, avant leur
indépendance, partie de l'Empire et du
cercle de Bourgogne. La réformation y
avait fait des progrès rapides. Son mortel
ennemi, *Philippe II*, voulut l'étouffer sur
un sol où il régnait, et il opposa sans mé-
nagement la force à l'opinion. Mais l'opinion est une lime sourde qui use le fer que

l'on frotte contre elle. L'inquisition, destinée à conserver la Hollande au roi d'Espagne et à la foi catholique, ne fit que
hâter sa révolte contre l'une et contre
l'autre. Après quinze années de troubles,
de résistance et de supplices, les Bataves
exaspérés se déclarèrent affranchis du
joug de *Philippe* (1).

L'idée de former une république tout-à-
fait indépendante, semble d'abord ne s'être
pas présentée à eux; ils ne voulaient que
sauver leurs franchises, leurs privilèges.
Les provinces confédérées offrirent à plusieurs princes voisins, sous la clause de
leurs anciennes capitulations, le patronage
de leur pays. Le duc d'*Alençon*, frère de
Henri III, quitta ce poste par incapacité
et défaut de conduite ; la reine *Elizabeth*

---

(1) Quelques sages conseillers de ce prince l'en-
gageaient à des mesures plus douces et plus salutaires envers les Bataves : peut-être les eût-il
adoptées, sans les conseils opposés et violens du
pape *Pie V*, qui le porta même à charger de l'expédition l'exécrable et féroce duc d'Albe. C'est
Clément XI lui-même qui loue *Pie V*, en le cano-
nisant, de ce grand zèle pour le maintien de la
foi. La bulle de canonisation est du 22 mai 1712.

le refusa par une politique qui voyait plus loin que l'avantage aparent d'un jour. Enfin, ne sachant à qui se donner, les Bataves s'avisèrent de rester maîtres chez eux. Chaque province se constitua en république, et entra avec les autres dans les liens d'une confédération. Le corps qui en résulta était d'une forme compliquée et bizarre; mais l'esprit était bon, et eut ses bons effets en dépit de la vicieuse machine dans laquelle on l'enferma. De grands-hommes, animés de cet esprit, portèrent la république au point de grandeur et de prospérité où l'on sait qu'elle s'est élevée. Ayant à lutter contre l'Espagne, qui était alors la première puissance maritime, et qui venait l'attaquer avec ses flottes, il fallut bien que le nouvel état devînt aussi maritime, pour faire tête à son ennemi, et pour chercher des ressources dans le commerce. Les flottes hollandaises furent bientôt au rang de premières de l'Europe; le génie du patriotisme et de la liberté fit sur les mers les mêmes miracles que sur le sol de la Belgique; c'est à la réformation que la Hollande doit ainsi médiatement cette source de sa puissance et de sa prospérité. Revenons à ce qui se passa dans l'intérieur.

L'enthousiasme religieux avait été le principe de la révolution. Quoi d'étrange, si dans un état libre et neuf, il continua à se manifester, exerça une puissante influence sur le corps de l'état, et donna naissance à une multitude de sectes fanatiques et redoutables ? Il n'en était pas ici comme des états d'Allemagne, par exemple, où le prince, aussi bien que les sujets, était devenu protestant, et à côté de la nouvelle religion avait pu maintenir à-peu-près l'ancienne police. Ici chacun se croyait tout permis, et les théologiens jouaient des rôles très-importans. Voilà pourquoi dans aucun pays la bigoterie du protestantisme ne fut portée à un tel excès qu'en Hollande, et pourquoi des controverses religieuses y amenèrent toujours des orages politiques et des révolutions dans le gouvernement. L'histoire de cette république en offre assez d'exemples. On sait combien les princes Stadthouders profitèrent, pour étendre leur autorité, et abaisser celle des États, des dissentions qui s'élevèrent entre la secte des Arminiens et celle des Goma-

ristes. L'animosité de *Maurice d'Orange*
alla jusqu'au point de profiter de son
triomphe pour faire tomber sur un échafaud
la tête vénérable de *Barneveld*, vieux
patriote qui avait rendu les services les plus
signalés à son pays, et qui soutenait le parti
des Etats. Ces troubles forment comme le
canevas de toute l'histoire intérieure de la
république, depuis qu'elle eut une existence assurée. Les opinions religieuses leur
ont donné naissance; il est vrai qu'ensuite
ces troubles ont été entretenus et par les
vices de la constitution même, et par des
causes extérieures, dont le développement
n'appartient point à notre sujet.

— Angleterre.

Parmi les passions de *Henri VIII*, roi
d'Angleterre, il faut compter celle qu'il
eut pour *S. Thomas d'Aquin*. Sa vénération pour ce vigoureux athlète de l'orthodoxie romaine allait si loin, que *Luther*
ayant contredit vivement *S. Thomas*,
Henri se crut obligé d'entrer en lice, et
de défendre son maître. Il écrivit donc un
Traité, ou *Assertion des sept sacremens*,

contre *Luther*, qui n'en voulait plus que deux. Celui-ci traita son nouvel adversaire d'égal à égal, et se moqua de lui. Le roi-docteur en conçut un dépit violent. Le pape, qui riait du livre peut-être autant que *Luther*, consola de son mieux l'auteur, en lui donnant le titre de *défenseur de la foi*. Six ans n'étaient pas écoulés, que *Henri*, infidèle au pape, se sépara, lui et son royaume, du Saint-Siège, et garda pourtant ce titre de *défenseur de la foi*, que ses successeurs portent encore. Ce premier pas a été le principe d'une série de révolutions et de maux, qui ont à peine cessé, de nos jours, de déchirer les trois royaumes : car les dernières révoltes d'Irlande en sont encore une suite. Dans aucun pays la réformation n'a produit des effets aussi exagérés et aussi contradictoires. La situation isolée de la Grande - Bretagne y contribua autant que le caractère mélancolique et indomptable de ses habitans. Les nations voisines ne peuvent apporter de secours efficaces à aucun parti, et l'activité intérieure ne peut se porter au dehors. Quand un incendie se manifeste dans un édifice tellement inaccessible, il faut

qu'il

qu'il se consume en lui-même, et la flamme ne s'éteint que quand elle n'a plus d'aliment. D'autres causes encore ont concouru à ces discordes si vives et si longues dans l'église anglicane, et il est nécessaire de les indiquer.

Premièrement, *Henri VIII* n'avait pas entendu se faire protestant ; il n'avait voulu qu'épouser la belle *Anne de Boleyn* : mais comme pour en venir là il fallait consentir au divorce de *Henri* avec sa première femme, sœur de l'empereur *Charles-Quint,* le pape, qui en d'autres circonstances eût été sans doute plus complaisant, décida pour celui des deux princes qui lui semblait le plus à redouter, et refusa son assentiment au divorce. *Henri,* furieux contre un pape qui osait traverser ses amours, se déclare chef de l'église d'Angleterre, et défend toute communication avec Rome, qui, par représailles, l'excommunie. Mais il haïssait *Luther* du moins autant que le pape ; et il était aussi dangereux, sous son règne, de passer pour protestant que pour catholique. Il donna à l'église une constitution épiscopale, dans laquelle, aux moines près dont il avait pris les biens,

se retrouvait presqu'en entier l'ancien
édifice de la hiérarchie, et où lui-même
jouait, très à la lettre, et très-despotique-
ment, le rôle de souverain pontife. C'était
trop ou trop peu faire. Les tems de crise
universelle n'admettent pas de demi-me-
sures. La réforme d'Allemagne avait trouvé
beaucoup de partisans en Angleterre, et
quantité d'esprits lui étaient dévoués. Le
plus grand nombre était mécontent de voir
son attente frustrée, et mettait peu de
différence entre les catholiques et les épiscopaux. Le signal de la rebellion contre
Rome était donné : il était facile de prévoir
qu'on ne s'arrêterait pas volontiers à mi-
chemin. Première cause de troubles. Les
protestans décidés devinrent, aussi bien que
les catholiques, ennemis jurés des épiscopaux et du gouvernement qui les soutenait.

Seconde cause : loin même qu'on persé-
vérât constamment dans cette demi-réfor-
mation de *Henri VIII*, on ne vit sous les
règnes suivans que des rétractations, des
passages subits et violens du protestantisme
au papisme, et du papisme à l'épiscopat.
Après qu'*Edouard VI*, dont le règne fut
trop court, eut fait un pas pour se rappro-

cher de la réformation, vint le règne de la
catholique et bigote *Marie*, fille de cette
princesse répudiée par *Henri VIII*, nourrie en Espagne, près de sa mère, dans la
haine du protestantisme et de l'épiscopat.
A peine sur le trône, elle épouse son pa-
rent, le sanguinaire *Philippe*, ensuite roi
d'Espagne. Tout ce qui avait été fait par
Henri VIII et *Edouard VI*, est renversé ;
protestans, épiscopaux, sont destitués,
chassés, persécutés, massacrés inhumaine-
ment. Quatre évêques, parmi lesquels était
le vertueux patriote *Cranmer*, archevêque
de Cantorbery, sont brûlés vifs. Toutes les
places sont données aux plus intolérans
catholiques. L'animosité des divers partis
est portée au comble. Cinq ans de règne,
depuis 1553 jusqu'en 1558, suffisent à
Marie et à ses théologiens papistes, pour
répandre sur la malheureuse Angleterre
le venin des guerres civiles, et des haines
les plus implacables. Les protestans, persécutés par elle, fuient par troupes vers l'Allemagne, la Suisse et Genève surtout, d'où
ils rapportèrent ensuite les idées républi-
caines des anabaptistes, des calvinistes qui,
mêlées à la profonde amertume de l'exil,

en rendit l'explosion si funeste à leur patrie.

Si *Henri VIII* eût prudemment adopté la réforme de *Luther*, que ses successeurs y eussent persisté, l'île serait restée probablement aussi calme que l'ont été par la suite le Danemarck ou la Suède. *Elizabeth* succéda à *Marie*, et rétablit la réforme, en conservant l'épiscopat. Le nouveau système ecclésiastique fut rédigé à Londres, par un concile national, en 1563, et appelé l'*Acte d'uniformité*. On voulait, à son moyen, ramener tous les partis à l'union. Il était trop tard; les cœurs étaient trop ulcérés, les têtes devenues trop excentriques. La séparation des non-conformistes, puritains et presbytériens de l'église épiscopale en devint plus décidée et plus tranchante. Pour achever la confusion, les Irlandais étaient restés catholiques. C'est là que *Philippe* d'Espagne, irrité contre *Elizabeth*, qui avait refusé sa main, et qui soutenait ses sujets rebelles aux Pays-Bas, fait jouer les intrigues, sème l'or, excite à la révolte : autant en fait Rome, la France et *Marie*, reine d'Ecosse, qui périt ensuite sous la hache d'un bourreau, dans les fers de sa rivale.

La guerre longue et pleine d'animosité qui s'alluma dès-lors avec furie entre l'Angleterre et l'Espagne, rendit la première de ces lpuissances envieuse de ravir à son adversaire tous ses avantages, et de rivaliser avec elle en tout point. C'est de l'époque de cette émulation ennemie, que date la marine anglaise. Depuis la découverte de l'Amérique, l'Espagne régnait sur les mers qu'elle couvrait de ses vaisseaux. *Elizabeth* construisit des flottes, forma des marins, et se mit en mesure de tenir tête sur cet élément à *Philippe II.* Celui-ci qui se croyait roi d'Angleterre, parce que le pape lui avait conféré cette couronne, et qu'*Elizabeth* étant excommuniée et hérétique, ne pouvait plus la posséder, prépara, pour conquérir son royaume, une flotte, à qui depuis le sobriquet d'*invincible* est resté, et qui fut toute détruite par les anglais et par les vents. Ainsi débuta, par un coup aussi glorieux, la marine d'Angleterre; et c'est avec raison qu'on attribue sa fondation, aussi bien que celle de la marine hollandaise, aux événemens amenés par la réformation, d'autant que les dépouilles du clergé secondèrent l'un et l'autre

gouvernement dans cette coûteuse entreprise.

A l'immortelle *Elizabeth* succède *Jac-*
ques I, roi d'Ecosse, ennemi des presbytériens, qui dominaient dans ce royaume,
et qu'il soulève contre lui, pour vouloir les
mettre sur le pied de l'église épiscopale. Son
règne n'est qu'un tissu de fausses mesures
qui mécontentent tous les partis. Il marie
son fils à une princesse catholique de la
maison de France, après avoir indigné la
nation par un projet de mariage entre ce
même fils et une princesse espagnole. Ses
fautes préparent tous les malheurs du règne
de *Charles I*. Quand celui-ci parvint au
trône, tout ce qui était disponible des biens
du clergé avait été prodigué sous les règnes précédens, et aux favoris et aux ennemis du trône; avait été employé à séduire,
à retenir les esprits, ou appliqué aux frais
de la nouvelle marine, et des guerres avec
l'Espagne. Le malheureux *Charles* se trouvait sans ressources, et contraint de demander sans cesse des impôts à une cham-
bre-basse qui, devenue presque toute pres-
bytérienne, lui en refusait insolemment, ou
lui prescrivait, pour en obtenir, des con-

ditions intolérables. De là la nécessité pour
lui de recourir à toutes sortes de voies illé-
gales, pour établir de nouvelles levées. Favorable aux catholiques, comme son père,
par conséquent plus ami des épiscopaux
que des presbytériens, il tente de consommer en Ecosse l'œuvre de *Jacques I*, en y affermissant l'épiscopat. Par cette démarche,
il pousse les habitans de ce royaume à une
rebellion ouverte, et il fait la guerre à ses
sujets d'Ecosse avec une armée d'Anglais,
qui lui était presqu'aussi peu dévouée;
laissant derrière lui, à Londres, un parlement autant à craindre pour lui que la con-
vention écossaise. De cette fermentation
religieuse et politique naît une secte puissante d'indépendans, qui s'emparent des
communes, chassent les lords de la cham-
bre-haute, et commencent par forcer le
malheureux *Charles*, déja aux abois, à
livrer aux bourreaux son fidèle ministre
Straford. Le nouveau parlement se déclare
affranchi de la prorogation royale; desti-
tue, persécute les épiscopaux; distribue les
places civiles, militaires, ecclésiastiques,
aux têtes les plus ardentes, à des hommes
sans frein, sans pudeur, et souvent de la

dernière classe du peuple; excite en même
tems sous main les rebelles d'Irlande, re-
fuse au roi tous moyens de les réduire; et
quand enfin, épuisant ses dernières ressources, *Charles* a rassemblé une armée
pour les combattre, les indépendans ont
l'adresse de révolter cette armée elle-même
contre le malheureux monarque. Abandonné d'elle, il se jète entre les bras des
Ecossais, qui le livrent aux Anglais. Le
faible parti des royalistes se soulève en vain.
Cromwel les soumet, règne plus despoti-
quement que nul monarque l'eût osé; et
comme le parlement, déja mutilé par lui,
ne se comportait pas encore à son gré, il le
dissout et le renvoie. La tête couronnée
tombe sur un échafaud. Les haines implacables, invétérées, contenues tant qu'il vécut par les soldats du Protecteur, éclatent
sous l'anarchie qui succède à son règne.
Les opinions politiques les plus désordon-
nées se marient aux opinions religieuses les
plus extravagantes. Les massacres, les supplices, la guerre civile, désolent la surface
des trois royaumes. A force d'avoir abusé
de tous les principes religieux, et de les
avoir portés à l'excès, ils tombent tous in-

distinctement en discrédit : l'athéisme, le libertinage, le mépris de toutes lois divines et humaines les remplacent. Dans cet état de choses *Charles II* monte sur le trône, favorise de nouveau le catholicisme en secret, et ouvertement l'épiscopat ; épouse une princesse catholique qui attire une foule d'étrangers de cette secte dans le royaume, et fait la guerre à la Hollande protestante, ancienne alliée de l'Angleterre.

A chacun de ces changemens si subits et si multipliés, et qui furent la principale source de tous les maux de l'Angleterre, ceux qui avaient tenu au parti opprimé se réfugiaient en foule au delà des mers ; les protestans, ainsi qu'il a été dit, en Allemagne, en Hollande, en Suisse et en Amérique ; les catholiques en France et en Italie, où leur fanatisme prenait de nouvelles forces, et où ils étaient suivis par les épiscopaux, qui dans cette position devenaient communément catholiques. C'est là, en effet, que le devint *Jacques II*, qui succéda à *Charles II*. Ses impolitiques efforts pour rétablir le papisme en Angleterre, n'aboutirent qu'à porter l'animosité et la confusion au comble : il y perdit sa

couronne, et mourut dans l'exil. Sa fille
Marie, protestante de bonne foi, et son
gendre *Guillaume d'Orange*, furent appelés par la nation pour occuper le trône. Leur
sagesse commença à calmer ce long orage.
Les vagues grondèrent longtems encore ;
mais un acte solemnel de succession ayant
exclu de la couronne les princes catholiques, la maison protestante de Hanovre
devint régnante en Angleterre ; et par un
régime doux et uniforme, elle calma peu à
peu l'agitation des anciens partis.

Aujourd'hui que cette terrible crise est
appaisée, qu'en est-il demeuré à la nation ?
L'énergie qui naît des longs troubles civils,
la mélancolie qui naît de leur souvenir,
l'amour profond d'une liberté pour laquelle
on a tant combattu, le penchant à la méditation que laisse après soi l'exaltation
religieuse, et la tolérance pour toutes les
opinions, qui succède si naturellement à
l'ivresse du fanatisme.

Une grande faute des monarques anglais
a été de croire, que le système épiscopal
était un appui pour le trône ; faible soutien,
qui a entraîné si facilement dans sa chûte
ce même trône qui s'appuyait sur lui, et

dont en aucun cas il n'eût pu retarder la ruine. Dans les tems de ténèbres qui ont précédé *Luther*, l'appui du clergé était important pour les princes : mais depuis que ce réformateur a paru, l'église protégée dans son régime extérieur par la puissance civile, doit borner toute son activité à entretenir simplement les bonnes mœurs dans l'état, par l'influence de la religion.

La réformation, qui a été un bienfait pour d'autres contrées, a été pour la malheureuse Irlande le plus sinistre des fléaux. Traité en vaincu, et depuis longtems à la discrétion de l'Anglais, l'Irlandais resta opiniâtrement catholique, précisément parce que son oppresseur voulait être protestant. Ses chaînes n'en devinrent que plus pesantes ; son île se remplit d'Anglais avides, qui s'emparèrent de presque toutes les propriétés. Le désespoir de ces hommes ulcérés, éclata enfin avec furie en 1641. Il s'ensuivit sur toute l'île un massacre de plus de cent mille protestans. *Cromwel* dans la suite en tira vengeance ; et livra presque toute l'Irlande à ses soldats. *Guillaume III* y fonda une tyrannie légale et constitutionnelle. Les catholiques furent privés de la vie civile, de la propriété, de l'instruction même : on se plut à faire d'eux une horde de mendians grossiers et barbares. Aussi est-ce en barbares qu'ils se sont vengés à chaque occasion qu'ils en ont trouvée. De pareils ressentimens durent et se transmettent à de longues générations. Pendant la dernière guerre, les Irlandais ont encore assez fait voir, que plusieurs règnes de tolérance n'avaient pu entièrement les faire revenir de leur animosité profonde contre l'Angleterre.

— Etats-Unis d'Amérique.

Il suffit de nommer cet état nouveau, tout européen sur le sol de l'Amérique, pour rappeler qu'il fut créé par des partisans de la réforme et de la liberté, fuyant devant l'oppression et l'intolérance des partis. Si les émigrés anglais, qui furent chercher des asyles sur le continent de l'Europe durant le cours des troubles qui viennent d'être retracés, en rapportèrent dans leur patrie des semences de discorde et de haine, ceux qui se réfugièrent dans les solitudes de Pensylvanie, y acquirent pour

eux la paix et la tolérance. Ils y fondèrent
Philadelphie : *la ville des frères*, assurément le plus beau nom que jamais une ha-
bitation d'hommes ait porté. Echappés aux
orages sur cette côte lointaine, rappelés à
la nature et à la destination primitive du
genre humain, ces colons qui avaient emporté avec eux des lumières, eurent le loisir de réfléchir sur l'origine et les droits des
sociétés, sur les devoirs respectifs des gouvernemens et des peuples. Ayant d'ailleurs à organiser un corps politique tout
neuf, les élémens de la législation durent
les occuper de préférence. Aussi nous est-il
venu de là de beaux préceptes, et des
exemples plus beaux encore. On sait qu'a-
près avoir repassé sous les lois de la mère-
patrie, cette association d'hommes libres
et énergiques de presque toutes les nations,
voulut ensuite reprendre le droit de se
gouverner par elle-même. *Louis XVI* les
seconda dans cette entreprise, et y envoya une armée. Les Français qui la com-
posaient arrivèrent comme amis chez ces
républicains, furent admis dans leur inti-
mité, et virent, pour la première fois, ce
spectacle si surprenant pour eux, de la

simplicité de mœurs, de la paix évangélique parmi des hommes qui soutenaient
leurs droits. La réflexion naquit en eux;
ils comparèrent les principes et le gouvernement de leur patrie à ce qu'ils obser-
vaient chez les descendans de *Penn*; et l'on
sait combien tous ces français, qu'un monarque avait fait devenir ainsi les soldats
de la liberté, se montrèrent tels en effet
pendant les premières années de la révolution. Parmi le grand nombre de causes éloignées et prochaines qui y ont concouru, il
ne faut pas oublier la république américaine, et la réformation du sein de laquelle
elle est née.

Cet état, faible encore, éloigné de l'Europe, n'a pu être jusqu'ici d'une grande
influence directe sur le système politique.
Mais qui peut calculer celle qu'il acquerra
un jour sur le système colonial et commercial, si important à l'Europe? Qui peut
dire tout ce qui résultera dans les deux
mondes de l'exemple séduisant de cette indépendance conquise par les Américains?
Quelle assiette nouvelle ne prendrait pas le
monde, si cet exemple était suivi? et sans
doute, il finira par l'être. Ainsi deux moines

saxons auront changé la face du globe. Le dominicain *Tetzel* vient effrontément prècher les indulgences à la porte de Wittemberg : le franc et véhément *Luther* s'en indigne, s'élève contre les indulgences, et l'Europe entière s'émeut, fermente, éclate. Un nouvel ordre de choses en résulte ; des républiques puissantes se fondent. Leurs principes, encore plus puissans que leurs armes, s'introduisent chez tous les peuples. Il en naît de grandes révolutions, et celles qui en doivent naître encore sont sans doute incalculables.

I I.

États dont les gouvernemens n'ont pas embrassé la réforme.

— *Espagne.*

Ce pays, gouverné par une des branches de la maison d'Autriche, joua un des principaux rôles dans le parti opposé à la réformation. Le combat à mort que ses rois résolurent de livrer à la Hollande d'abord, puis à l'Angleterre, puis à toutes deux à la fois, lui fut pernicieux. Outre qu'il en fut épuisé d'hommes et d'argent, ces deux puissances rivales, obligées de se munir d'armes égales à celles employées par l'Espagne, se montèrent une marine, qui bientôt écrasa la sienne. Dès-lors une bonne part des sources de sa prospérité tarit. La rivalité, une fois fondée de la sorte entre l'Espagne et l'Angleterre, entraîna nécessairement par la suite le Portugal à se jeter dans les bras de cette dernière puissance : le droit de patronage qu'y acquit l'Angleterre dure encore, et lui procure de grands avantages commerciaux.

Cependant, la lutte terrible que soutenait l'Espagne au dehors, ne pouvait se prolonger que par les exactions et les mesures de rigueur prises au dedans. Les peuples lassés et indignés se préparaient à repousser l'oppression. Si ignorans que fussent les Espagnols, pourtant le double exemple des Bohémiens qui avaient conquis leur liberté religieuse, et des Hollandais qui avaient conquis leur liberté politique sur la despotique maison d'Autriche, était assez connu d'eux et assez séduisant pour les porter à l'imiter. De là s'ensuivirent les révoltes d'Andalousie, de Catalogne, de Portugal,

et

et des états d'Italie. Le Portugal fut assez
fort sous ses nouveaux rois pour maintenir
son indépendance. Mais qu'arriva-t-il aux
autres provinces révoltées, à la Catalogne
surtout, qui coûta une guerre de dix-neuf
ans pour la réduire? Elles y perdirent
tous leurs droits et privilèges , et furent
traitées en pays conquis. L'autorité des rois
d'Espagne se trouva donc réellement accrue
et affermie à la suite de cette crise; les
nombreuses armées qui, à la paix, rentrèrent dans l'intérieur, servirent à compléter l'assujétissement de la nation. Cependant il faut observer que ces révoltes intérieures et la guerre de Catalogne, contraignirent l'Espagne à accepter des conditions
assez dures pour obtenir la paix. Elle en
devint plutôt disposée à reconnaître la république des Provinces-Unies. Il lui fallut
céder à la France le Rousillon, Perpignan,
Conflans, avec une bonne partie des Pays-Bas, et à l'Angleterre l'importante île de
la Jamaïque.

Au reste, la réformation religieuse ne
pénétra que peu ou point en Espagne. Sa
position géographique, et plus encore une
langue différente des autres nations de

l'Europe, y mirent obstacle. L'inquisition, introduite par *Ferdinand* dans le royaume, se tint alors plus sévèrement que jamais sur ses gardes ; et plus d'une cruauté exercée par elle, fut, sans doute, le résultat de la terreur que lui inspirait le bruit de l'orage qui grondait au loin. Cependant l'influence qu'ont eue en général la réformation et le progrès des lumières sur l'esprit de l'humanité, a fini par atteindre déja l'inquisition elle-même. Aujourd'hui, qu'il y a peut-être plus d'hérétiques et d'incrédules que jamais en Espagne, on y voit moins que jamais de bûchers. De grandes réformes semblent s'y préparer ; et les rois d'origine française qui sont placés sur ce trône, suivent d'autres erremens envers l'église que ceux de *Philippe II.*

— *France.*

Tant que la réforme parla allemand, elle fit peu de prosélites en France ; quand les Suisses français du canton de Berne, quand *Calvin* lui prêtèrent leur organe pour la faire s'expliquer en français, elle pénétra de toutes parts dans le royaume, et s'y fit connaître, surtout sous la nou-

velle forme qu'elle prit à Genève. La nation était trop éclairée, trop vive, pour que
les nouvelles idées n'y fissent pas de rapides progrès. Depuis les marches du trône
jusqu'aux hameaux les plus écartés, la doctrine des réformateurs trouva de nombreux
partisans ; et c'en était fait, sans doute,
de la communion romaine en France, si
le monarque y eût consenti. Tous les esprits faibles, qui composent la foule et la
grande majorité des peuples, eussent été
entraînés. Les catholiques qui eussent voulu
continuer à l'être, auraient conservé le
libre exercice de leur culte ; le pays n'eût
pas été déchiré par une longue guerre
civile ; on n'eût pas révoqué un édit de
Nantes ; la force immense qu'alors aurait
pu librement déployer la France, eût arrêté sans peine, et à son gré, le cours des
orages de l'Allemagne et de l'Angleterre :
elle serait demeurée calme au dedans, et
eût été au dehors l'arbitre de l'Europe.

*François I*ᵉʳ. resta catholique. Il a été dit
quelque chose des raisons qui le déterminèrent à en agir ainsi (1). Dès-lors, il pré-

---

(1) A la fin de l'article de la présente section

tendit être conséquent, et couper les ra-
cines de l'hérésie. Aussi fit-il sans miséri-
corde brûler et massacrer ceux de ses sujets
qui embrassèrent ouvertement la réforme.
Au dehors, il la soutenait, et s'était fait
l'allié des princes d'Allemagne. Cette conduite double et incohérente du gouvernement français, lui ôta la meilleure partie de
ses forces, et gêna toute sa marche. Il fallait
surveiller au dedans les réformés : ceux-ci
refusaient leur assistance, ou ne servaient
qu'à regret, et aimaient mieux déserter,
émigrer, aller combattre avec leurs frères
d'Allemagne, de Suisse, de Hollande, que
de rester exposés aux supplices, en combattant avec leurs persécuteurs. Par cela
même, il devint impossible à la France d'acquérir toute la prépondérance qui eût été
son partage dans un autre état de choses.

Que le sang des martyrs propage une
secte naissante, cela est devenu une vérité
triviale. *Henri II* se montra plus intolérant
encore que son père; et les réformés se ser-
rèrent forcément les uns contre les autres,

---

qui est intitulé : Premier point de vue, *Situation
intérieure des états.*

pour s'appuyer mutuellement, et prévenir leur ruine totale. Ils commencèrent ainsi à former dans le royaume une redoutable opposition, qui éclata durant le cours sanguinaire des trois règnes suivans. Le trône cessa d'être le tribunal de justice et de paix pour les peuples, le roi d'être un père pour ses sujets. La France déchira son propre sein, et l'agression qui venait de la part de l'autorité, contraignit les malheureux opprimés à devenir des rebelles. Les scènes épouvantables de la *Saint-Barthelemy* seront à jamais l'affligeante et irrévocable preuve de la perfidie et de l'implacable haine qu'apportait la cour dans sa conduite à l'égard des protestans. Ceux-ci acquirent par-là cependant la consistance d'un parti politique : des princes, des grands étaient à leur tête ; ils avaient des armées, des alliés, des places dans le royaume. L'histoire des guerres intestines qui désolèrent la France à cette occasion, depuis 1562 jusqu'à 1598, que l'édit de Nantes y mit fin, est trop connue pour qu'il soit besoin même de l'esquisser ici.

Mais des animosités et des commotions aussi violentes n'ont pas lieu, sans que de

profondes traces n'en restent dans la constitution du gouvernement, comme dans le
caractère de la nation ; elles déterminent
ainsi pour longtems la manière d'exister de
celle-ci, et sa situation politique. Essayons
d'indiquer le principal résultat des troubles
religieux de la fin du seizième siècle en
France, tant par rapport au gouvernement,
qu'au caractère politique de la nation.

Ce qui peut arriver de plus heureux à un
monarque, dont l'autorité est encore limitée
dans ses états par la puissance des grands,
ou d'une corporation civile quelconque,
c'est qu'il s'élève une opposition marquée,
une rébellion ouverte qu'il puisse combattre et réduire les armes à la main. Dans
ce moment d'effroi et de soumission générale, tout lui devient permis, nul n'ose ré-
clamer ni droits, ni privilèges, et le prince
a le champ libre pour rendre son pouvoir
plus absolu à l'avenir. L'histoire offre de
fréquens exemples d'une pareille issue des
révoltes et des troubles dans les états. Sans
doute qu'il n'en est pas toujours ainsi, et
que le prince, s'il est au contraire obligé
de composer, y perd une partie de son autorité, ou même en est tout-à-fait dépouillé.

Nous avons vu la maison d'Autriche à-la-
fois dans ces deux cas différens, lors de la
guerre de trente ans ; ayant le dessous à
l'égard des princes allemands qu'elle espé-
rait réduire au rôle de vassaux, et ayant le
dessus dans ses états, surtout ceux de Hongrie et de Bohême, où elle établit une monarchie illimitée et héréditaire. Mais ce qui
avait si mal réussi aux empereurs à l'égard
des princes protestans de l'Allemagne, eut
la plus heureuse fin pour les rois de France
contre le parti réformé. Il en résulta donc
un grand affermissement et une grande extension de la puissance royale. Au moment
qu'elle était devenue illimitée, et que la
force du gouvernement était le plus énergique, si la France avait eu un *Louis XI*,
ou un *Philippe II* d'Espagne sur son trône,
de quel despotisme nos annales ne seraient-
elles pas souillées ? Mais la providence y
plaça à cette époque un *Henri IV*, qui
ayant tant d'outrages à venger, tant de
crimes à punir, ne songea qu'à faire oublier toutes les haines, à cicatriser toutes
les plaies. On vit, ce qui ne se voit que trop
rarement dans le gouvernement des peuples, le pouvoir absolu employé uniquement

à la prospérité de l'état, et à la félicité de chaque particulier. La religion catholique resta dominante; mais l'édit de Nantes en effaça l'intolérance, et calma l'aigreur du parti vaincu, à qui la liberté de conscience, et une existence politique furent assurées.

Ces sages dispositions satisfaisaient au bon sens et à l'équité : ce n'en était pas assez pour le fanatisme. Plusieurs fois il attenta aux jours du sauveur de la France, qu'enfin il réussit à assassiner. Depuis ce jour de deuil (14 mai 1610), le parti protestant, alarmé à bon droit par les intrigues de la nouvelle cour, et par des mesures offensives prises contre lui, se souleva derechef, prit les armes, et se mit en devoir de soutenir ses droits. L'impartialité de l'histoire ne peut blâmer cette conduite : mais elle ne peut blâmer non plus celle de *Richelieu*, de n'avoir pu souffrir une faction armée, qui formait un état dans l'état, qui y appelait les étrangers, traversait souvent les meilleurs projets de l'administration, et menaçait sans cesse l'existence du gouvernement. Au point où en étaient les choses, il devait la combattre ; on sait comment il s'y prit, et quel nouvel accroissement l'au-

torité royale reçut de ses nouvelles victoires.
C'est à l'asservissement définitif de l'opposition religieuse sous *Louis XIII*, qu'est
dû le despotisme légal des trois règnes suivans, qui a fini par la terrible catastrophe
de la dernière révolution.

Mais si le gouvernement était ainsi parvenu à rendre son autorité absolue, il n'en
était pas moins resté dans la nation un fer-
ment, un principe d'aigreur, de résistance
et de contradiction, qui se manifestait çà et
là contre les dispositions qui émanaient du
trône. Depuis l'édit de Nantes jusqu'aux
tems qui précédèrent sa révocation, et où
l'on commençait déja à le violer ouvertement, les parlemens avaient été en partie
composés de huguenots. Durant cette période, il est naturel que ces corps se soient
montrés récalcitrans, et aient été animés
d'un certain esprit de républicanisme et
d'opposition contre la cour. Quand les huguenots en furent éliminés, ce même esprit
n'en sortit pas avec eux ; les parlemens
étaient fiers de leur influence, et de l'essai
qu'ils avaient fait quelquefois de leurs
forces. Cette cause n'est pas la seule de la
conduite ultérieure des parlemens ; mais

elle y contribua beaucoup. C'est donc au
milieu d'eux que se réfugia l'esprit d'indépendance qui était resté dans la nation, et
c'est là qu'elle le retrouva en 1788, quand
des finances épuisées, une cour amollie,
les principes de la liberté républicaine
prêchés par quelques écrivains d'après les
livres des Anglais et autres protestans, ou
apportés de la Pensylvanie par l'armée
française : quand mille circonstances enfin
lui donnèrent l'impulsion qu'il prit alors,
et qui se communiqua rapidement parmi
toute la nation. On n'ignore pas quelle influence eurent dans le soulèvement général
les vieux ressentimens du parti huguenot,
qui étaient loin d'être éteints, et qu'on s'é-
tait plu trop souvent à envenimer, avant le
règne de *Louis XVI.*

En effet, *Richelieu* n'avait voulu que
soumettre les dissidens, et non les anéantir
La paix de la Rochelle, en 1629, leur avait
laissé des privilèges et le libre exercice de
leur culte. Bientôt, au mépris de la parole
royale, on viola toutes ces promesses. Les
persécutions sourdes et ouvertes s'accrurent
de jour en jour, jusqu'à la révocation formelle de l'édit de Nantes, qui vint leur

donner un libre cours, époque déplorable qui réduisit à la mendicité une foule de familles, donna lieu à l'émigration des meilleurs et des plus industrieux citoyens, dont on rencontre encore les descendans dans tous les états protestans de l'Europe, qu'ils ont fait fleurir au détriment de leur injuste patrie. Ce qui resta en France des malheureux réformés, perdit toute existence civile, fut poursuivi sans relâche, sans pitié, et à l'égal des bêtes-fauves; leur sang coula fréquemment sous le fer des bourreaux et sous celui des soldats. De pareils traitemens navrent profondément les cœurs, et l'indignation s'en propage de père en fils (1). Cette dernière explosion de l'intolérance papiste avait enfin cessé. L'infortuné *Louis XVI*, que beaucoup de catholicisme n'avait pas rendu inhumain, travaillait à guérir toutes

---

(1) Ne serait-il pas permis de compter ici le supplice de *Calas* pour un des évènemens qui, par l'éclat que lui donna *Voltaire*, et par les écrits pleins de feu qu'il publia à cette occasion, contribua le plus à aigrir tous les esprits contre le fanatisme des prêtres catholiques et contre l'autorité qui le soutenait?

ces plaies, (1) quand s'éleva l'orage dont il
fut la plus illustre victime. Depuis que la
religion en France s'est relevée tolérante et
amie de la liberté, les dissidens de ce pays
ont rebâti leurs paisibles temples, et jouissent du droit de professer la religion de
l'évangile comme bon leur semble. Par cette
sage mesure, si elle est bien soutenue, le
nouveau gouvernement déracinera pour
jamais dans la nation l'ivraie religieuse, la
plus funeste des semences de discorde.

— Italie.

Nous avons déjà parlé des raisons qui
rendaient une réforme religieuse imprati-
cable en Italie. Qu'on y ajoute le voisinage du Saint-Siège, l'intérêt de toutes les
petites puissances italiennes à le ménager,
et surtout la crainte des armées impériales,
qui auraient saccagé, sans résistance et en
un clin-d'œil, le premier état qui eût osé se
montrer favorable à *Luther*. D'ailleurs, l'é-
légant italien regardait à-peu-près comme

---

(1) On se rappelle que le roi n'eut aucun égard
à l'intolérant *Mémoire de l'assemblée générale du
clergé* de 1780, contre les réformés.

des barbares ces peuples du Nord, chez qui
s'opérait la réformation. Les plus éclairés y
applaudissaient en secret; plus d'un prince
se réjouissait de voir humilier le pape ; mais
aucun ne risquait de se montrer ouvertement. Ceux qui prenaient goût à la réforme,
allaient en Suisse, ou en d'autres contrées
pour s'y livrer à leur aise, comme les deux
Socin, natifs de Sienne. L'Italie, qui avait
déja perdu une si grande partie de son importance commerciale par la découverte de
l'Amérique et du Cap de Bonne-Espérance,
acheva, par la réformation, de perdre celle
que lui donnait la capitale de l'église. Le
premier de ces évènemens lui avait enlevé
le commerce des épiceries et autres denrées
de l'Orient; le second lui enleva, en partie,
celui des indulgences, des bénéfices, et tarit
plusieurs des sources de sa richesse. Les arts
du dessin ; ceux de la lyre, attachés à ce sol
enchanteur, continuèrent d'y fleurir; mais
en général les peuples y restèrent, pour la
vraie civilisation et la haute culture de l'entendement, en arrière des autres nations
européennes. Les évènemens qui depuis
ont agité l'Italie, et même qui en ont changé

la face ; ne tiennent que peu ou point à l'influence de la réformation.

— *Pologne.*

Le voisinage de la Bohême , de l'Allemagne, le latin généralement parlé en
Pologne , y donnèrent un facile accès à la
réformation. Elle y fit des pas rapides et
hardis pendant la dernière moitié du seizième siècle. La police peu rigoureuse
des petites villes et du plat - pays, où
chaque magnat, chaque seigneur particulier s'attribuait une sorte de souveraineté, fit de cette contrée le lieu de
réfuge des sectaires les plus audacieux, et
qui n'étaient pas soufferts même dans les
pays protestans. Ils s'y retiraient en foule
de la Moravie , de la Silésie , de la Bohême,
de la Suède , de l'Allemagne, de la Suisse
même. Les deux *Socin*, oncle et neveu,
mais surtout le dernier, y firent grand
nombre de prosélytes, et y fondèrent la
secte qui porte leur nom ; secte fort répandue en Pologne, et dont le dogme principal est d'honorer J. C. comme un sage

envoyé par Dieu, mais non comme une des personnes de la Divinité même. Toutes ces sectes diverses, qui ne trouvèrent en Pologne ni assentiment, ni opposition de la part du gouvernement central, n'y purent d'abord, vu cette tolérance même, prendre la vie, l'importance et le développement qu'elles prenaient ailleurs ; elles y restèrent opinions individuelles chez les nobles, et n'y produisirent aucune fermentation bienfaisante parmi un peuple composé de serfs ignorans. Tout se borna, dans le principe, à quelques disputes de théologiens entr'eux, et au nom de *dissidens* qu'on donna en général à tous les non-catholiques. Mais quand *Charles XII* vint conquérir la Pologne, et qu'il s'y fut fait quelques partisans, bien que peut-être le plus petit nombre de ceux-ci fussent des dissidens, cependant comme le roi de Suède était luthérien, les soupçons des catholiques se tournèrent sur ceux de cette secte, la haine s'alluma, et les *dissidens* devinrent dès-lors un parti politique, obligé de prendre les armes pour se défendre et pour soutenir ses droits. Dissident et partisan de la Suède devinrent synonymes. Cet évène-

ment acheva de jeter le trouble dans un
pays que sa constitution n'exposait déjà
que trop à l'animosité des factions, et où
l'on n'oubliait pas que *Gustave-Adolphe*
avait été le héros de la réforme. Quand
Charles XII, le promoteur de ces nouvelles divisions, fut vaincu et affaibli, les
catholiques devinrent persécuteurs, et les
dissidens furent opprimés. La diète de 1717
commença même à leur enlever leurs droits
civils. Depuis ce tems, l'aigreur des deux
partis ne put se calmer, même lorsqu'il
ne fut plus question d'une faction suédoise.
Écraser les dissidens, devint une maxime
du gouvernement et du parti catholique.
Les jésuites furent surtout employés pour
ce but, et s'acquittèrent de leur emploi
avec une méthode et un plan suivi ;
qui fait honneur à leur sagacité. Ainsi,
à une époque où les troubles religieux
avaient cessé pour toute l'Europe, ils commencèrent dans la malheureuse Pologne.
Ses voisins étaient depuis longtems dans
l'habitude de se mêler de ses affaires domestiques. Il n'échappa point à l'œil péné-
trant de la grande *Catherine*, quand elle
fut parvenue sur le trône de Russie, quels
                                    avantages

avantages sa politique pourrait retirer de ces divisions des Polonais entr'eux. Dès 1764 et 1766, elle se déclara la protectrice des dissidens. En 1768, un ministre et des soldats russes firent la loi à la diète, et arrêtèrent plusieurs de ses principaux membres. Les catholiques désespérés se rassemblèrent à Baar en une confédération. Ils appelèrent à leur secours les Turcs et les Français. Il n'y eut que les premiers qui parurent, pour faire une guerre malheureuse contre les Russes. La France se contenta d'envoyer quelques officiers aux confédérés. Ceux-ci continuèrent la guerre civile qu'ils avaient commencée , avec beaucoup d'acharnement. Enfin la Russie, qui avait fait entrer dans ses vues la Prusse et l'Autriche , procéda à un premier partage du territoire de la Pologne, qui fut suivi d'un second, et bientôt, comme on sait, d'un troisième , lequel raya définitivement cette contrée de la liste des états européens. L'expédition sanglante qui amena cette dernière catastrophe , rappelle les tems où le droit de la guerre consistait dans l'anéantissement et le massacre général des vaincus : elle termine dignement l'histoire d'une société,

14

où les guerres civiles, les convulsions intestines, le délire des factions politiques et
religieuses, furent les scènes ordinaires
que chaque génération vit renaître.

— *Russie.*

La part du lion que la Russie a tirée de
la Pologne, est l'évènement politique le
plus important par lequel l'influence de la
réformation et des troubles religieux de
l'Europe s'est fait sentir à ce pays. Il faut
bien cependant aussi faire entrer en ligne
de compte quelques idées d'administration
et de gouvernement que *Pierre I* prit en
Hollande et en Angleterre : surtout il ne
faut pas oublier que son génie fut réveillé,
que son esprit fut éclairé par un enfant de
la réforme, par le génevois *Le Fort*, qu'on
peut regarder en effet comme le véritable
législateur de la Russie. Au reste, du tems
de la réformation, cet empire dans le sein
de l'église grecque, ne prenait aucune part
aux dissentions de l'église d'Occident. Mais
Pierre I, après avoir vu ce qui se passait
chez les princes protestans, opéra à son
retour une réforme dans l'église russe, dont

il se déclara le chef suprême, se séparant
de l'obédience du patriarche de Constantinople, ainsi que les rois d'Angleterre
s'étaient séparés de Rome. Peut-être devrait-on encore avoir égard à l'influence
que l'éducation protestante et libérale de
la jeune princesse de *Zerbst*, à la cour
de Brunswic, a eue sur le règne à jamais
mémorable de cette même princesse sous
le nom de *Catherine II*. La tolérance des
czars attira dans plusieurs coins du vaste
empire de la Russie, des colonies de sectaires, tant de nos contrées méridionales,
que de la Pologne, de l'Allemagne, de la
Hollande Les anabaptistes, les frères moraves y ont plusieurs établissemens. Là se sont
aussi propagées des sectes de chrétiens ascé-
tiques, qui mènent une espèce de vie con-
ventuelle sous le nom de *Théodosiens*, de
Philippons, de *Raskolniques*, et qui ont tout
l'enthousiasme et la ferveur des anciens cé-
nobites. Plusieurs Hollandais avaient même
établi, dans les premières années du règne
de *Catherine II*, quelques colonies florissantes sur les rives du Wolga. Le brigand
Pugatschew les a bientôt après exter-
minées.

SECOND POINT DE VUE.

*Situation extérieure et respective des états
de l'Europe entr'eux. — Systême d'équilibre.*

Avant le cinquième siècle de notre ère,
la plus grande partie de l'Europe était
romaine, et par-là soumise à une certaine
unité d'action. Ce qui n'était pas romain
cherchait à maintenir son indépendance
contre l'ennemi commun de toutes les nations; et à cela se bornait tout le systême
politique du tems. Lorsque les peuples divers du Nord et du Nord-Est envahirent
le Sud et l'Ouest, un chaos qui dura plusieurs siècles confondit tout dans l'Europe.
Les hordes errantes des nouveaux conquérans fondaient des empires d'un jour, dé-
truits bientôt par de nouvelles hordes, qui
refoulaient les premières plus loin. Peu à
peu cependant, ces oscillations irrégulières
se ralentirent, des dominations se fixèrent,
et des groupes de peuplades s'établirent sur
le terrein des anciennes divisions de l'Europe. En Germanie, en Gaule, en Italie,

en Ibérie, en Angleterre, se formèrent de
ces espèces de fédérations, dont les limites
et la constitution variaient souvent, et où
le droit du plus fort était presque le seul
droit public. Ce nouvel état n'était qu'un
degré pour arriver à un autre mieux réglé.
Les chefs de ces agrégats anarchiques, où
chaque possesseur de fief tranchait du souverain, affermirent à la fin leur autorité
suzeraine, réduisirent un nombre de petits
princes à la condition de sujets, et fondèrent
ainsi des puissances stables, des monarchies, des empires. Mais, durant les faibles
commencemens de ce nouvel ordre, la confusion et l'anarchie étaient grandes encore.
Les rois goths des Espagnes se battaient
contre les rois maures qui étaient venus
d'Afrique : les rois de France se battaient
contre les rois d'Angleterre qui avaient
envahi une partie de leurs provinces, contre
les ducs de Bretagne, de Bourgogne, de
Lorraine, et autres. L'Italie était la proie
d'éternelles invasions, de conquêtes suivies
de revers, d'un flux et reflux d'armées qui
se succédaient; la Hongrie était livrée aux
Musulmans et aux Impériaux; l'Allemagne
voyait sans cesse s'élever des guerres civiles,

sans but comme sans fin , entre ses divers
princes. Il y avait donc autant de systêmes
politiques sur la surface de l'Europe ,
qu'il y avait de groupes d'états dans les
limites de chaque contrée ; et dans chacun
de ces systêmes régnait d'ordinaire l'impéritie et le désordre. L'intérêt du moment, l'intérêt local décidaient de tout ;
chacun ne pensait qu'à son danger , ou à
son dessein actuel ; les informes alliances
étaient même peu durables : le regard de
l'homme d'état dépassait rarement les
bornes d'un pays : la Hongrie n'était rien
pour l'Angleterre ; la Suède rien pour l'Espagne ; les corps politiques n'étaient pas
encore dans ce contact universel , qui fait
aujourd'hui de l'Europe une confédération
d'états , laquelle embrasse déja presque
tout l'ancien et le nouveau monde. On
voyait bien auparavant se former des alliances momentanées ; mais elles étaient la
plupart sans consistance, sans nul plan fixe
et durable. Qu'on lise, pour s'en convaincre,
l'histoire de la plupart de ces alliances :
celle , par exemple, de l'absurde et ridicule ligue de Cambrai , dont notre loyal
Louis XII fut la dupe. Cependant il faut

en convenir, la multiplicité des négociations, des ligues passagères de cette époque,
décèle le besoin qu'on commençait à ressentir généralement de se lier, de s'appuyer
réciproquement, de s'étayer de principes.
Les systêmes partiels avaient déja trouvé
à - peu - près leurs centres de gravité : le
système total cherchait le sien.

Il a déja été dit que les croisades avaient
pour la première fois accoutumé nos peuples occidentaux à une réunion générale,
à une sorte de fraternité européenne. Le
catholicisme produisit constamment ce bon
effet. La monarchie pontificale apprit aux
princes et aux peuples à se regarder tous
comme compatriotes, étant tous également
sujets de Rome. Ce centre d'unité a été,
durant des siècles, un vrai bienfait pour le
genre humain. Mais il empruntait sa force
de l'opinion, et de la condescendance des
princes. Depuis que des abus trop grands
eurent révolté l'opinion, que des princes
eurent humilié les papes, qu'un long schisme
eut offert à l'incertaine chrétienté le spectacle de plusieurs pontifes à-la-fois qui prétendaient à la même puissance, et de conciles qui, à leur tour, se prétendaient au

dessus de tous les pontifes, ce centre
d'unité perdit sa force attractive, et le système général qui s'en détachait insensiblement, fut menacé de retomber dans
le chaos. Cependant des masses s'étaient
formées, assez puissantes pour devenir dans
un nouvel ordre des centres d'action. L'Autriche qui prédominait alors, la France,
l'Angleterre, l'Espagne avaient acquis une
grande consistance intérieure; ces corps
puissans étaient en présence l'un de l'autre,
et il ne s'agissait plus que d'un évènement
décisif, pour les mettre en contact, les
rendre rivaux ou amis, en un mot, les lier
étroitement. Cet évènement fut la réformation, et les guerres auxquelles elle donna
lieu (1).

_____

(1) « Les intérêts qui jusques-là avaient été
nationaux, dit un écrivain d'un grand génie, cessent de l'être, à mesure que l'intérêt religieux lie
ensemble les hommes de divers pays, les sujets
de divers gouvernemens, qui auparavant étaient
étrangers l'un à l'autre. La différence de langage,
de mœurs, de caractère, avait élevé entre les
peuples de l'Europe un mur de séparation que rien
encore n'avait pu ébranler. Il fut détruit par la
réformation de l'église. Un sentiment plus puissant

L'intérêt nouveau pour les princes et
pour les peuples que cette révolution re-

---

sur le cœur de l'homme que l'amour même de sa
patrie, le rendit capable de voir et de sentir hors
des limites de cette patrie. Le calviniste français
se trouva plus en rapport avec le calviniste anglais,
allemand, hollandais, génevois, qu'avec son compatriote catholique. Le triomphe des armées bataves était bien plus doux pour lui que le triomphe des armées de son souverain, qui combattaient
pour la papauté. Ainsi les hommes qui précédemment étaient des troupeaux employés par les princes dans leurs affaires personnelles, devinrent peu
à peu les juges de leurs propres destinées, et se
déterminèrent par des vues qui procédaient de
leurs plus chères affections. — On prodigue avec
zèle à un compagnon de sa croyance, des secours
qu'on n'eût accordés qu'avec répugnance à un simple voisin. Le Palatin quitte ses foyers pour défendre contre l'ennemi de sa religion, le Français
qui l'a adoptée. Le Français quitte une patrie où
sa conscience n'a plus de liberté, où il est soumis
à mille vexations, et va répandre son sang pour
le salut de la Hollande. On voit sur les rives de
la Loire et de la Seine des Suisses et des Allemands
qui combattent pour l'ordre de la succession au
trône de France contre des Suisses et des Allemands.
Le Danois quitte ses marais, le Suédois ses glaces
pour venir briser les chaînes qu'on préparait à

ligieuse fit éclore dans les esprits, devint
une affaire générale .pour toute la chrétienté, affaire qui ne tenait plus aux localités d'aucun pays en particulier, et qui les
surpassait toutes en importance. Des états
qui auparavant existaient à peine les uns
pour les autres, commencèrent alors à
éprouver une sympathie qui en prépara
l'union. La France s'allia à la Suède, l'Angleterre à la Hollande, la Bavière à l'Espagne. Les vues, en s'étendant, étendirent
la prévoyance, firent naître les précautions.
L'intérêt, devenu commun, exigea des
mesures communes. Les desseins de la maison d'Autriche s'étaient fait voir à découvert, et on leur avait résisté ouvertement.
Trouver un contre-poids qui pût équivaloir
à cette puissance ambitieuse , et l'empê-

---

l'Allemagne. Tous apprennent, par ces nouveaux
liens, à étendre leur bienveillance au delà des
bornes étroites de leur pays, à se mêler dans la
grande famille humaine: et cessant d'être attachés
à la glèbe d'un certain canton de terre, ils deviennent des Européens, des citoyens du monde. »
SCHILLER , *Histoire de la guerre de trente ans,*
tom. I.

chef de s'élever à son gré, devint l'affaire
la plus importante de l'Europe nouvellement coalisée. De là l'idée féconde d'un
équilibre entre les puissances européennes,
idée qui fut l'ame des négociations de Westphalie, et devint une considération majeure
dans toutes les affaires publiques de l'Europe, depuis le traité qui en fut le résultat.

Alors l'Autriche avec les états catholiques, pesait sur un des bassins de la balance ; sur l'autre, toutes les puissances qui
avaient combattu pour la réforme, la France
même y comprise. L'équilibre européen
ne fut donc vraiment dans son principe,
que l'opposition du parti catholique et du
parti réformé. Bientôt survinrent de nouvelles circonstances, qui lui donnèrent tout
une autre face : mais, en général, on peut
le regarder comme le partage des corps
politiques de l'Europe en deux groupes à-
peu-près égaux en forces, et dans chacun
desquels tantôt l'une et tantôt l'autre des
puissances joue le rôle de la figure principale.

Avant que les états de l'Europe se lias-
sent en un système total, l'Italie et l'Allemagne formaient depuis longtems des

systèmes particuliers ou confédérations, au
sein desquels la politique commune de
chacun de ces pays cherchait à maintenir
un certain équilibre, et à contenir un parti
par l'autre. Il est possible que cet équilibre
partiel ait été le type d'après lequel se
forma l'idée de l'équilibre général : mais
quelles vues plus vastes et plus précises
découlèrent de celle-ci! La politique qui,
en Italie particulièrement, avait été jusqu'alors un tissu de petites fourberies, de
petites perfidies, d'intrigues, de cruautés
et de bassesses, devint plus large et plus
libérale, ses principes furent plus évidens,
mieux connus ; le plus grand nombre de
gouvernemens puissans qui prirent part aux
négociations par leurs ministres, s'éclairè-
rent mutuellement. Parmi ces gouvernemens, il en était quelques-uns que la
loyauté et la franchise animait : le petit
esprit italien fut peu à peu banni des cabinets. Sans doute qu'il entre encore quelque peu de fourberie dans la politique,
et qu'on se trompe encore çà et là ; mais
se tromper réciproquement n'est plus aussi
facile, ni même aussi nécessaire. Depuis la
lutte longue et universelle où toutes les

puissances se trouvèrent engagées par la réformation, on vit que la vraie politique consistait dans la force réelle; et que celle-ci avait sa source dans la prospérité de l'état, dans le commerce, dans le bon esprit public, dans le dévouement des citoyens envers le gouvernement. La force et les ressources de chaque état sont connues de tous les autres. La statistique rend de plus en plus cette connaissance exacte, et il n'est désormais guère possible de s'en imposer mutuellement. Chacun sent qu'il est nécessaire de protéger son allié contre des entreprises ennemies; que le faible doit être protégé contre le puissant, qui le deviendrait trop en s'agrandissant. L'égoïsme exclusif a cessé par-là d'être l'esprit dominant de la politique européenne; on observe, on réprime celui qui veut s'élever; on relève celui qui est prêt à succomber : l'élévation démesurée de quelque puissance ne fait que resserrer le lien qui unit les autres entr'elles. Les états même les moins considérables ont acquis dans ce système une importance réelle. Surveillance et bienveillance au dehors; au dedans le développement de toutes les forces

par une bonne administration. Telle est en
général la nouvelle tendance qu'a pris la
politique depuis le grand conflit amené par
la réformation.

— *Première période de l'équilibre de*
l'Europe de 1520 à 1556.

Charles - Quint et *François I* sont les
deux acteurs principaux des évènemens de
cette période. L'accroissement colossal de
la puissance autrichienne fut la première
occasion qui fit sentir aux autres états la
nécessité de s'allier étroitement contre elle.
Dès-lors le rôle de la France fut décidé,
et son monarque devint, par la nature des
choses, le rival le plus redoutable pour
Charles. Mais effectuer l'alliance des états
intéressés, et faire agir cette confédération
avec l'efficace et l'énergie requises, n'était
pas aisé. La réformation vint en donner les
moyens; et à son aide, l'opposition européenne s'organisa facilement. *Henri VIII*,
qui aurait pu y occuper un rang honorable, tergiversa, craignit de paraître subor-
donné à *François I*, enfin était trop occupé de ses maîtresses et de théologie. En
revanche, *François I* fit entrer la puis-

sance ottomane dans le nouveau système.
La France, la Turquie et les princes protestans du Nord, telle fut la première masse
réunie destinée à faire contre-poids à l'Autriche allemande, à l'Espagne, à la Bourgogne. Ces deux masses opposées se grou-
paient, l'une autour du parti protestant,
et l'autre autour du parti catholique en
Allemagne. On sentait généralement que
l'équilibre dans l'Empire déciderait de l'é-
quilibre dans le reste de l'Europe, et que
si *Charles - Quint* triomphait des princes
protestans, sa puissance deviendrait irré-
sistible. *Henri II*, qui succéda à *François I*,
s'allia étroitement à *Maurice* de Saxe. Enfin,
en 1556, le redoutable *Charles* disparut
du théâtre des évènemens, s'enferma dans
un cloître : ses états d'Allemagne se séparèrent de la monarchie espagnole et de la
Bourgogne, qui furent le lot de son fils
Philippe. Un changement se fit sentir dans
le système européen.

— *Seconde période de 1556 à 1605.*

Philippe II d'Espagne et *Elisabeth*
d'Angleterre deviennent les deux person-

nages en évidence ; l'un à la tête du parti
catholique, et l'autre à la tête du parti protestant. Le paisible *Rodolphe II* laisse res-
pirer l'Autriche et le reste de l'Allemagne.
La scène des évènemens est transportée sur
un nouveau théâtre. La Grande-Bretagne
est protestante, et les Pays-Bas se révoltent
contre *Philippe*. L'Espagne, d'un côté,
combattant pour le papisme, l'Angleterre et
les Provinces-Unies, de l'autre, combattant
pour la réforme, occupent l'histoire de cette
période. La nouvelle république, à peine
née, se plaça au rang des premières puissances. Le ressort trop tendu de l'oppression
avait provoqué en elle la réaction du ressort
de la liberté ; les efforts faits pour la soumettre, n'eurent d'autre effet que d'amener
plutôt le développement de toutes ses forces.
Si la France alors n'eût pas langui sous des
princes faibles, qui semblaient n'ayoir de
l'énergie que pour alimenter les factions, se
prêter au fanatisme, et poursuivre leurs
sujets réformés ; si elle n'eût été réduite au
rôle malheureux, contradictoire, et pénible
à soutenir, de protectrice au dehors de la
réforme, et de son ennemie au dedans, nul
doute qu'elle n'eût pu facilement seconder
d'une

d'une main puissante la ligue batave, et se l'attacher, pour jamais, au détriment de l'Angleterre. Celle-ci a bien su depuis tirer parti de ce dévouement de la Hollande, que la France avait négligée. Il serait superflu de détailler ici tout ce que nous y avons perdu pendant deux siècles, et tout ce que nos rivaux y ont gagné ; chacun ne le sait que trop.

Dans la période précédente, les armées de terre décidaient du sort de la guerre ; dans celle-ci, la position géographique des combattans exige des flottes, et le phénomène de puissances maritimes s'entre-choquant sur les mers, se montre pour la première fois dans l'Europe moderne. Depuis ce tems, la supériorité des armées navales devint d'une conséquence encore plus décisive que celle des armées de terre. Les marchands de la Hollande s'emparèrent d'une bonne partie de la navigation des deux mondes, et firent voir ce que pouvait devenir un état commerçant avec le seul secours de ses vaisseaux. L'esprit religieux avait donné naissance à la nouvelle république ; mais elle donna naissance à l'esprit du commerce, qui peu à peu fit perdre au

premier de son influence, et enfin le fit
évanouir tout-à-fait, pour régner à sa place
dans la politique. Ainsi tout s'enchaîne dans
la destinée des états, et se prête un développement mutuel.

Dans la lutte qui occupe toute cette période, l'opposition des deux partis religieux
est plus marquée que jamais, puisque l'un
est tout catholique, et l'autre protestant
sans mélange. Or, comme le parti catholique combattait pour l'autorité royale
contre des sujets rebelles, et que le protestant combattait pour le soutien de ces
mêmes rebelles, et pour la fondation d'une
république, il s'établit depuis, comme une
maxime d'état avérée et fondamentale, que
le catholicisme était le meilleur appui du
pouvoir absolu, tandis que le protestantisme favorisait la rebellion et l'esprit républicain. On n'ôterait pas encore de nos
jours cette maxime de la tête de plusieurs
hommes d'état. Elle peut avoir son côté
vrai ; mais nous avons assez fait voir ci-
devant en quel sens.

La puissante *Elizabeth* meurt après
Philippe ; les *Provinces-Unies* subsistent

par elles-mêmes ; une nouvelle époque se prépare dans l'équilibre européen.

— Troisième période , de 1603 à 1648.

La période précédente n'avait été qu'un entr'acte des longs troubles d'Allemagne ; entr'acte que remplirent les scènes de la liberté hollandaise et les guerres civiles de France. Après six années de guerre, et trois de trouble et d'incertitude, la ligue de Smalcalde avait obtenu de *Charles-Quint* fatigué, affaibli, la paix d'Augsbourg, qui date de 1553 ; mais qui ne fut tout-à-fait consolidée par l'empereur qu'en 1555, peu de mois avant qu'il descendît du trône. En 1618, la guerre se ralluma avec plus de force que jamais, et dura trente années consécutives entre l'empereur et les princes protestans ; jusqu'à ce que le traité de Westphalie vint y mettre fin en 1648.

L'Espagne était retombée dans l'inertie. L'Angleterre était agitée des convulsions terribles dont il a été fait mention ci-dessus, à l'article particulier de cette puissance. *Henri IV* était monté sur le trône de France ; mais les premières années du règne de ce grand prince avaient été consumées à rétablir ce que tant de secousses avaient bouleversé dans l'intérieur du royaume. Si la providence eût voulu le laisser encore aux peuples dont il était l'idole, quels maux son génie n'eût-il pas sans doute épargnés à l'Europe ! La guerre de trente ans, ou eût été prévenue par lui, ou eût été plutôt terminée. Déja il avait rendu à la France son assiète et son importance. Par-là, il l'avait remise à sa place naturelle, c'est-à-dire, en présence de l'Autriche, qu'il avait résolu de contenir. Il était redevenu le protecteur du parti protestant en Allemagne, et avait résolu de maintenir la paix et l'équilibre dans la république européenne. Qui pourrait déterminer jusqu'où la volonté d'un tel héros, secondé d'un ministre tel que *Sully*, eût influé sur le sort du monde ? On sait le projet de *paix*, qui dans la tête de l'abbé de *S. Pierre* ne pouvait être qu'un rêve, mais qui dans celle d'un puissant monarque avait au moins quelques moyens pour se réaliser. *Henri* fut enlevé au monde au

milieu de sa belle carrière. La France re-
tomba encore après lui dans un accès de
faiblesse et d'anarchie, sous un roi mineur.
Elle s'allia à l'Espagne qui lui avait fait
tant de maux, et devint le jouet de toutes
les petites intrigues de la cour italienne de
Marie de Médicis. Ce ne fut qu'en 1624,
que l'habile main de *Richelieu* s'appliqua
efficacement à son salut. Ainsi elle ne put
jouer aucun rôle au commencement de cette
période.

En 1630, la Suède se montra sur le
théâtre de la guerre en Allemagne; et bientôt la France y parut avec elle. Les armées
des deux nations rivalisèrent de courage et
leurs chefs de talens. Cependant, il ne faut
pas dissimuler que le rôle des Suédois, qui
combattaient franchement pour la cause
de leur religion, fut plus soutenu, plus
constamment héroïque; et la faiblesse intrinsèque de la Suède rendait ces efforts
d'autant plus admirables. L'Autriche, l'Espagne, le Pape, la Bavière et quelques petits états catholiques d'un côté; la France,
la Suède et les états protestans d'Allemagne
de l'autre, voilà les deux groupes princi-

paux de l'équilibre européen vers la fin de cette période. Ils restèrent les mêmes aux célèbres négociations de la paix. L'Autriche y vit son sort fixé. La France et la Suède devinrent les garans d'un traité qui réglait l'ordre futur de l'Empire. Toutes deux s'approprièrent des lambeaux de l'Allemagne qu'elles étaient venues pour défendre : la première, les Trois-Evêchés et l'Alsace; la seconde, les évêchés de Brême et de Verden, une partie de la Poméranie, quelques ports et îles de la Baltique.

La Suède déclina bientôt; la France s'éleva, et de nouvelles variations survinrent dans l'équilibre des états de l'Europe. Mais il ne nous convient pas de les suivre. Désormais l'influence, au moins immédiate, de la réformation cesse de s'y manifester. L'intérêt religieux n'est plus le principe dominant d'activité des cabinets. L'ambition de *Louis XIV*, la succession d'Espagne, les colonies, l'affermissement de la Prusse, l'intervention de la Grande-Bretagne dans les affaires du continent, d'autres évènemens encore viennent occuper la scène. Néanmoins le maintien de l'équi-

libre continue d'être la loi fondamentale
de la politique de l'Europe; et de nos jours,
où des évènemens nouveaux avaient trou-
blé quelques instans cet équilibre, nous
voyons les chefs des peuples s'empresser de
le rétablir, non pas, il est vrai, avec les
mêmes matériaux, mais au moins sur les
mêmes bases que par le passé. Les individus changent dans l'ordre politique,
comme dans le reste de la nature; mais les
lois du grand tout restent constamment les
mêmes.

*RÉCAPITULATION sommaire des résul-
tats de la Réformation, par rapport à
la Politique.*

L'Europe plongée depuis plusieurs siècles
dans une stupeur et une apathie interrom-
pues seulement par des guerres, ou plutôt
des incursions et des brigandages sans but
réel pour l'humanité, reçoit tout-à-coup une
nouvelle vie et une nouvelle activité. Un
intérêt universel et profond agite les peuples; leurs forces se développent, leurs es-

prits s'ouvrent à de nouvelles idées politiques. Les révolutions qui avaient précédé,
n'avaient mis en action que les bras des
hommes : celle-ci en fait travailler aussi les
têtes. Les peuples qui, jusques-là, n'étaient
comptés que comme des troupeaux passive-
ment soumis aux caprices de leurs chefs,
commencent à agir par eux-mêmes, sentent
leur importance et le besoin qu'on a d'eux.
Ceux qui embrassent la réforme font cause
commune pour la liberté avec les princes ;
et de là naît un lien plus resserré, une communauté d'intérêt et d'action entre le souverain et les sujets. Les uns et les autres
sont à jamais délivrés de l'excessive et oné-
reuse puissance du clergé, aussi bien que
de la lutte pénible pour toute l'Europe,
et qui durait depuis si longtems entre les
papes et les empereurs, savoir à qui des
deux resterait le suprême pouvoir. L'ordre
social se régularise et se perfectionne. La
puissance autrichienne est restreinte dans
de justes bornes ; celle de la France s'élève
et lui tient tête ; on commence à sentir le
besoin des alliances durables ; les corps politiques de l'Europe forment un système lié

d'équilibre, un tout régulièrement organisé, dont auparavant on n'avait pas même
l'idée. Des états, tels que la Suède, et la
Turquie, lesquels jusques-là existaient à
peine pour les autres, prennent un rang et
une importance dans ce système. Quelques-
uns, tels que la Hollande, naissent du sein
de cette grande secousse, et acquièrent, dès
leur origine, une grande prépondérance.
Les premiers fondemens se posent de la
monarchie prussienne et de la république
américaine. Il se forme dans la politique
un esprit général qui embrasse toute l'Europe. L'art des négociations se perfectionne, devient plus franc et plus certain ;
la marche des affaires plus claire et plus
simple. Dans cet état de liaison et de contact, les commotions, les guerres deviennent plus générales, mais aussi sont plutôt
terminées, et leur rigueur est adoucie par
un droit des gens plus humain.

Si la France eut été protestante, elle eut
combattu plus franchement pour la cause
du protestantisme, et la lutte eut été peut-
être moins longue. Mais de ce qu'elle était
catholique, il résulta peut-être un avan-

tage équivalent pour l'humanité ; c'est
qu'on s'habitua peu-à-peu à la tolérance,
et à la fraternité des sectes ; surtout quand
on vit un ministre tout-puissant, revêtu de
la pourpre romaine, le cardinal de *Richelieu* , faire cause commune et contracter
une étroite alliance avec la Suède protestante et toute la ligue des princes hérétiques de la Saxe.

L'église cesse dans une partie de l'Europe
de former un état étranger dans l'état : d'où
il est facile de présager que cé changement
s'exécutera un jour par - tout, et que son
chef sera réduit à la simple primatie spirituelle. Enfin le clergé catholique réforme
sa conduite sur l'exemple des protestáns
et il gagne en mœurs, en savoir, en considération , ce qu'il perd en puissance et
en richesses.

Cependant presque tous les gouvernemens de l'Eurôpe augmentent leur puissance et leur force intérieure ; les protestans, parce qu'ils se sont réunis à la masse
des peuples, et qu'ils se sont attribués
les biens, prérogatives et juridictions de
l'église ; les catholiques, parce qu'ils se sont

mis sur un redoutable pied de guerre, qu'ils
ont abattu les protestans de leurs propres
états, et ainsi subjugué une partie de leurs
peuples par l'autre, les citoyens par les
soldats.

Depuis la découverte de l'Amérique et
du cap de Bonne-Espérance, le commerce
des deux mondes s'était concentré dans les
mains de l'Espagne et du Portugal. Mais
ces deux pays, comme presque tous les
autres, avant le seizième siècle, n'avaient
qu'un trône et point de peuple : toute
l'activité nationale procédait du gouvernement. L'ignorance des princes guidait un
commerce avide autant que mal-entendu,
dont le luxe des cours et l'impéritie ab-
sorbaient les profits. Combien n'eût pas encore longtems langui le véritable esprit
commercial, la navigation, l'exploration
des mers, si deux états activés par la réformation (états où la nation entière dé-
ployait toutes ses forces, épuisait ses ressources, et secondait l'action du gouvernement) ne se fussent trouvés conduits, et
comme forcés à s'emparer du trident? Sans
la secousse religieuse opérée par *Luther*,

l'ordre des événemens ne fut pas devenu tel; la Hollande, pauvre parcelle des états autrichiens, fût restée sans marine et sans commerce : l'Angleterre n'eût point eu cette force volcanique, et cette direction qui la tourna contre l'Espagne. Au lieu de cela, le système maritime et commercial a pris en Europe, par ces deux puissances, un développement et un essor proportionné à la force interne qui les animait. Leurs flottes, leurs habiles marins, ont parcouru toutes les mers, ont embrassé le globe dans la ligne de leur course; cet exemple a été suivi par la France, l'émule constant de tout ce qui est grand et utile. Ainsi la fermentation excitée en Europe par des opinions religieuses, y a suscité un nouvel ordre de choses plus heureux pour l'humanité, et s'est fait ressentir jusques dans les deux mondes.

~~~~~~~~~~~~~~~

SECONDE SECTION.

SUR LE PROGRÈS DES LUMIÈRES.

« Il y a environ deux cents ans qu'un homme de génie ayant découvert et rassemblé les preuves incontestables du mouvement de la terre, fut condamné, comme hérétique, à une prison perpétuelle par le tribunal de l'inquisition.—Aujourd'hui, un traité complet de la mécanique céleste est librement publié. Son illustre auteur voit les sciences honorées dans sa personne par les premières dignités de l'état. ... Que de pas faits en si peu de tems, et quelle carrière parcourue depuis Galilée ! »

Ainsi s'exprimait naguères le citoyen *Biot,* en annonçant le troisième tome de l'immortel ouvrage du sénateur *Laplace.* Cette considération naïve d'un zélateur distingué des sciences, qui, peut-être en l'écrivant, ne pensait pas à la réformation de *Luther,* renferme néanmoins d'une manière implicite ce résultat certain, savoir : que l'ancien système du catholicisme romain était diamétralement opposé

au progrès des lumières ; et qu'un évènement qui a contribué à délivrer l'esprit
humain d'un tel adversaire , doit être
compté pour une des plus heureuses époques de la culture intellectuelle des peuples
modernes. Le système opposé de libéralité,
d'examen, de critique franche, établi par
la réformation, est devenu l'égide sous laquelle les *Galilées* des siècles postérieurs,
les *Kepler*, les *Newton* , les *Leibnitz* ,
les *Hevel* , les *Laplace* enfin , ont pu en
assurance développer leurs hautes conceptions.

Mais dans cette carrière vraiment immense, parcourue par l'esprit humain depuis trois siècles, comment discerner les
pas que lui a fait faire la réformation seule?
Tant de causes ont concouru à la culture
intellectuelle de cette période! La réformation, ainsi qu'il a déja été observé, n'a
été elle-même qu'un premier effet du retour des lumières. Cependant cet effet doit
être devenu cause à son tour; il a dû influer sur les évènemens postérieurs. Mais
jusqu'où, et de quelle manière ? La réformation a-t-elle accéléré, a-t-elle retardé la
marche de l'esprit humain? Lui a - t - elle

été favorable ou nuisible ? Des écrivains renommés ont également soutenu l'une et l'autre opinion. Faut-il adopter sans réserve l'une des deux ? Convient-il plutôt de choisir un parti mitoyen ? L'auteur du présent essai va énoncer franchement son avis sur ce point, et chercher à le justifier.

Fille des lumières renaissantes, la réformation n'a pu sans doute qu'être favorable à leurs progrès. Mais cet enfant de la lumière fut conçu dans un siècle encore ténébreux, au milieu d'un monde encore dans le chaos, où fermentaient une foule de principes opposés. Livrée à toutes les passions qui régnaient alors, défigurée souvent dans ses formes extérieures par l'ignorance et par la superstition de ceux même qui contribuaient à son établissement, la réformation, qui ne tendait originairement qu'au bien, a été la source de beaucoup de maux. Le bien qu'elle devait produire est un résultat de l'esprit qui fait son essence : les maux qu'elle a occasionnés, dépendent pour la plupart des incidens dont elle fut accompagnée, de la résistance qu'on lui opposa, des motifs étrangers qu'on lui adjoignit. On doit donc ici considérer

deux choses, qu'on ne peut confondre
sans injustice : l'une est l'impulsion morale
donnée primitivement par la réformation;
l'autre est la secousse qui en résulta, quand
à cette impulsion primitive vinrent s'en
mêler tant d'autres, qui la modifièrent
diversement et la dénaturèrent ; en un
mot, il faut considérer dans la réformation
l'esprit et l'évènement, l'intention et le fait.

§. 1. *Résultats de l'impulsion morale donnée par la réformation.*

Par ce qui a été dit en plusieurs passages
de cet écrit, sur la nature de la réformation, on peut facilement présumer quelle
direction a dû avoir son impulsion morale,
et sur quels objets elle s'est étendue. L'intention des réformateurs a été, dans le
principe, de s'affranchir du despotisme et
de l'infaillibilité des papes; de s'en tenir
uniquement aux livres saints pour fondement de la croyance; et enfin de renverser
la scholastique qui était devenue l'ame de
la théologie romaine, et le ferme appui de
la hiérarchie. Il suit de là que la réformation a dû, par son essence, influer sur la
liberté

liberté de penser, si précieuse à l'homme,
et base de sa liberté civile; sur la manière
d'envisager la religion, d'en établir les
preuves, et d'interpréter l'écriture; en
troisième lieu, sur la philosophie, et sur
toutes les ramifications de l'arbre des sciences qui dépendent de quelqu'un de ces
trois points principaux. L'ordre et la clarté
exigent que nous traitions chacun de ces
articles à part.

— *Relativement à la liberté de penser.*

Je croirais manquer de respect à mes
juges et à la partie éclairée du public,
si je me laissais aller à une longue énumé-
ration des avantages que l'esprit humain
retire de la faculté illimitée d'exercer librement ses forces. Que seulement l'on songe
à l'attirail immense de censures, de prohibitions, d'inquisiteurs que l'église romaine
avait mis en jeu pour tenir tous les yeux
fermés, dans un tems où chaque vérité
nouvelle devenait une hérésie, c'est-à-dire,
un crime digne de tous les supplices, et
contre lequel on requérait toute la rigueur
du bras séculier... et l'on frémira du danger

16

que l'humanité a couru avant le seizième
siècle. Si par un concours le plus heureux
et le plus inattendu de circonstances favorables, la pensée n'eût reçu presque coup
sur coup de nouveaux renforts et de nouveaux alimens à son activité, que serait
devenue la faible étincelle de lumière qui
commençait à briller, avec le système
d'étouffement et d'*obscurantisme* adopté
par la cour de Rome? Si les Grecs de Constantinople n'eussent émigré vers l'Ouest;
si *Copernic* dans le ciel, *Colomb* sur la
terre, n'eussent reculé les limites du savoir;
si du sein de la laborieuse Allemagne ne
fussent sortis l'art de l'imprimerie, et la
réformation de l'église; si la puissance colossale qui enchaînait les consciences et qui
oppressait les esprits, n'eût reçu rapidement tant d'atteintes sensibles, de combien
de siècles peut-être n'eussent pas été re-
tardées la culture du genre humain, et
l'amélioration de l'état social? Demandons-
le au midi de l'Allemagne, aux peuples des
Deux-Siciles, de l'Espagne, de l'Irlande?
— Qu'un observateur impartial, après avoir
reconnu franchement l'état des lumières
dans ces contrées, s'assure du degré où

elles sont parvenues dans la Suisse, les
deux Saxes, la Hollande, l'Angleterre : le
constraste ne pourra lui échapper. Ce n'est
pas à dire que dans les pays catholiques
ci-dessus dénommés, il ne se rencontre des
hommes supérieurs et à la hauteur de leur
siècle ; mais ils sont rares, et c'est la masse
des nations qu'il sagit de comparer. Sans
doute, que dans la liaison étroite où tous
les peuples de notre petite Europe vivent
ensemble, il est impossible que les lumières
des uns ne pénètrent quelque peu chez les
autres. Le mur de séparation ne peut être
assez renforcé, assez sévèrement surveillé,
pour que les individus d'une et d'autre
part ne se communiquent. Mais certés, du
côté catholique, on n'a pas négligé jusqu'ici
les précautions pour repousser, comme une
dangereuse épidémie, les idées libérales
du protestantisme dans les limites de leur
territoire. C'est à Rome que les premières
censures de livres ont été inventées, et
l'exemple en fut suivi religieusement par les
gouvernemens dévoués à Rome. *Léon X,*
ce protecteur si vanté des arts, promulga,
en 1515, de sévères règlemens contre la

publication et l'impression de livres tra-
duits du grec, de l'hébreu, ou de l'arabe.
Presqu'au même instant où, cinq ans après,
il fulmina contre la réforme cette fameuse
bulle, qui débutait ainsi : *Exurge*, *Deus*,
judica causam tuam, dans laquelle *Luther*
et tous ses adhérens étaient foudroyés des
plus terribles anathêmes, où il était indistinctement prohibé de lire tous leurs livres,
de quelque matière qu'ils pussent traiter ; au
même instant, dis-je, ce pontife ne rougit
pas de publier, au nom de *Jésus-Christ*,
une bulle en faveur des poésies profanes
de l'*Arioste*, menaçant de l'excommunication ceux qui les blâmeraient ou en
empêcheraient le débit. Qu'attendre d'un
tel esprit, d'un tel abus des choses qu'on
veut faire respecter comme saintes, recevoir comme des oracles du ciel même ? La
France, le plus éclairé de tous les pays
catholiques, plus éclairé que plusieurs
pays protestans, et où le papisme n'a jamais régné indéfiniment, malgré ses efforts
pour s'y ancrer et pour y introduire l'inquisition ; la France, où même régnait une
demi-réforme sous le titre des libertés galli-

canes, n'a pas été tout-à-fait à l'abri de
ce système d'étouffement (1). En Espagne,
en Italie, en Autriche, les prohibitions et
les censures allèrent bien plus loin, et y
imposent encore aujourd'hui de grandes
entraves à la liberté d'écrire et de penser.
Plusieurs gouvernemens de l'Allemagne
méridionale renouvellent de tems à autre

---

(1) Ce serait une histoire très-intéressante, si
elle était philosophiquement écrite, que celle de
tous les livres juridiquement condamnés. On en
verrait beaucoup de flétris, pour avoir osé dire ce
que tout honnête homme doit se faire gloire de
penser. Citons un trait entre mille. Vers la fin du
dix-septième siècle, le missionnaire *Lecomte* publia
ses *Nouveaux Mémoires sur l'état présent de la
Chine*, dans lesquels il eut l'ingénuité de dire:
« Que les Chinois adoraient le vrai Dieu depuis
deux mille ans ; que le premier d'entre les peuples
ils avaient sacrifié à leur Créateur, et enseigné une
morale pure. » — On ne peut se figurer, de nos
jours, quelle rumeur excita alors ce simple exposé
d'un historien. L'abbé *Boileau*, frère du célèbre
satyrique, tonna en Sorbonne, et dénonça le bon
missionnaire comme *blasphémateur*. La Sorbonne,
en 1700, condamna le livre, que le Parlement eut
encore la faiblesse de faire lacérer et brûler par la
main du bourreau.

ces salutaires règlemens contre la lecture
des livres écrits par les *hérétiques*, ou par
les *esprits forts*. Les bibliothèques publiques tiennent sous clé les œuvres de *Rous-
seau*, de *Voltaire*, d'*Helvétius*, de *Dide-
rot*, etc., et il est expressément ordonné
« de ne les communiquer qu'à ceux qui
s'engagent à les réfuter ; » ce sont les termes d'un édit assez récent. Un professeur
d'une université bavaroise fut destitué de
son emploi, quelques années avant la révolution de France, pour avoir demandé
qu'on plaçât dans la bibliothèque commune un exemplaire du *Dictionnaire critique de Bayle*. Ces faits, et une infinité
d'autres qui se renouvellent journellement,
caractérisent l'esprit du catholicisme relativement à la propagation des lumières, et
à la libéralité de l'instruction. La maxime
des siècles du moyen âge y vit encore, et
s'y maintient autant qu'il est possible de
la maintenir dans notre siècle : « de retenir les esprits sur certains objets dans une
entière stupidité ; d'y laisser tant qu'on
peut de cases vides, afin de les pouvoir
remplir ensuite à volonté, et que les superstitions y trouvent commodément place. »

Est-il arrivé qu'aucun pape ait rétracté
la bulle *In Cœna Domini*, par laquelle
sont excommuniés tous ceux qui lisent des
livres composés par des hérétiques? *Fra-
Paolo*, faisant mention du premier *Index*
de livres défendus qui se publia à Rome,
en 1559, dit entre autres choses : « Que
sous prétexte de la religion, le pape y con-
damnait à l'excommunication les auteurs
d'écrits où seulement l'autorité des princes
et des magistrats est soutenue contre l'usurpation des ecclésiastiques.... Outre cela, les
inquisiteurs romains défendirent en masse
tous les livres imprimés par soixante-deux
imprimeurs qu'ils dénommèrent, sans acception de leur contenu ; ajoutant encore
une défense générale de lire aucun livre
sortant des presses d'un imprimeur qui,
une seule fois dans sa vie, aurait imprimé
quelqu'écrit venu de la main d'un hérétique. De sorte, continue l'historien, qu'il
ne restait plus rien à lire.... L'on ne trouva
jamais un plus beau secret pour hébéter
et abâtardir les hommes par la religion. »
(*Histoire du Concile de Trente*, liv. VI.)

La réformation brisa toutes ces chaînes
imposées à l'esprit humain, renversa toutes

les barrières qui s'opposaient à la libre communication des pensées. Il ne resta de prohibé dans son sein que les productions dont la morale publique ou la pudeur auraient à rougir. — Avoir rappelé le souvenir de ces chaînes et de ces barrières, avoir considéré la longue barbarie qu'elles auraient encore maintenue sur la terre, n'est-ce pas avoir exposé suffisamment combien la réformation a contribué aux progrès et à l'universalité des lumières? Dès que par elle en effet la carrière eût été ouverte, on osa discuter publiquement les intérêts les plus précieux de l'humanité, et parler humainement de toutes les choses humaines.

L'église romaine disait : « *Soumets-toi à l'autorité sans examen.* » L'église protestante dit : « *Examines, et ne te soumets qu'à ta conviction.* » — L'une ordonnait de croire aveuglément; l'autre enseigne avec l'apôtre (1) « de rejeter le mau-

_____

(1) « *Spiritum nolite extinguere... Omnia autem probate ; quod bonum est tenete.* — Gardez de vouloir éteindre l'esprit... mais examinez tout, et conservez ce qui est bon. » S. *Paul*, Thess. V, 19. 21.

vais, et d'adopter seulement ce qui est bon. »

« *Le protestantisme*, a dit un écrivain estimable, *est la force répulsive dont est douée la raison d'écarter d'elle et de repousser tout ce qui veut occuper sa place* (1). » Je m'abstiendrai d'en dire davantage, et de tomber dans de vaines déclamations sur cet objet. Il suffit de réfléchir un seul instant à l'opposition immense de ces deux principes, adoptés respectivement des deux parts pour base de la culture morale : d'un côté, *crois !* de l'autre, *examines !* Assurément tout doit prendre de part et d'autre, sous l'autorité suprême de ces deux principes contraires, un aspect bien différent. Le principe d'examen provoque la lumière dont il est ami, comme celui de soumission aveugle est le fauteur des ténèbres. Et comment calculer jusqu'où peut s'étendre l'influence infinie d'un principe fondamental que l'on admet pour base de l'instruction religieuse, et par conséquent aussi de

___

(1) M. le pasteur *Greiling*, dans un très-bon ouvrage allemand, intitulé *Hieropolis*, sur les rapports réciproques de l'Église et de l'État.

l'instruction morale d'une nation? L'homme
qui est libre dans le sanctuaire le plus intime de son ame, regarde franchement et
hardiment autour de soi; il devient entreprenant, actif, propre à tout ce qui est
grand et utile. Celui qui est esclave dans
sa conscience, esclave au centre de son
être, l'est sans le savoir, dans toute sa conduite; dégradé qu'il est par la stupéfaction
et l'apathie qui énervent ses facultés.

— *Relativement à l'étude de la religion;*
langues anciennes, exégèse, archæo-
logie, histoire.

Conformément aux termes de la question
proposée par l'Institut national, on ne peut
considérer ici l'étude de la religion qu'en
tant que le mode de cette étude a été d'une
influence immédiate sur la littérature et
les sciences. On ne s'occupera donc nullement du dogme des diverses églises réfor-
mées, non plus que de leur mode d'instruction religieuse, qui se rapporte à la
science appelée *catéchétique*, ni de la
science des orateurs sacrés, appelée *homi-*
létique, etc......... ce qui d'ailleurs et en

d'autres circonstances, fournirait peut-être la matière d'un travail fort étendu et fort intéressant.

Du tems que l'église romaine dominait seule dans l'Occident, l'absence de toute contradiction entraînait celle de tout examen et de toute étude des antiquités religieuses. L'église opposait même, comme on l'a vu précédemment, une résistance active à toutes recherches sur cette matière. Elle prohibait de tout son pouvoir l'enseignement des langues orientales, et la lecture des livres de l'ancien et du nouveau Testament. Son système reposait sur des passages et des termes de ces livres, qu'elle interprétait suivant ses vues ; et sur des traditions, des passages des S. Pères, des décisions de conciles, des bulles pontificales, des décrétales, des chartes, et autres monumens historiques, vrais ou supposés. Pour attaquer ce système efficacement et dans toutes ses parties, aussi bien que pour établir le leur sur des fondemens solides, les théologiens protestans furent contraints de s'enfoncer dans toutes les profondeurs de la critique, tant par rapport aux idiômes dans lesquels étaient écrits les originaux des livres saints,

que par rapport aux diverses branches de
l'histoire sacrée et de l'histoire ecclésiastique. Il leur importait par-dessus tout de
démontrer avec précision, que tel passage
était ou tronqué, ou mal interprété; que
telle expression avait, dans le siècle où
elle avait été écrite, un sens tout différent
de celui qu'on lui attribuait actuellement,
et ainsi du reste. Dès-lors l'étude de l'orientalisme, des antiquités sacrées (qui sont
intimement liées avec les antiquités profanes de l'Orient), et enfin celle des langues
qui en sont la clé nécessaire, devenait indispensable pour eux. Il fallait pénétrer et
parvenir à une connaissance exacte des
lieux, des mœurs, des évènemens, des
idées, de toute la culture intellectuelle,
de l'état politique et privé des diverses nations pendant les siècles où tel prophète,
où tel évangéliste avait écrit. Nous avons
déja vu que les principaux chefs de la réformation étaient précisément fort dévoués
à ce genre d'études, lequel exige l'assiduité et le flégme du Nord. Qu'est-il besoin
de rappeler ici à mes juges les services immenses rendus par les réformés des diverses
communions, depuis *Luther, Mélanchton,*

Camerarius, *Zwingle*, *Calvin*, les *Bux-torf*, etc...... jusqu'à *Michaelis*, *Eichhorn*, *Schultens*, *Lowth*, *Kennicott* et autres, à la littérature et aux antiquités orien-tales? L'étude du grec, si importante à cause du nouveau Testament, des Pères, et de la version des Septante, fut suivie avec une ardeur au moins égale. La con-naissance des chef-d'œuvres antiques écrits en cette dernière langue, vint lui donner un attrait nouveau. Nommerai-je ici tous les célèbres hellénistes que l'Europe protes-tantes a produits? Etalerai-je la liste de leurs travaux? Il faudrait pour cela un ouvrage de pure nomenclature, plus volumineux que toute cette dissertation. Qui a mis le pied sur le sol classique, et ne connaît pas *Ernesti*, *Heyne*, *Heeren*, *Schütz*, *Wolf*, *Hemsterhuys*, *Bentley*, *Voss*, *Span-heim* (1)? Qui ne sait pas que dans les pays protestans, la connaissance du grec

_____

(1) Le plus grand nombre des érudits de France, aux seizième et dix-septième siècles, ont été des réformés, *Robert* et *Henri Etienne*, *Jos. Scaliger*, *Casaubon*, *Saumaise*, *Bochart*, *Tanegui Lefebvre*, *J. Morin*, (qui abjura ensuite, et entra à l'oratoire), *Bayle*, etc. etc.

est peut-être plus commune que celle du latin dans la plupart des pays catholiques? En Angleterre, en Hollande, en Allemagne, tout homme qui a reçu quelqu'éducation, sait aussi bien la langue d'*Homère* que celle de *Virgile*. Quant aux ecclésiastiques, cette connaissance leur est indispensable, et il n'est pas rare de les trouver versés dans la culture des langues et des antiquités orientales. L'impulsion fut ainsi donnée par la nécessité où se trouvèrent d'abord les protestans d'agir offensivement contre l'église romaine. Ils étaient les agresseurs, et il y allait pour eux de l'existence à combattre victorieusement les théologiens catholiques. Ainsi l'attention et les efforts se tournèrent vers la critique historique et la philologie. L'éducation publique fut organisée en conséquence; et cette étude devint d'autant plus estimée et plus généralement en vogue, que les progrès des savans nationaux étaient plus éclatans (1).

―――――――――――――

(1) La grande attention qu'on apporte dans les pays protestans à l'étude des langues anciennes, est sans doute une des raisons de la facilité avec laquelle on y apprend aussi les langues modernes

Cependant l'étude des langues et des antiquités sacrées et ecclésiastiques ne pût être le partage des seuls protestans. Il fallut bien que les catholiques se missent en mesure pour se défendre, et prouver contre leurs savans adversaires, que les passages, les expressions, accusés par eux d'être faussement interprétés, l'étaient au contraire avec justesse et vérité. D'ailleurs l'impulsion une fois donnée dans la république des lettres européennes, aucun ne pouvait rester en arrière, et se résoudre à la honte de paraître moins instruit que le parti adverse (1). Grand nombre de catholiques se distinguèrent aussi bien que les protestans

---

et vivantes. En général, un protestant de la classe cultivée entend d'ordinaire deux ou trois langues européennes, outre la sienne.

(1) Les juifs même furent réveillés par cette activité générale, et donnèrent dans le tems quelques grammaires et lexiques pour l'hébreu. Ils sont restés en général plus savans et plus éclairés dans les pays protestans qu'ailleurs. C'est en Hollande qu'a vécu *Spinosa*, comme *Moïse Mendelsohn* à Berlin, où l'on compte encore parmi les juifs plusieurs savans et philosophes du premier ordre.

dans la critique et la philologie. Mais pourtant il faut avouer que cette étude ne fut jamais aussi encouragée et aussi universelle parmi les nations attachées à Rome, que parmi celles qui s'en séparèrent (1). Ici, on se livrait à ces sciences avec l'ardeur du besoin et de l'enthousiasme, on les révérait comme les protectrices de la chose publique, comme les sources de l'indépendance religieuse et politique ; là, on ne les maniait que comme des armes dangereuses, dont on avait reçu les premières atteintes ; on ne les cultivait que forcément, et par le besoin de se défendre à avantage égal.

C'est de la sorte que le protestantisme, par sa méthode nouvelle d'étudier la religion, d'en envisager et d'en établir les preuves, fit naître dans l'Europe, et particulièrement dans son propre sein, une culture plus approfondie de l'antiquité sacrée,

---

(1) On sent bien qu'il ne peut être ici question des ouvrages livrés par la Propagande ou les Missions Étrangères, non plus que des travaux de quelques autres catholiques, qui n'ont eu pour objet que les langues et l'état de l'orient *moderne*, ou de l'Inde, ou de la Chine, etc. C'est de l'orientalisme *biblique* qu'il s'agit ici en particulier.

ecclésiastique

ecclésiastique et profane. De nos jours encore nous en voyons assez de preuves dans l'érudition des savans du Nord, qui, plus éloignés que les autres Européens des contrées où a fleuri la belle antiquité, semblent néanmoins s'en assurer la suzeraineté durant leurs savantes excursions. Les Italiens marchent sur Herculanum, et en déterrent les merveilles; ils multiplient les musées et les collections; c'est pour *Winkelmann* qu'ils amassent ces matériaux : à leur aide il retrouve le fil de l'art; il en écrit les annales; il en devient le législateur.

De cette étude approfondie que les théologiens protestans firent de l'archæologie orientale et grecque appliquée à l'interprétation des livres sacrés, il résulta parmi eux pour la science appelée *exégèse*, ou critique du texte de l'écriture, et qui forme une partie importante de leurs études, une perfection et une richesse, qu'elle était loin d'avoir auparavant. L'exégèse a plusieurs branches. Celle qui s'attache particulièrement aux langues et aux antiquités, à la connaissance des tems, des lieux, des auteurs, se nomme *herméneutique*. Les Anglais particulièrement, les Suisses, les Hol-

landais, les Allemands ont poussé très-loin
cette science. C'est là qu'on voit les divers
fragmens, livres, poëmes ou traités qui
composent la Bible (en tant qu'ils sont considérés comme ouvrages écrits dans un certain siècle, et au milieu d'une certaine
nation) interprétés, commentés et rendus
à leur sens véritable. Là le Pentateuque se
trouve expliqué avec le même soin et la
même profondeur que, dans l'archæologie
profane, le sont les poëmes d'*Hésiode* ou
d'*Homère*. Les scholies écrites sur le livre
de *Job*, sur ceux d'*Isaïe* et de *Jérémie*, sur
les pseaumes, sur le cantique des cantiques, etc., jettent un jour tout nouveau
sur ces précieux restes de l'Orient antique,
sur leurs auteurs, sur l'esprit du siècle dans
lequel ils ont été écrits. Les mythes de la
nation et des peuples voisins y sont déve-
loppés et éclaircis. Les travaux de l'herméneutique sur les livres du nouveau Testament ne sont pas moins importans. Les
évangiles, les actes et épîtres des apôtres,
l'apocalypse elle-même, soumis à la critique comme morceaux d'histoire, donnent
lieu à des recherches et à des dissertations
qu'on ne peut lire sans le plus haut intérêt.

En suivant ainsi les historiens, et les chan-
tres sacrés au travers de l'antiquité égyp-
tienne, arabe, syriaque, chaldaïque, sa-
maritaine, perse, grecque, romaine ; en
analysant leur langage, leurs mœurs, leur
esprit, la culture et les idées de leurs contemporains, on se trouve avoir élaboré une
vaste région dans le champ de l'antiquité,
et avoir porté la lumière dans une partie
aussi essentielle pour nous des archives du
genre humain (1).

Toutes les universités protestantes ont

---

(1) *Voyez* sur cet objet un *Discours* prononcé à
l'ouverture de l'Académie protestante de Stras-
bourg, le 15 brumaire an XII, par M. *Haffner*,
professeur en théologie, et qui a pour titre : *Des
secours que l'étude des langues, de l'histoire, de
la philosophie et de la littérature, offre à la théologie.* (A Paris, chez *Amand Kœnig*, quai des
Augustins, n°. 31 : — 1 franc.) Cette excellente
pièce a été trop peu lue, les journaux en ont trop
peu fait mention : enfin on en peut dire ce que
Condorcet disait aussi d'un fort bon Discours qui
parut de son tems sur les réformés. « Il aurait fait
beaucoup de bruit si l'on s'occupait sérieusement
à Paris d'autre chose que de plaisirs, d'intrigue
ou d'argent. » (Tom. X de ses *Œuvres*, p. 289.)

des chaires où l'exégèse, l'herméneutique
et autres sciences qui en dépendent, sont
enseignées la plupart avec distinction. Tel
cours, qui a pour objet l'interprétation des
Proverbes, ou de l'épître aux *Galates*, se
trouve être fréquemment un tableau ac-
compli de l'histoire politique, littéraire et
religieuse de l'époque où ces écrits ont été
composés; tableau dans lequel on est souvent contraint d'admirer l'érudition, la
critique et la philosophie qui ont concouru
à sa composition. Les états, ainsi que les
particuliers protestans, ne négligent rien
pour porter au plus haut degré de perfection possible cette science de l'interprétation des livres saints. Les bibliothèques des
anciens monastères de l'Orient et de l'Occident furent longtems visitées sans relâche,
par d'infatigables philologues anglais, allemands, danois. Les manuscrits, les monumens de toute espèce y furent recherchés,
déchiffrés, comparés: des passages obscurs
éclaircis; la lumière jaillit du sein de ces
vieux dépôts poudreux : c'est pour l'œil
connaisseur et exercé du protestant, que
l'indolent cénobite avait conservé ces trésors. Combien les adversaires de Rome

n'ont-ils pas fait de riches et inappréciables
trouvailles dans ces dépôts de la science ,
que les moines catholiques ont sans doute
l'honneur d'avoir tenu renfermés pendant
des siècles, mais dont la plus grande partie
ne savait faire aucun usage, et que les
plus savans d'entr'eux ne défiguraient que
trop souvent dans leurs écrits. Il ne peut
convenir au plan de ce faible essai, d'entrer
dans les détails infinis qu'exigerait cette
matière pour la traiter à fond, et pour
étaler toutes les pièces justificatives qui y
seraient nécessaires. Depuis le zélé *Pococke,*
combien d'autres n'ont pas été, pour le
même but , envoyés par des princes protestans, par de simples sociétés même,
pour parcourir tout le Levant, l'Asie, la
Palestine, la Thébaïde, l'Ethiopie? Je ne
citerai que l'expédition dont faisait partie
le danois *Niebuhr,* assez connu par son
voyage d'Arabie et d'Egypte, et qui n'avait
pas été préparée pour une autre fin. Tous
ceux qui connaissent la relation de *Nie-*
buhr, connaissent aussi l'intéressante série
de questions que le célèbre *Michaëlis* de
Gœttingue lui dressa avant son départ, et

qu'un homme tel que lui pouvait seul concevoir.

. Je ne puis m'empêcher, avant que de
terminer l'article qui concerne cette belle
et profonde science de l'exégèse chez les
protestans, de remarquer en passant, combien tout le système des études de la théologie protestante diffère de celles de la
théologie catholique. Ce sont deux mondes
antipodes l'un de l'autre, qui n'ont de commun que le nom. Mais cela suffit malheu-
reusement pour tromper tous les gens qui
ne jugent que sur le nom (1). La théologie

---

(1) Je lisais, il y quelques années, dans un
journal français, intitulé le *Propagateur*, une aigre
réprimande aux gens mal avisés qui louaient la
littérature allemande. A l'article de la *théologie*
entr'autres, le journaliste faisait ironiquement
observer qu'à la dernière foire de Leipzic, il avait
paru cent et tant d'ouvrages sur cette matière.
« *Graces au ciel*, ajoutait-il, *on ne voit plus chez
nous de pareilles sottises !* » Ceux qui savent de
quoi il est question dans la théologie protestante,
ceux même qui connaissent un peu l'histoire littéraire des deux derniers siècles en France, sous
Nicole, Arnauld, Bossuet, Fénélon, Fleury, etc.
peuvent apprécier de pareilles sottises de la part
d'un journaliste.

catholique repose sur l'autorité inflexible
des décisions de l'église ; et dès-lors interdit
à celui qui l'étudie tout usage libre de sa
raison. Elle a conservé le jargon et l'appareil
barbare de la scholastique : on sent en elle
l'œuvre de ténèbres des moines du dixième
siècle ; enfin ce qui peut arriver de plus
heureux à celui qui a eu le malheur de
l'apprendre, c'est de l'oublier au plutôt. La
théologie protestante, au contraire, repose
sur un système d'examen, sur l'usage illimité de la raison. L'exégèse la plus libérale
lui ouvre l'intelligence de l'antiquité sacrée ;
la critique, celle de l'histoire de l'église ; le
dogme simplifié et épuré, n'est pour elle
que le corps, la forme positive nécessaire
à la religion ; elle s'appuie de la philosophie dans la recherche de la loi naturelle,
de la morale, et des relations de l'homme
à la divinité. Quiconque aurait à cœur de
s'instruire en histoire, en littérature classique, en philosophie, ne pourrait rien faire
de mieux qu'un cours de théologie protestante. Ce sont des ecclésiastiques élevés
de la sorte qui, sortant des universités,
vont occuper les places de pasteurs, de
ministres dans de petites villes, au milieu

des campagnes. Il arrive souvent qu'ils y fondent des écoles excellentes, et répandent autour d'eux les lumières dont leurs maîtres les ont enrichis. La classe de nos curés , de nos vicaires de village a toujours été, en général, fort respectable et fort exemplaire : cependant, il faut en convenir , et tous ceux qui ont pu l'observer l'avoueront sans peine, cette classe n'est pas moins exemplaire chez les protestans, et elle y est beaucoup plus et beaucoup *mieux* instruite (1).

Un autre avantage que le nouveau mode

---

(1) Dans plusieurs pays protestans, on exige des ministres qui doivent être placés dans les campagnes, un cours d'agriculture et d'économie rurale, aussi bien que quelque connaissance de la médecine et de la pharmacie. Les jeunes ecclésiastiques subissaient à Genève un examen sur leur cours d'humanités, de langues anciennes, etc. avant que de commencer leurs études théologiques; et après les quatre années que duraient celles-ci, ils subissaient derechef un examen sur les humanités, pour s'assurer s'ils n'avaient rien perdu de ce genre d'instruction. Cette bonne coutume a été maintenue à Genève depuis le rétablissement des études. Le même régime est aussi en vigueur dans toutes les académies de la Suisse protestante.

d'études religieuses introduit par le protestantisme a procuré aux sciences, c'est d'a-
voir concouru si puissamment à tirer l'histoire ecclésiastique et en grande partie aussi
l'histoire civile des mains des moines, chro-
niqueurs ordinaires des siècles qui ont précédé le seizième. Ces solitaires, assez mal
instruits des affaires du monde, rarement
impartiaux, ne louaient les princes qu'autant qu'ils avaient doté leurs couvens et
fait du bien à l'église. Ils mêlaient quantité
de fables, de superstitions et de malédic-
tions contre les hérétiques à ces informes
annales. Où en était la muse de l'histoire
avec de tels ministres? Ils ont rendu çà et
là quelques services : mais combien la raison
humaine, qu'ils ont tenu captive pendant
des siècles, s'en serait rendu à elle-même
davantage, si on l'eût laissé agir librement!
Enfin *Reineccius*, *Mélanchton*, *Carion*,
Sleidan, *Buchanan*, *Grotius* (1), *De*

---

(1) Il faut convenir que les seuls historiens mo-
dernes qu'on ose comparer aux anciens, tels que
Burnet, *Clarendon*, *Robertson*, *Hume*, *Gibbon*,
J. Muller, *Schiller*, etc., sont tous protestans.
L'abbé de *Mably*, dans sa *Manière d'écrire l'his-*

---

toire, met sans détour *Grotius* fort au dessus de
Tacite même ; et il donne en plusieurs endroits
la préférence aux historiens protestans sur les historiens catholiques. La raison de cette préférence
est clairement exprimée dans ces mots de *Mably* :
« En vérité, ce n'est pas la peine d'écrire l'his-
» toire pour n'en faire qu'un poison, comme
» *Strada*, qui, sacrifiant la dignité des Pays-Bas
» à celle de la cour d'Espagne, invite les sujets
» à la servitude, et prépare ainsi les progrès du
» despotisme. S'il en faut croire cet historien, il
» est permis à *Philippe II* de fouler aux pieds toutes
» les lois, tous les traités, tous les pactes de ses
» sujets, parce qu'il tient sa couronne de Dieu ;
» et ce casuiste dangereux condamne les Pays-Bas
» à souffrir patiemment la ruine de leurs privilèges
» et l'oppression la plus cruelle, pour ne pas se
» rendre coupable d'une désobéissance sacrilège...
» C'est à cette ignorance du droit naturel, ou à
» la lâcheté avec laquelle la plupart des historiens
» modernes trahissent par flatterie leur conscience,
» qu'on doit l'insipidité dégoûtante de leurs ou-
» vrages. Pourquoi *Grotius* leur est-il si supérieur ?
» c'est qu'ayant profondément médité les droits et
» les devoirs de la société, je retrouve en lui l'élé-
» vation et l'énergie des anciens. Je dévore son
» Histoire de la guerre des Pays-Bas ; et *Strada*,

depuis eux à la critique, à la philosophie,
dont elle ne devrait jamais être séparée.
Bayle et beaucoup d'autres historiens protestans écrivirent avec une liberté, une
critique et un esprit, qu'ensuite beaucoup
de catholiques imitèrent.

L'histoire de l'église, tant celle du dogme,
que celle des évènemens extérieurs qui
lient cette église, comme société, aux autres corps politiques, acquit une consistance, une véracité, une impartialité et une
critique, qui en ont fait une des branches
les plus importantes du savoir humain. On
connaît en France les essais des deux *Bas-*
nage, de *Lenfant*, de *Beausobre*, *Le Bret*

_____

» qui a peut-être plus de talens pour raconter,
» me tombe continuellement des mains. Un autre
» exemple du pouvoir de l'étude dont je parle,
» c'est *Buchanan*. Quand on a lu le savant mor-
» ceau qu'il a fait sous le titre *De jure regni apud*
» *Scotos*, on n'est point surpris que cet écrivain
» ait composé une histoire qui respire un air de
» noblesse, de générosité et d'élévation. » (Pag. 18
et suiv. de l'édit. de Paris, 1783, in-12.) Voilà
le grand secret dévoilé : les uns ont de la libéralité
et de la philosophie dans leur manière de penser
et d'écrire ; les autres n'en ont point.

et autres ; on connaît encore les travaux
devenus déja anciens des *Centuriateurs de
Magdebourg*, les pères de la vraie histoire
ecclésiastique , ceux de *Seckendorf*, de
Mosheim en latin ; mais on connaît moins
ceux de *Walch* et de *Cramer* en allemand.
Ceux-ci ont eu de dignes successeurs dans
les derniers historiens de leur pays, le seul
où cette histoire, si pleine de grandes leçons
et de grandes idées, ait été traitée dignement par des hommes profondément instruits, tels que MM. *Semler*, *Schrœck*,
Plank, *Spittler*, *Henke*, *Munter*, *Thym* ;
et quant à l'histoire de l'évangile en elle-
même et sa critique, par M. *Paulus*, le
Michaëlis du nouveau Testament. Ajoutons, en finissant, que l'histoire littéraire,
ce genre d'histoire qui s'occupe de présenter
le tableau des progrès, ou des variations de
l'esprit humain dans les sciences et les arts,
dut aussi une vie nouvelle à cette même impulsion. C'est à Kiel que l'illustre *Morhoff*
donna, dans son livre intitulé *Polyhistor*,
le premier exemple d'un pareil tableau.

— *Relativement à la philosophie ; aux sciences morales et politiques.*

Une révolution commencée par une réforme dans les opinions religieuses, ne pouvait manquer de réveiller l'esprit philosophique, si étroitement allié dans l'homme aux spéculations mystiques, aux idées de la Divinité, d'une vie future pour lui dans un autre monde, et de ses devoirs moraux dans celle-ci. Il a déja suffisamment été exposé ci-dessus, quelle philosophie imparfaite régnait dans les écoles avant la réformation, et comment une dialectique extravagante et puérile s'était amalgamée au système de la théologie romaine, qui se maintenait à son aide. Soutenir ce système était en effet l'unique but de toute philosophie depuis bien des siècles : les théologiens, moines pour la plupart, étaient les seuls philosophes. Leurs subtiles, et quelquefois risibles argumentations, ne tendaient qu'au maintien de l'orthodoxie contre les novateurs et les hérétiques : jamais il ne leur vint en tête d'enseigner une morale utile à la société humaine : ils

ne s'occupaient que d'établir les droits du
pape et du clergé, jamais ceux des peuples,
ni des individus. Pour raisonner conformément aux vues de l'église romaine d'alors,
il est évident qu'il ne fallait le faire que
d'une certaine manière, et sur certains
objets. Raisonner d'une manière nouvelle,
et étendre le raisonnement à des objets
tenus jusques-là pour sacrés et inviolables,
c'était ébranler les bases de l'édifice. Une
philosophie ferme, indépendante, et qui
prétendait devenir universelle, était une
monstruosité dans cet état de choses. Aussi
n'en existait-il aucune de cette nature avant
la réformation. Un mélange bizarre de
quelques propositions défigurées du péripa-
tétisme, qu'on appliquait de la manière la
plus étrange aux matières de foi et de controverse, formait tout le fond de la doctrine des écoles.

Depuis la renaissance des lettres, quelques bons esprits, le fameux *Erasme* à
leur tête, s'étaient déja élevés contre cette
babarie monacale. Mais, demeurant dans
le sein d'une église à qui la scholastique
était devenue un auxiliaire indispensable,
comment pouvaient-ils travailler efficace-

ment à abattre cet appui? Une telle entreprise ne pouvait être consommée que
par des réformateurs assez hardis pour
s'échapper du sein de cette église, et en
établir une au dehors sur les purs principes
de l'évangile et de la raison. C'est de la
sorte que la réformation a détrôné la scholastique.

Protestans et catholiques s'étant mis à
l'envi les uns des autres à étudier le grec,
pour parvenir à l'intelligence des originaux
écrits dans cette langue, on lut aussi les
œuvres d'*Aristote*, qu'on tira de la pous-
sière des bibliothèques. Avec quelle sur-
prise ne vit-on pas qu'elles renfermaient
tout autre chose, que ce qu'on enseignait
depuis des siècles au nom de ce grand
homme? On s'aperçut que la grotesque pa-
gode, si révérée dans les écoles sous l'im-
posant nom d'*Aristote*, ne ressemblait en
aucune façon au philosophe de Stagire.
Mélanchton s'efforça de porter cette conviction nouvelle jusqu'à l'évidence. Il exposa la vraie doctrine d'*Aristote*, en faveur
de laquelle il se déclara, qu'il donna pour
valable en toutes les choses qui étaient du
ressort de la raison humaine, mais qu'en

même tems il prétendit très - positivement
devoir être exclue du domaine de la théologie. On ne s'en tint pas à la lecture des
livres originaux d'*Aristote* : les découvertes
qu'on y avait faites inspirèrent aux savans
du siècle l'envie d'étendre leurs recherches
sur tout ce qui restait de monumens de la
philosophie ancienne. Les écrits des pytha-
goriciens, ceux des deux écoles de *Platon*,
l'ancienne et la nouvelle académie, ceux
de l'école stoïque et de l'école épicurienne,
furent lus, interprétés, et les doctrines diverses qui y étaient contenues furent enseignées publiquement. Alors commença une
période philosophique durant laquelle l'intérêt pour les vérités d'un ordre supérieur,
pour la discussion des plus hautes règles de
la logique, de la métaphysique et de la
morale, acquit une activité qu'on ne lui
avait pas vu depuis bien des siècles. La
lecture des précieux restes de l'antiquité
fut encore une fois chez les modernes, par
rapport aux sciences spéculatives, ce qu'elle
avait été dans le siècle de *Pétrarque* par
rapport à la poésie. — Il faudrait suivre
toutes les déviations de l'esprit philosophique durant cette période, exposer toutes

les

les formes diverses qu'il prit, tant dans les
systèmes empruntés tour-à-tour et modifiés
des anciens, que dans ceux créés par le
génie moderne; il faudrait dire ce qu'ont
été ces déviations chez tant de grands penseurs, *Agrippa*, *Bacon*, *Cherbury*, *Des-*
cartes, *Spinosa*, *Gassendi*, *Pascal*, *Mal-*
lebranche, *Locke*, *Leibnitz*, *Wolf*, *Bayle*,
Berkeley, etc. etc., pour donner une idée
complète de cette période (1) : mais un
tableau aussi vaste ne peut entrer dans le
cadre étroit de cet ouvrage. Il suffit à notre
but d'avoir indiqué la part qu'eut la réformation à ce grand mouvement de l'esprit
humain (2).

---

(1) Il est à remarquer que la philosophie eût
alors ses martyrs. *Bruno* fut brûlé vif à Rome en
1600, *Vanini* à Toulouse en 1619, *Kuhlmann* à
Moscou en 1689; et les deux premiers, Italiens de
nation, comme athées.

(2) Il ne serait que trop facile de faire de cet
Essai, qui ne peut être qu'une simple esquisse,
une volumineuse histoire remplie de détails et de
compilations. On n'aurait, par exemple, pour cet
article, qui concerne l'influence de la réformation
sur les études philosophiques, qu'à copier tout ce
que dit d'intéressant sur cet objet *Brucker*, dans le

18

Cependant on doit observer que ce mouvement ne put avoir une libre et pleine
expansion que dans les pays protestans : il
était étranger et contradictoire au système
établi dans les états catholiques. Chez ces
derniers, la philosophie doit être regardée
comme une sorte de perturbatrice du repos
public, ou si l'on veut de l'apathie publique ;
ce qui aux yeux de bien des gens revient
à-peu-près au même. En Autriche, en
Italie, en Espagne, c'en fut bientôt fait de
cet élan philosophique, et l'assoupissement
ordinaire reprit incontinent le dessus. En
France même, contrée qu'on ne doit nullement, ainsi qu'il a été démontré plusieurs
fois, ranger sur la même ligne que les autres
contrées catholiques, l'esprit philosophique

---

quatrième tome de son *Histoire de la Philosophie*,
I. II, ch. I, *De causis mutatæ, tempore emendatæ
Religionis, Philosophiæ* ; puis mettre à contribution les savans ouvrages de *Rexinger* et d'*Edzard*
(*Dissert. quantum reformatio* LUTHERI *Logicæ
profuerit*) ; de *Lehmann* (*De utilitate quam morali disciplinæ reformatio* LUTHERI *attulit*) ; de
Seelen (*De incrementis quæ studium politicum è
reformatione* LUTHERI *cepit*) ; et tant d'autres
écrits du même genre.

s'éteignit bientôt après *Descartes*, lequel même, comme on sait, trouva dans la Hollande le plus grand nombre de ses partisans et de ses antagonistes. L'intérêt pour les vérités, ou pour les systêmes philosophiques, au contraire, loin de rien perdre de son activité, sembla toujours aller en croissant chez les Anglais, les Hollandais, les Suisses, les Allemands du Nord. Londres, Halle, Genève devinrent les écoles où les Français puisèrent leur doctrine; *Locke* et *Hume*, *Wolf* et *Bonnet* devinrent nos maîtres; la modeste pluralité du petit nombre de penseurs nationaux s'attacha tantôt à l'un, tantôt à l'autre de ces grands hommes, et surtout au premier. Leurs ouvrages, fruits du sol protestant, devinrent nos ouvrages classiques et fondamentaux en philosophie.

Cependant depuis quelques lustres que l'esprit philosophique semble amorti en Angleterre et en Hollande, il s'est réveillé en Allemagne plus puissamment que jamais, et avec une profondeur et une énergie qu'il n'avait jamais eu depuis les beaux tems de la Grèce. C'est à l'immortel *Kant* qu'il doit ce nouvel essor. *Kant* a posé des principes,

est arrivé à des résultats inébranlables, qui
resteront à jamais comme des points cardinaux de la pensée, comme des phares
brillans dans l'obscurité des recherches mé-
taphysiques. Les écoles, filles de la sienne,
sont fortes de sa doctrine quand elles la
suivent et l'approfondissent; elles s'égarent
souvent quand elles s'en écartent. Quoiqu'il
en soit; il est démontré à quiconque observe
avec attention la marche des nations dans
leur culture intellectuelle, que la doctrine
du sage de Kœnigsberg ne pouvait exciter
un enthousiasme aussi profond d'un côté, et
de l'autre trouver une opposition aussi vive,
aussi forte de raisonnemens, que dans un
pays où les grandes questions sur les rapports de la raison humaine à la nature, et
à la raison universelle, occupent habituellement les têtes ; c'est-à-dire, dans un pays
où l'on pense librement sur les objets d'une
religion épurée, et où les idées les plus nobles sur la haute destination de l'homme,
sont universellement répandues. Rien de
plus pur, de plus religieux, de plus sévère
et de plus stoïque, que la doctrine morale
des écoles les plus célèbres de l'Allemagne,
tant celle de *Kant*, que celle de *Jacobi*.

Les superficielles leçons, les erreurs d'*Hel-vétius* et consors n'ont jamais pu prendre sur ce terrein. Car l'influence de la réformation sur l'étude de la morale n'a pas été moins décisive que sur celle des autres branches de la philosophie. Cette science qui est pour la conduite de l'homme ce que la métaphysique est pour son savoir, était tombée, depuis les derniers moralistes romains, dans un oubli presque total. On sait que les pères de l'église, qui ont usé toutes les ressources de leur esprit dans les controverses de dogmes, ont fait peu, ou même rien, pour les sciences morales. Les scholastiques, moins encore ; et sous leur long règne, la vraie morale disparut entièrement pour faire place à la casuistique, morale dégénérée, où les devoirs de l'homme envers Dieu et envers ses semblables se réduisaient presqu'entièrement à ses devoirs envers l'église : où une foule de superstitions et de subtilités pratiques ne répondait que trop bien à la superstition et aux subtilités de la théologie de ces tems obscurs. Quand l'évangile eut repris son rang et remplacé la casuistique, la morale pure et divine qui s'y trouve énoncée, reprit aussi le sien dans les chaires et dans les écrits des pasteurs spirituels. D'ailleurs la lecture des philosophes anciens dans les originaux, devait familiariser les esprits avec leurs divers principes moraux. On compara ces principes entr'eux et avec celui du christianisme. L'étude de la morale acquit par-là un haut degré d'intérêt, auquel, sans doute, elle ne serait jamais parvenue, si la casuistique fût restée dominante, si les chaires des écoles et des églises fussent demeurées au pouvoir des moines. Aujourd'hui elle est devenue pour les ministres du culte protestant la partie la plus essentielle, et presqu'unique de leurs enseignemens devant le peuple, l'inépuisable texte de leurs discours. Elle fait un des objets importans de l'instruction publique dans les universités. On sait assez quel nombre de bons écrits sur cette matière ont produit, surtout dans le siècle dernier, les diverses églises protestantes; quel esprit de pureté, d'humanité et de religion à-la-fois s'y fait sentir : aussi éloigné du fanatisme ascétique des siècles d'ignorance, que de l'égoïsme dur et cyré-

naïque des siècles qui se disent plus éclairés (1).

Quant à cette morale des états, qui s'é-
levant au dessus des rapports individuels,
fixe les droits respectifs des sociétés et de
leurs membres, ceux des princes et des
citoyens, comme aussi ceux des nations
entr'elles ; qui donne la théorie des lois,
celle du droit de nature, et celle du droit
positif dans l'état civil, il a déjà été fait
mention, en divers passages de cet écrit,
des progrès que lui fit faire la réformation (2). Les grandes questions qui, pour
la première fois dans les tems modernes,
se trouvèrent enfin discutées, et parurent
devant le tribunal du public européen,

_____

(1) M. *Stœudlin*, professeur de théologie à Gœttingue, a donné une très-bonne histoire des tentatives qu'ont faites les philosophes pour traiter
scientifiquement la morale. L'élévation de la morale religieuse au rang d'une science, est dû à
Calixte, théologien protestant, qui a su lier en
un corps, et disposer systématiquement les préceptes épars de l'évangile et de la raison.

(2) Il en a été question, surtout à l'article de la
Situation intérieure des états protestans en général.

tournèrent les esprits vers cet objet d'un intérêt si universel. *Luther* écrivit son Traité *du Magistrat civil*; son *Appel à la noblesse allemande*; etc.... *Mélanchton*, *Zwingle*, *Jean Stourm*, et d'autres réformateurs discutèrent des matières pareilles, et les mirent à la portée des moins instruits (1). *Buchanan* publia son fameux et hardi libelle *de Jure regni* en Ecosse, tandis que *Hubert-Languet* écrivait sur le continent son *Vindiciæ contra tyrannos*,

---

(1) Il est à peine besoin de remarquer que le droit canon fut soumis à une réforme totale dans les pays protestans. Il y fut séparé rigoureusement du droit civil, sur lequel jusques-là il avait continuellement empiété, et on le subordonna aux lois locales de chaque état particulier. Tandis que les protestans simplifiaient leur droit ecclésiastique, et le réduisaient à un petit nombre de réglemens indispensables, les papes augmentaient encore l'immense code du droit apostolique, en y incorporant tous les décrets du concile de Trente, les *Institutes* qu'ils firent composer par *Lancellot* de Pérouse, des bulles, des décisions, etc... Pourtant les jurisconsultes catholiques cherchèrent aussi à donner une meilleure forme, plus de liaison et de conséquence à leur code.

et *Etienne de la Boëtie* son *Discours sur
la servitude volontaire*. *Milton*, qui avait
pris à cœur de défendre aux yeux du genre
humain le long parlement d'Angleterre, et
de justifier le supplice de *Charles I*, composa plusieurs livres de politique où respi-
rait le républicanisme le plus ardent, et
entr'autres, sa *Défense du peuple anglais*,
contre *Saumaise*. Quelques - unes de ces
productions, remplies de la véhémence
et de l'emportement des partis qui s'entre-
choquaient alors avec tant de fureur, dé-
passèrent trop souvent le but; mais au moins
elles servirent à l'indiquer, inspirèrent le
desir de le rencontrer, et électrisèrent efficacement les têtes. Bientôt elles firent place
à des productions mieux réglées d'esprits
sages et profonds, qui recréèrent la science
du droit de la nature et des gens. *Bacon*
en pressentit la nécessité, et en projeta les
bases, comme celles de presque toutes les
parties de l'édifice philosophique. A l'immortel *Grotius* était réservé d'apporter la
lumière au milieu des ténèbres, de classer,
d'ordonner les principes, et d'offrir à l'Europe le premier livre où les droits et les
devoirs des hommes en société soient

exposés avec force ; précision et sagesse.
Pourquoi *Jean-Jacques*, si grand, si ami
du vrai, a-t-il sans nulle ombre de raison,
dans son *Contrat social*, calomnié *Grotius*
d'une si étrange manière ? N'avait-il donc
par lu le *Droit de la paix et de la guerre*,
ou avait-il oublié ce qu'il avait lu ? — Après
Grotius, parlerai-je de son émule *Selden*,
de son commentateur *Bœcler*, de *Puffendorf*, qui donna un *Droit de la nature*,
supérieur peut-être au *Droit de la paix* (1) ;
de *Barbeyrac*, l'heureux traducteur et
l'*aristarque* de ces deux ouvrages ?. Cependant en Angleterre *Hobbes*, soutenant un
autre système, n'en avait pas été moins
utile à la science, et par les vérités qu'il
avait dites, et par les réfutations qu'il avait
suscitées contre lui. *Algernon-Sidney* suivit
les principes opposés à ceux de *Hobbes*
dans son *Traité du gouvernement*, et
mourut martyr de son dévouement à la
cause des peuples. Il faut que je cesse de

---

(1) Le livre de *Puffendorf*, comme celui de
Grotius, furent mis à l'*index*, et défendus sous de
grièves peines dans certains pays catholiques, à
Rome, en Autriche, en Espagne, etc.

citer, malgré l'importance de semblables travaux, et quoiqu'il y ait encore à allé-guer des noms, tels que *Conring, Forstner, Locke, Leibnitz, Wolff, Thomasius, Jurieu, Burlamaqui, Vatel, Bolingbroke*, et tant d'autres plus modernes dans le nord de l'Europe et de l'Amérique. Que ceci suffise pour rappeler combien l'impulsion morale donnée par la réformation a eu d'influence sur les progrès qu'a fait la science de la législation, plongée auparavant dans une barbarie scholastique égale à celle qui régnait dans la théologie. Mais en attribuant, avec justice, cette influence à la réformation sur l'esprit des Européens, gardons-nous de la croire une cause exclusive, et bornant ses effets aux seules contrées où cette réformation est devenue dominante. L'Italie a eu son *Machiavel*, l'Espagne son *Mariana*, la France son *Bodin* (soupçonné, il est vrai, d'être en secret partisan de la réforme). L'ardeur de ces études s'accrut encore par la polémique qui eut lieu entre les divers partis. Nous avons vu dans le dix-huitième siècle des publicistes effacer ceux des seizième et dix-septième; mais ils ne parvinrent à les

surpasser qu'en profitant de leurs travaux.
Montesquieu serait - il aussi bien devenu
l'orgueil de notre littérature politique , s'il
n'avait eu tant de laborieux prédécesseurs
par qui la carrière avait été aplanie?

Il n'est pas difficile de déduire de tous
ces faits cette vérité évidente : que la réformation , qui s'est trouvée dès sa naissance si intimement en contact avec la
politique, et avec tous les objets d'utilité
publique a dû tourner les esprits vers les
sciences qui tiennent à l'économie et à
l'administration des états. — Des hommes ,
au contraire, qui dans leur propre patrie
vivaient sous l'influence continuelle d'une
autorité étrangère , qui voyaient autour
d'eux un puissant clergé séculier et régulier, en possession des plus beaux domaines,
prélevant en outre la dîme, le produit le
plus clair des travaux du cultivateur, ces
hommes devenaient incapables de tout
élan généreux; l'intérêt qu'ils prenaient à
la culture du sol natal était sans énergie.
D'ailleurs les membres de ce même clergé
étaient les pasteurs , les instituteurs , les
dépositaires de tout savoir, les maîtres de
toutes les ames. Occupés des pratiques

extérieures de la dévotion, du maintien
des droits de l'église, tels étaient aussi presque les seuls objets dont ils entretinssent
les peuples. Il en résultait une ignorance
et une indolence profondes sur les plus
précieux intérêts des hommes en société.
L'agriculture, l'économie et ses branches
diverses étaient dans une dégradation déplorable. Tel est encore à-peu-près leur état
dans les belles provinces de Naples et de
Rome, en Espagne, en Portugal ; la misère,
la fainéantise, l'immoralité, tous les vices
naissent, parmi les peuples, de semblables
dispositions (1) : l'état reste faible et mal

---

(1) Un fait certain, c'est qu'il se commet plus
de crimes dans les pays catholiques que dans les
pays protestans. L'auteur pourrait citer beaucoup
de faits qu'il a recueillis à cet égard. Il se conten-
tera ici d'autorités étrangères. Le cit. *Rebmann*,
président du tribunal spécial de Mayence, dans
son Coup-d'œil sur l'état des quatre départemens
du Rhin, assure que le nombre des malfaiteurs
dans les cantons catholiques et protestans, est dans
la proportion de quatre, et même de six à un.
A Augsbourg, dont le territoire offre le mélange
des deux religions, sur 946 malfaiteurs, jugés dans
le cours de dix années, il ne s'est trouvé que 184

administré. Quelle activité, au contraire, quels perfectionnemens dans l'agriculture, dáns l'économie champêtre, dàns l'adminis-tration, ne frappe pas les regards de l'obser-vateur au milieu des froids et infertiles champs de l'Ecosse, dans la Grande-Bre-tagne, dans la Hollande ! La main de l'homme y crée tout, parce qu'elle y travaille pour lui : elle y est toute-puissante, parce qu'elle y est libre, et qu'une instruction con-venable l'y dirige. Le contraste de ces effets indubitables des deux religions se fait sentir surtout en Allemagne et en Suisse, où les divers territoires qui se croisent font à chaque moment passer le voyageur d'une contrée catholique à une contrée protes-

---

protestans, c'est-à-dire, moins d'un sur cinq. Le cé-lèbre philantrope *Howard* a remarqué que les prisons d'Italie régorgeaient sans cesse; à Venise, il a vu trois ou quatre cents prisonniers dans la prison prin-cipale ; à Naples, 980 dans la seule prison succur-sale, appelée *Vicaria* ; tandis qu'il assure que les prisons de Berne sont presque toujours vides ; qu'il n'avait trouvé personne dans celles de Lausanne, et seulement trois individus en arrestation à Schaf-fouse. Voilà des faits ; je m'abstiens d'en tirer au-cune conclusion.

tante. Rencontre - t - on un misérable
hameau de boue, couvert de chaume, des
champs mal tenus, des paysans tristes,
grossiers, et force mendians ? On risque
peu de se tromper, en conjecturant qu'on
est en pays catholique. Se présente-t-il,
au contraire, des habitations riantes,
propres (1), offrant le spectacle de l'ai-
sance et de l'industrie, des champs bien
clôturés ; une culture bien entendue ? Il
est fort probable qu'on est au milieu des
protestans, ou des anabaptistes, ou des
mennonites. Ainsi la nature semble changer d'aspect, à mesure que celui qui est
fait pour lui donner des lois jouit plus ou
moins de sa liberté, déploie plus ou moins
toutes ses forces. Tandis que cependant
cette nature a paru se complaire à vouloir

---

(1) Qui a voyagé, et n'a pas été frappé de la mal-
propreté qui règne presqu'universellement dans les
pays catholiques, et qui contraste si fort avec l'extrême propreté des pays protestans du Nord, celle
de la Hollande et celle de l'Angleterre ? D'où vient
l'apathie d'un côté, et l'activité de l'autre ? D'où
l'esprit d'ordre et de travail aux uns, aux autres
l'insouciance et l'oisiveté ? La raison en est assez
sensible.

enrichir de tous ses dons les peuples catholiques, qui habitent les plus belles contrées
de notre Europe. Cette singularité se remarque avec évidence sur le territoire
borné de l'Helvétie. Que l'on compare les
plaines fertiles de Soleure au sol bien moins
favorisé de l'Argovie; le terrein rocailleux,
ingrat, exposé aux influences boréales du
pays de Vaud à cette magnifique Suisse
italienne, ou au Valais si bien abrité (1);
le pays de Neuchatel aux campagnes si
favorisées des pays n'aguères soumis à
l'abbé de Saint - Gall; et enfin, dans les
états mêmes de ce moine-prince, que l'on
compare la portion qui suivait le culte
romain à celle beaucoup moindre qui,
sous la protection de Zurich et de Berne,
avait pu rester attachée à la réforme: et
l'on verra partout l'activité et les lumières
de l'homme l'emporter même sur les libé-
ralités d'une nature prodigue : tandis que
tous ses bienfaits sont comme perdus pour
la paresse et l'insouciance. L'Agriculture

---

(1) *Haller* a reconnu dans le Valais toutes les
plantes de l'Europe, depuis celles des contrées
méridionales, jusqu'à celles de la Laponie.

est

est portée à un si haut point de perfection
dans le canton de Berne, que plusieurs
des méthodes des cultivateurs bernois ont
été adoptées en Angleterre; et c'est à la
Société économique établie par eux, que
l'on doit la vraie théorie de l'irrigation,
dont les agronomes connaissent assez l'importance (1).

---

(1) Si l'on passe de la culture des terres à celle
des esprits, la Suisse offrira les mêmes contrastes.
Combien de gens de lettres célèbres sont sortis de
Genève, que la littérature et les sciences réclament
avec orgueil parmi nous! Berne, Lausanne, Basle,
Zurich, Schaffouse ont leurs annales littéraires
remplies de noms fameux. L'antiquaire *Morel*,
Haller, créateur de la physiologie et non moins
grand poète, *Crouzas*, les *Buxtorfs*, les *Werenfels*,
Bernouilli, *Euler*, *Iselin*, le premier qui ait conçu
l'idée d'écrire une histoire philosophique du genre
humain, les *Wettstein* (et tous ces libraires et imprimeurs de Basle, qui, dès l'aurore du seizième
siècle, ont fait des entreprises si immenses et si
fécondes en résultats), *Gessner* le naturaliste et le
restaurateur des sciences naturelles, *Gessner* le
poète bucolique, quelques autres poètes allemands,
tels que *Bodmer*, etc.... qui ont tant contribué à
la renaissance de la belle littérature en Allemagne,
qui l'ont rappelée à l'indépendance nationale et à

L'activité imprimée à l'esprit public de chaque état par la réformation, se porta donc naturellement vers les objets d'un intérêt public dans l'état. Une science de la *caméralistique* vint apprendre à administrer les revenus nationaux; l'agriculture et le commerce eurent leurs bibliothèques, et s'élevèrent au dessus de la routine journalière, par les recherches du génie et les secours empruntés des autres sciences, telles que la géographie, la navigation qui à leur tour en reçurent de l'accroissement. La connaissance des arts mécaniques, de tous les objets de l'industrie humaine, sous le nom de *technologie*, reprit entre les sciences un rang qu'elle avait comme perdu depuis *Pline*; enfin, il ne faut pas oublier que c'est sur le sol protestant qu'est née et que s'est perfectionnée la *statistique*, science qui donne le bilan des ressources de chaque pays, et dont les hommes d'état commencent, même parmi

---

l'originalité; enfin, une foule d'autres qu'il est superflu de nommer. La Suisse catholique, au contraire, n'a pas un seul homme marquant à citer dans aucun genre.

les nations catholiques, à apercevoir toute l'importance. Depuis longtems l'étude de tous ces objets fait partie de l'instruction publique parmi les protestans ; et leurs universités, où se forment tous les sujets qui occupent dans l'état des postes plus ou moins importans, sont pourvues d'habiles professeurs pour les sciences politiques et caméralistiques, l'économie publique et rurale, le commerce, la technologie, la statistique. On sait combien les Allemands, les Anglais, les Ecossais, les Hollandais, les Suisses ont produit de bons livres sur ces matières, avant qu'elles fussent généralement cultivées dans le reste de l'Europe. C'est chez les Hollandais que *Colbert* puisa la plupart de ses vues : *Pierre I* se forma beaucoup à leur école dans l'art d'administrer : personne n'ignore que ce fut l'exemple du grand *Frédéric*, qui fit concevoir à *Joseph II* et à son frère *Léopold*, les plans de régénération que l'un forma pour ses états d'Autriche, et l'autre pour la Toscane (1).

_____

(1) C'est ici le lieu d'observer, que plus il y a de liberté de penser et d'esprit public répandu parmi

Presque tout le systême des connaissances à acquérir ayant changé de face, il fallut bien qu'un changement considérable s'opérât aussi dans le systême de l'instruction publique. *Luther* fut le premier qui sentit le besoin d'une réforme dans cette partie, et qui travailla efficacement à l'opérer (1). *Mélanchton* et les autres principaux réformateurs, étant d'ailleurs,

---

une nation, plus aussi les communications deviennent libres et actives entre toutes les parties différentes qui composent le public, et entre toutes les classes de la nation. Les journaux, les feuilles et écrits périodiques dans les pays protestans se ressentent au plus haut point de ces dispositions générales, communes aux auteurs et aux lecteurs de ces feuilles. Elles y sont l'objet d'une attention bien plus universelle et plus sérieuse, qu'elles ne le sont en Espagne ou en Italie, et qu'elles ne l'ont été en France jusqu'en 1789. Aussi ne craindrai-je pas d'être démenti par les faits en avançant que les journaux, soit politiques, soit littéraires, de l'Angleterre, de la Hollande et de l'Allemagne saxonne, ont une consistance et une organisation, dont peut-être on n'a pas généralement une idée bien juste en d'autres pays.

(1) *Seelen* a écrit un assez bon Traité, intitulé: *Lutherus de scholis optimè meritus*, 1716.

comme *Luther*, des professeurs d'universités, durent tourner leurs vues vers ces
établissemens et vers les écoles secondaires.
Ils les purgèrent, autant que les circonstances le permirent, des vices de la période
monacale et scholastique. Ce qu'ils ne
purent effectuer eux-mêmes, le bon esprit
qu'ils avaient introduit l'amena peu – à-
peu et tout naturellement par la suite.
Il est remarquable que, durant les trois
derniers siècles, outre un grand nombre
de gymnases, lycées et autres écoles,
l'Allemagne fut enrichie de plus de vingt
universités, dont les trois-quarts protestantes (1). L'Angleterre en fonda trois et
la Hollande cinq (2). Du côté catholique,
il y en eût six de fondées en Italie, huit

---

(1) Si les protestans ont fondé et doté un grand
nombre d'écoles, c'est qu'il y allait de leur existence à être les plus instruits ; c'est que la réformation est essentiellement savante, qu'elle a reçu son
impulsion de la science, et qu'elle n'a pu se maintenir que par la science. Le savoir est une affaire
d'état chez les peuples réformés.

(2) J'oublie encore de noter celles qui s'érigèrent
en Suisse, en Suède, en Danemarck, l'université
protestante de Dorpat en Livonie, etc.

en Espagne, et trois en France. Non seulement les protestans ont l'avantage, qui pourrait être équivoque, de la pluralité; mais nulle personne raisonnable ne mettra en doute qu'ils n'aient aussi l'avantage du côté de l'enseignement qui se donne dans ces universités. Ce ne serait pas, je pense, avancer un paradoxe bien choquant que de dire, qu'il y a plus de vraies lumières dans une seule université telle que Gottingue, ou Halle, ou léna, que dans les huit universités espagnoles de San - Iago de Compostella, d'Alcala, d'Orihuela, etc. Dans celles-ci on enseigne ce qu'il faut croire, bon gré malgré sa raison : dans les autres on enseigne comment on peut parvenir à une croyance raisonnable de quoi que ce soit. Ici les *Décrétales* sont données pour des oracles infaillibles. Là on ne reconnaît d'autre oracle que la raison, et les faits les mieux avérés. D'après tout cela, il est naturel que le pédantisme, enfant de la scholastique, soit infiniment plus rare dans les écoles protestantes que dans les autres. Quelques formes extérieures autres que celles en usage parmi nous, ont fait adopter vulgai-

rement le préjugé très-mal fondé qu'un professeur allemand était un pédant ; mais des
manières différentes des nôtres, des cita-
tions latines ou grecques dans un livre où
elles peuvent être fort nécessaires, et autres
choses semblables, ne constituent pas la
pédanterie ; pas même la longue robe et
le bonnet fourré. La vraie essence du pédant, c'est d'être ennemi de la raison et
d'un examen libéral dans les sciences ;
de croire en esclave à l'autorité d'autrui,
et de prétendre à son tour en despote faire
valoir arbitrairement la sienne. Si tel est
en effet le pédant, on conviendra que les
savans protestans ne peuvent guère l'être ;
eux, dont la maxime principale est l'examen, le libre usage pour chaque être raisonnable de sa propre raison, et l'affranchissement de toute autorité. Cette disposition
conduit plutôt à l'humanité littéraire, qu'on
doit considérer précisément comme l'anti-
pode du pédantisme. La science de l'enseignement et celle de l'éducation ne purent
donc que gagner au nouvel esprit qui diri-
geait les études. La *pædagogique* (1) se per-

_____

(1) Je demande grace pour ce mot ; il désigne

fectionna; *Bacon*, que l'on rencontre par-
tout où il est question d'une meilleure
discipline pour l'homme intellectuel; *Co-
ménius*, le célèbre auteur de la *Janua
linguarum*; *Stourm*, *Locke*, et plusieurs
autres posèrent les bases d'un meilleur systême d'éducation. C'est d'après eux qu'ont
parlé les *Fénélon*, les *Lachalotais*, les
Schlœzer, les *Pestalozzi* : c'est leur langage
qu'a outre-passé dans ses hyperboles sublimes le citoyen de Genève. C'est à tous ces
grands hommes enfin, c'est au mémorable
évènement qui a délié leurs langues, que
la génération actuelle et les générations à
venir, doivent les méthodes plus douces
et plus efficaces à la fois de leur culture
et de leur instruction.

Il a été exposé, dans l'article précédent,
comment l'histoire avait gagné depuis la
réformation par la liberté de la critique, et
par la profondeur des recherches. Il nous
reste à ajouter, qu'elle a aussi, depuis

_____

tout bonnement la science de l'éducation, dans
quelques pays de l'Europe où les choses utiles et
respectables ne sont pas livrées aux sarcasmes de la
frivolité,

cette époque, été traitée dans des vues plus philosophiques. On en a tiré de grandes leçons, de grands préceptes; l'esprit, devenu plus scrutateur, a cherché à co-ordonner l'agrégat informe des faits épars; il s'est saisi d'un fil conducteur dans le dédale des siècles; il y a observé la marche de l'humanité; et de là est née la philosophie de l'histoire. Les travaux en ce genre des Écossais et des Anglais sont surtout connus de la France, et ceux des Français le sont de toute l'Europe. Ceux des Allemands le sont moins, bien qu'ils aient un nombre assez considérable d'ouvrages dignes d'être connus, et compris sous la classification générale d'*Histoire de la culture*, genre qui tient le milieu entre l'histoire politique et l'histoire littéraire, en participant de toutes deux. Cependant les opinions se sont partagées dans ces nouvelles méditations sur la destinée du genre humain. Les uns ne veulent y voir que la fluctuation orageuse d'un océan sans rivages, une série aveugle et sans fin de crimes, d'absurdités, de barbaries, de quelques instans heureux suivis de rechûtes terribles; le hasard dictant ses arrêts, la nécessité les exécutant, et broyant

de sa main de fer les générations successives qu'elle secoue dans le goufre de
l'oubli. D'autres, d'une doctrine plus consolante, voient dans la marche progressive
du genre humain une Providence conduc-
trice, un acheminement vers un meilleur
ordre, vers un perfectionnement civil et
moral. On rencontre beaucoup de protestans qui tiennent à cette dernière opinion,
et qui prétendent en démontrer la certitude.
Il doit être permis à des gens qui en effet se
voient arrivés par l'influence d'une réformation, d'un bouleversement si terrible, si
long et si universel dans l'Europe, à un état
plus raisonnable et plus heureux; il doit
leur être permis, dis-je, de croire à cette
belle conception de la perfectibilité de notre
espèce. Peut-être que ceux qui sont d'une
opinion contraire le doivent aux circonstances contraires dans lesquelles ils se sont
trouvés, ou bien à quelque disposition individuelle, qui ne leur permet pas de supposer aucun perfectionnement possible dans
leurs semblables.

— *Relativement aux sciences mathématiques et physiques.*

Il semble au premier coup-d'œil que la réformation, dont l'impulsion immédiate a bien pu se faire sentir dans l'étude des sciences historiques et philosophiques, n'a pu, au contraire, exercer nulle influence directe sur celle des sciences exactes et naturelles. Mais si l'on considère qu'une activité redoublée, qu'un penchant scrutateur imprimés à l'esprit humain par quelque grand évènement, ne peuvent rester sans effet pour tout ce qui est de son ressort, on se convaincra bientôt que l'étude de ces sciences mêmes a dû se ressentir avantageusement de l'impulsion morale donnée par la réformation. A cette présomption indiquée par la nature des choses, se joint cette considération historique et locale, qu'au moment où *Luther* opérait à Wittemberg la réformation du système théologique, à soixante milles de là, dans une autre ville du Nord, *Copernic* préparait celle du système astronomique. Ces deux révolutions, faites par deux contemporains, marchant ainsi de concert, il n'est pas facile de discerner précisément combien l'une a favorisé l'autre, quels ont été les résultats de leur combinaison, ni quels sont les effets qui appartiennent précisément à chacune. Il faudrait pour cela avoir pénétré dans le secret de toutes les pensées, et suivi les pas les plus cachés de la marche de l'esprit humain, dont il reste ici peu de traces et de monumens. Observons cependant, ainsi que nous l'avons fait en commençant cette seconde partie, que sous l'égide de la réforme, les *Galilée* n'avaient du moins plus à redouter les fers, ni la honte des rétractations. C'est sous cette égide que *Kepler* couronna l'œuvre de *Copernic*, et donna la certitude géométrique au nouveau système, qui probablement n'en avait eu qu'une de pure logique aux yeux de son auteur. Il est enfin remarquable, telle qu'en ait été la cause, que les deux inventeurs du calcul différentiel, *Leibnitz* et *Newton*, aient vécu l'un dans l'Allemagne protestante, et l'autre en Angleterre. Les pays catholiques, aussi bien que les protestans, ont eu depuis un égal nombre de grands mathématiciens et de grands

physiciens. Il est juste cependant de penser
que les études mieux dirigées, et plus libres
dans leurs recherches depuis la réformation,
sont une des causes qui ont le plus puissamment concouru à faire fleurir ces belles
branches de l'arbre du savoir humain (1).
Surtout il est constant que l'esprit philosophique fomenté, ainsi qu'on l'a fait voir,
par la réformation, a exercé son influence
d'une manière prononcée, sur l'étude des
mathématiques et de la physique. On ne
s'est pas tout - à - fait contenté d'étendre
et de perfectionner ces sciences en elles-
mêmes, on a encore voulu en dévoiler la
haute théorie, scruter leurs fondemens,
assurer leurs bases : les savans protestans
se sont adonnés à ce genre de recherches
plus que ceux des pays catholiques, qui ne
semblent pas y attacher autant de prix (2).

---

(1) *Voyez* la dissertation de *Wucherer* à ce sujet:
De incrementis physices à Reformationis tempore.

(2) C'est *Kant* qui posa le premier les principes
d'une théorie de la certitude mathématique, en
tirant la ligne de démarcation entre cette certitude
et l'évidence qui a lieu en métaphysique, à l'occasion de la question proposée sur ce sujet, en
1771, par l'Académie de Berlin.

marchant ainsi de concert, il n'est pas
facile de discerner précisément, combien
l'une a favorisé l'autre, quels ont été les
résultats de leur combinaison, ni quels sont
les effets qui appartiennent précisément à
chacune. Il faudrait pour cela avoir pénétré
dans le secret de toutes les pensées, et
suivi les pas les plus cachés de la marche de
l'esprit humain, dont il reste ici peu de
traces et de monumens. Observons cependant, ainsi que nous l'avons fait en commençant cette seconde partie, que sous
l'égide de la réforme, les *Galilée* n'avaient
du moins plus à redouter les fers, ni la
honte des rétractations. C'est sous cette
égide que *Kepler* couronna l'œuvre de
Copernic, et donna la certitude géométrique au nouveau système, qui probablement
n'en avait eu qu'une de pure logique aux
yeux de son auteur. Il est enfin remarquable, telle qu'en ait été la cause, que les
deux inventeurs du calcul différentiel, *Leibnitz* et *Newton*, aient vécu l'un dans l'Allemagne protestante, et l'autre en Angleterre.
Les pays catholiques, aussi bien que les
protestans, ont eu depuis un égal nombre
de grands mathématiciens et de grands

physiciens. Il est juste cependant de penser
que les études mieux dirigées, et plus libres
dans leurs recherches depuis la réformation,
sont une des causes qui ont le plus puissamment concouru à faire fleurir ces belles
branches de l'arbre du savoir humain (1).
Surtout il est constant que l'esprit philosophique fomenté, ainsi qu'on l'a fait voir,
par la réformation, a exercé son influence
d'une manière prononcée sur l'étude des
mathématiques et de la physique. On ne
s'est pas tout - à - fait contenté d'étendre
et de perfectionner ces sciences en elles-
mêmes, on a encore voulu en dévoiler la
haute théorie, scruter leurs fondemens,
assurer leurs bases : les savans protestans
se sont adonnés à ce genre de recherches
plus que ceux des pays catholiques, qui ne
semblent pas y attacher autant de prix (2).

---

(1) *Voyez* la dissertation de *Wucherer* à ce sujet:
De incrementis physices à Reformationis tempore.

(2) C'est *Kant* qui posa le premier les principes
d'une théorie de la certitude mathématique, en
tirant la ligne de démarcation entre cette certitude
et l'évidence qui a lieu en métaphysique, à l'occasion de la question proposée sur ce sujet, en
1771, par l'Académie de Berlin.

La philosophie de la nature, science encore autre que celle appelée *physique générale*, a pris une consistance et des développemens qui en font une des plus sublimes connaissances dont ait à se glorifier le génie de l'homme. C'est à *Kant* aussi qu'elle doit sa renaissance et ses principales bases. Le hardi *Schelling* l'a enrichie des vues les plus sublimes. Le système de *Brown*, qui n'est qu'une philosophie de la nature organisée, est né en Ecosse, a été cultivé et développé en Allemagne. Il est méprisé en France, où on ne le connaît jusqu'ici qu'imparfaitement.

Quant à la science militaire, qu'on a coutume de traiter comme un appendice aux sciences mathématiques, le sol du nord de l'Allemagne semble avoir été destiné dans les tems modernes à lui fournir ses principaux accroissemens. On sait dans quelle enfance était la tactique avant la guerre de trente ans. *Gustave-Adolphe* en fut le réformateur, et cet art prit une face nouvelle sous lui dans les champs de Saxe et de Bohême. Sur ce même terrain, *Frédéric II*, roi de Prusse, environ un siècle plus tard, combattant encore cette même maison d'Autriche qu'était venu humilier le héros de la Suède, devait achever l'ouvrage de *Gustave - Adolphe*, et porter la tactique moderne au point de perfection où elle restera fixée sans doute à l'avenir, quant à ses élémens essentiels.

— *Relativement aux belles-lettres.*

En tant que la réformation a redoublé l'ardeur pour la connaissance des langues anciennes, qu'elle en a rendu l'étude plus nécessaire et plus générale, aussi bien parmi les catholiques que parmi les protestans, on ne peut disconvenir qu'elle n'ait contribué beaucoup à la culture des belles-lettres et à la renaissance du bon goût. A mesure que les ouvrages classiques de l'antiquité, ces modèles éternels du beau, naïfs et sublimes comme la nature, se répandaient et se lisaient davantage, les esprits s'élevaient peu à peu à leur hauteur, et secouaient la barbarie des tems gothiques (1). Cette révolution avait

---

(1) *Voyez* l'ouvrage de *Stock*, intitulé : *De bonarum litterarum Palingenesiâ sub et post reformationem.* — *Voyez* aussi *Morhoff*, etc.

commencé en Italie par les réfugiés grecs qui s'y étaient particulièrement fixés. La réformation aida à en propager le bienfait dans les contrées européennes les plus éloignées de ce foyer.

Cependant il fallait à ceux dont l'étincelle du génie antique allumait l'enthousiasme, une langue dans laquelle ils pussent produire, un organe souple et vivant pour exprimer leurs conceptions vivantes. Les idiômes modernes étaient dans l'état inculte et grossier où un long inusage les avait plongés. Seulement dans le midi, l'italien, et peut-être le provençal, son allié, avaient pris une forme plus épurée. Dans le reste de l'Europe on écrivait en latin; le latin était la langue des écoles et des livres : et quel latin! un jargon qui portait les flétrissures de onze siècles de corruption et de mauvais goût. Quand bien même la lecture de *Cicéron* et des autres maîtres de la belle latinité, eût pu améliorer et purifier ce jargon, comme il arriva en effet, si est-ce que bon ou mauvais, ce latin n'était la langue que d'un très-petit nombre d'individus, et demeurait lettre close pour les peuples. Or, les hautes sciences

sciences peuvent bien sans inconvénient s'exprimer dans l'idiôme des adeptes; que les savans traitent en latin des matières que les seuls savans doivent lire, soit; on pourrait encore de la sorte avoir des mathématiques, une physique, une philosophie passablement cultivées. Mais comment avoir une littérature, sans une langue vulgaire, sans peuple, ou si l'on veut sans public? Les productions du goût et du sentiment, chacun a droit de les juger; l'auditoire d'un bel esprit, d'un poëte, ne peut se restreindre aux gens à latin; il lui faut toutes les classes, tous les âges, tous les sexes; il faut qu'il parle la langue des cours et des tavernes, des boudoirs et des camps, des citadins et des campagnards; il a affaire à tous les esprits, à tous les cœurs, surtout aux plus ingénus, aux plus ouverts à toutes les impressions, à ceux qui savent le moins de latin. Où *Vanière* compte à peine cent lecteurs, *Delille* en trouve des milliers. Afin que chaque nation ait donc une littérature nationale, il fallait qu'on écrivît dans sa langue; il fallait que toutes les classes s'accoutumassent à lire; il fallait un grand événement, un

puissant intérêt, une matière qui devînt
l'entretien favori de chacun, qui agitât
toutes les ames, qui trouvât accès par-
tout ; alors seulement on devait trouver
des auteurs qui voulussent écrire pour le
peuple, et un peuple qui lût avec empres-
sement leurs écrits. La réformation fut cet
évènement, devint la source vive d'un
intérêt général et intarissable pour toutes
les classes.

La réformation conçue par des doctes,
et née dans l'enceinte étroite du public
parlant latin, ne pouvait se consommer si
elle fût restée dans ces limites. Il fallait
qu'elle en sortit, qu'elle devînt la cause
de la multitude, qu'elle gagnât des millions de têtes, pour armer des millions
de bras en sa faveur. Un appel au peuple
fut le premier pas des réformateurs ; et il
fallut bien le faire dans sa langue. Une
fois que le peuple eût été de la sorte provoqué et établi juge, les adversaires de la
réforme furent bien obligés aussi de venir
plaider à ce tribunal, et ils ne ménagèrent
pas les efforts pour retenir ou ramener la
multitude de leur côté. Cette polémique,
qui était sortie des écoles, et était devenue

la grande affaire de l'Europe toute entière,
fut le premier principe actif par qui se
trouvèrent réellement fertilisées nos langues modernes. Auparavant elles n'étaient
que des jargons aussi rudes que le vulgaire
qui s'en servait. Quelques poésies amou-
reuses n'étaient pas en état de leur donner
la richesse et la souplesse, dont elles avaient
besoin pour devenir propres à traiter toute
sorte de sujets. L'animosité universelle
entre les papistes et les réformés, les longs
troubles d'Allemagne et de Suisse, ceux
de la ligue en France, ceux des Pays-Bas,
ceux d'Écosse et d'Angleterre, devinrent
autant de foyers où les divers langages de
ces contrées s'élaborèrent et s'épurèrent.
Dans son *Histoire de l'Esprit Humain* (1),
le marquis d'*Argens*, après avoir exposé
l'état où étaient les lettres avant le seizième
siècle, dit : « Dans ces tems d'ignorance,
Luther parut, comme un de ces feux salutaires, qui, après une longue tempête,
viennent assurer les matelots d'un calme
prochain. Ce grand homme fit autant de
bien aux sciences, que de mal à la cour

---

(1) Tom. I, p. 258.

de Rome. Il montra le ridicule des erreurs qu'un vieux respect et un ancien usage avait rendues sacrées; il se moqua non-seulement des opinions des théologiens, mais de leur langage et de leur façon d'écrire. Il fut secondé dans ses projets par *Calvin*, et ce fut aux disputes de religion qu'on dut le retour du beau et du bon style. Les théologiens des partis différens se piquèrent, à l'envi les uns des autres, d'écrire correctement, et de prévenir leurs lecteurs par la pureté de leur style. »

La nation allemande reconnaît *Luther* pour le réformateur de sa littérature et de son idiôme. Un de ses premiers soins fut de publier une traduction fidèle de la Bible en langue vulgaire, faite par lui et quelques-uns de ses coopérateurs, sur les originaux. On peut se figurer avec quelle avidité cet immense ouvrage fut reçu, et quelle sensation générale il excita. Aujourd'hui encore il fait autorité, et est le principal fondement classique de ce qu'on nomme le *haut - allemand*. C'est en cet idiôme qu'il écrivit la plupart de ses livres, traités, lettres, discours, poésies, dont le recueil forme vingt-deux volumes *in*-4°.

Un de ses premiers écrits fut celui intitulé, *De la Liberté chrétienne*, à la tête duquel il mit une épître dédicatoire aussi décente que franche et libérale, au pape *Léon X.* « Aucun écrivain depuis bien des siècles (dit M. *Georges Muller* de Schaffouse, dans ses *Lettres sur les Sciences*), n'avait vu ses écrits enlevés avec une telle rapidité, et lus aussi universellement depuis le trône jusques dans les chaumières. Tous furent, à plusieurs reprises, réimprimés, contrefaits, colportés par tout l'Empire. La popularité, la verve naturelle, l'énergie d'expression qui y régnaient, une doctrine qui réjouissait et qui élevait l'ame, lui gagnèrent les gens les plus droits et les plus sensés de toutes les classes. Une foule de pamphlets, de feuilles volantes, de chansons qui nous sont parvenus de cette période, déposent du ravissement universel qu'inspirait cette vivifiante lumière.... » *Wickleff* avait déja traduit en anglais le nouveau Testament; dès que la réformation eût rendu en Angleterre la lecture des livres saints de première nécessité pour le peuple, *Tindal, Roye* et autres en publièrent une version. La même chose arriva en France, où la réformation multiplia les Bibles françaises, et les mit entre les mains de tout le monde (1). Quand les théologiens catholiques virent ces grands mystères de la religion devenus la proie des ignorans, ils se résolurent de contreminer, de publier aussi leurs traductions, leurs commentaires, leurs explications des livres saints. Il nous importe peu de savoir qui avait raison d'eux ou de leurs adversaires. Nous nous contenterons de remarquer en général, que les langues européennes se perfectionnaient par ces controverses religieuses et politiques, par ces

_____

(1) Le P. *Simon* prétend, il est vrai, dans son *Histoire critique du vieux Testament*, p. 332, que la première Bible française a été celle d'Anvers, de 1530, revue par les théologiens de Louvain, et qu'ainsi « ce sont les catholiques qui sont les premiers auteurs des Bibles françaises qu'on lit présentement... » Mais le P. *Simon* ignorait que cette Bible était l'ouvrage de *Jacques Lefèbvre* d'Etaples, appelé communément *Faber Stapulensis*, confident de la reine de *Navarre*, soupçonné à bon droit d'être un partisan de *Luther*, déclaré hérétique par la Sorbonne, et privé du doctorat. Cette traduction de la Bible a même servi de base à celle de Genève.

traductions. et ces explications ; ce qui suffit à l'objet que nous traitons (1).

Ce serait sans doute trop hasarder, que d'en dire davantage de l'influence qu'a exercée la réformation sur les belles-lettres (2). Tant de causes diverses ont concouru à leur culture, et aux différentes modifications qu'elles ont éprouvées parmi les diverses nations européennes, que quiconque voudrait entrer dans ce dédale risquerait de s'y perdre, de confondre les objets, et de

---

(1) Il ne convient pas d'oublier ici les services réels que *Bayle* a rendus à la langue française, dont il a beaucoup contribué à répandre le goût, qu'il a su plier à toute sorte de tons, et même à traiter des matières qui jusqu'à lui n'avaient été traitées qu'en latin.

(2) Cependant on pourrait ajouter encore, que le peuple des villes et des campagnes, qui entend régulièrement les offices divins dans sa langue, qui y chante des pseaumes, des cantiques, des morceaux riches de poésie, écrits comme ils le sont en Allemagne par les meilleurs poètes nationaux, acquiert par-là une foule d'idées, un goût et un sentiment du beau, que ne peuvent acquérir ceux qui assistent à des offices qui se tiennent en un mauvais latin, qu'ils ne comprennent pas.

donner pour des résultats certains ce qui ne serait que d'ingénieuses conjectures. Les nations protestantes, qu'on pourrait appeler de race germanique, ont entr'elles tant de traits de ressemblance dans les mœurs, le langage, le climat, qu'il faut bien se garder de prendre quelques conformités dans le caractère et le génie de leurs productions littéraires, pour des effets immédiats de la grande révolution qui leur fut commune. L'esprit de chaque peuple, si profondément modifié par tant d'évènemens et tant de générations, a sa tendance propre, ses dispositions naturelles, qu'on ne peut attribuer à une circonstance unique et isolée. Sans doute que l'unanimité avec laquelle les nations aujourd'hui protestantes ont adopté la réforme dès qu'elle s'est présentée, n'était qu'un résultat de cette conformité d'esprit entr'elles. Leur marche de ce côté (la chose étant prise en général) a toujours été de simplifier la religion, de la rendre plus austère et plus intellectuelle, restant inviolablement attachés au déisme et à la morale qui en est le fond. Les mœurs des nations protestantes sont aussi incontestablement plus

sévères et meilleures que celles des nations
catholiques. Est-ce parce que ces nations
sont protestantes qu'elles ont acquis ce caractère ? ou bien est-ce parce qu'elles ont
ce caractère qu'elles sont devenues protestantes ? C'est ce que je laisse à d'autres à
décider. Je ne veux qu'indiquer l'influence
de ce même caractère sur la culture des
belles-lettres. Les littératures italiennes et
françaises sont riches d'une foule d'ouvrages où l'amour est traité avec la déli-
catesse et la grâce la plus exquise ; on
chercherait vainement chez les Anglais et
les Allemands autant de ces agréables productions : j'oserais même dire que le peu
qu'ils en ont est de pure imitation, et que
ce ne sont pas des plantes indigènes à leur
sol. L'amour chez eux n'oserait se montrer
escorté par les desirs et compagnon de la
volupté. Leurs *Bocaces*, leurs *Grécourts*,
leurs *Lafontaines* même sont encore à naître. S'ils se montraient, ils seraient reçus
froidement ; et ce n'est pas par les imi-
tations adoucies qu'a hasardées *Wieland*
en ce genre, qu'il s'est concilié le plus
d'estime parmi ses compatriotes. En un
mot, leurs chants, leurs romans, le monde

idéal de leurs poètes, diffèrent entièrement
de ce qui se voit chez leurs voisins. Je n'ose
donner ceci pour une suite de la réformation, mais bien pour une de ses coïnci-
dences. Ce qui est assez digne de remarque
cependant, c'est que les deux épopées les
plus sublimes, où le dieu des chrétiens et
les habitans du ciel sont les acteurs, et où
ces acteurs parlent un langage digne d'eux;
les deux plus merveilleux tableaux d'inno-
cence et de vertu céleste, celui de la
chûte des premiers humains, et celui de leur
rédemption, sont des productions protestantes. Si le trop court âge d'or de la poésie
italienne n'eût produit la *Jérusalem* du
Tasse, le *Paradis perdu* et le *Messie* seraient les deux seuls poëmes épiques dont
pourrait se glorifier la littérature moderne.

Enfin l'esprit scrutateur et raisonneur à
qui la réformation a ouvert une libre carrière, ainsi qu'il a été démontré ci-dessus,
s'est introduit aussi dans le domaine de
l'imagination, et y a pris poste où il a pu;
c'est - à - dire, qu'il s'est réfugié dans la
partie théorétique des belles-lettres, dans
les systèmes sur le sentiment, sur le goût,
sur le beau, le sublime, etc.... On sait que

proportion gardée, les littérateurs protestans ont plus travaillé sur ces matières, et
peut-être y ont plus profondément pénétré
que les autres. C'est au milieu d'eux que
la partie rationelle de la critique littéraire
est devenue formellement une science,
sous le nom d'*Esthétique*. Ce nom lui fut
donné par l'allemand *Baumgarten*, du
mot grec qui signifie sentiment. *Lessing*,
ainsi que *Sulzer* et ses continuateurs, ont
livré en ce genre des morceaux précieux.
Kant a fondé une nouvelle école esthétique par sa *Critique du Jugement*. Il a
eu de nombreux et d'ingénieux disciples;
le plus remarquable d'entr'eux, en théorie
comme en pratique, est l'illustre *Schiller*.

— *Relativement aux beaux-arts.*

C'est quand un culte pompeux exige de
magnifiques temples, des cérémonies im-
posantes, un appareil éclatant; c'est quand
la religion offre aux yeux les images sensibles des objets de la vénération publique,
quand elle repose sur une mythologie sa-
·crée, quand la terre et le ciel sont peuplés
d'êtres surnaturels à qui l'imagination peut

prêter une forme ; c'est alors, dis-je, que
les arts encouragés, ennoblis, atteignent
le faîte de leur splendeur et de leur perfection. L'architecte, appelé aux honneurs
et à la fortune, conçoit le plan de ces
basiliques, de ces cathédrales dont l'aspect
imprime un effroi religieux, dont les riches
murailles sont décorées des chef-d'œuvres
de l'art. Ce temple, ces autels sont parés
du marbre et des métaux précieux dont
la sculpture a fait des anges, des bienheu-
reux, des images d'hommes illustres. Les
chœurs, les jubés, les chapelles, les sacris-
ties sont ornés de tableaux appendus de
toutes parts. Ici, *Jésus* meurt sur la croix ;
là, il resplendit sur le Tabor de toute la
majesté divine. L'art si ami de l'idéal, lui
qui se complaît uniquement dans le ciel,
y va chercher ses créations les plus sublimes : un *St.-Jean*, une *Cécile*, une *Marie*
surtout, cette patrone de toutes les ames
tendres et ardentes, cette vierge modèle
de toutes les mères, médiatrice de grace
placée entre l'homme et son Dieu, Être
élysien, auguste et touchant, dont aucune
autre religion n'offre la ressemblance ni le
modèle. Durant les solemnités, les étoffes

les plus recherchées, les pierres précieuses,
les broderies recouvrent les autels , les
vases , les prêtres, et jusqu'aux cloisons du
lieu saint. La musique en complète le
charme par les chants les plus exquis, par
l'harmonie des orchestres. Ces encouragemens si efficaces se renouvellent en cent
lieux divers : les métropoles, les paroisses,
les nombreux couvens, les simples ora-
toires veulent briller à l'envi, captiver
toutes les puissances de l'ame religieuse et
dévote. Ainsi le goût des arts devient général à l'aide d'un aussi puissant levier :
les artistes se multiplient et rivalisent
d'efforts. Les célèbres écoles d'Italie et de
la Flandre ont fleuri sous cette influence,
et les plus beaux ouvrages qui nous en
restent déposent de la richesse des encouragemens que leur prodigua le culte catholique.

D'après cette marche naturelle des choses,
il n'est pas douteux que la réformation
n'ait été défavorable aux beaux-arts, et
n'en ait considérablement restreint l'exercice. Elle a rompu le lien qui les unissait
à la religion, qui les rendait sacrés, et
qui leur assurait une part dans la vénéra-

tion des peuples. La liturgie des Luthériens, et plus encore celle des Calvinistes,
est simple et austère. Une pierre, un drap,
forment l'autel ; une chaire, des bancs, sont
toute la décoration nécessaire au temple.
Il n'est ici question que de l'évangile et
de quelques cantiques chantés par l'assemblée, traitant de morale et de devoirs
chrétiens. Tout est dénué d'ornemens , de
pompe, d'élégance. Le prêtre est vêtu d'un
habit noir, modeste. La vénération d'aucun saint, d'aucun ange, bien moins encore de leurs images, n'est recommandée
aux ames pieuses. On pourrait dire que ce
culte est triste, sec, en comparaison de
celui des catholiques ; si toutefois une assemblée d'hommes réunis pour adorer en
commun, pouvait réellement comporter
l'idée de tristesse. Néanmoins il est certain
que ce culte, qui peut élever le cœur, tend
à désenchanter l'imagination : il rend su-
perflues et les superbes églises, et les statues, et les peintures ; il dépopularise les
arts, et leur ôte un de leurs plus puissans
ressorts.

Outre cette disposition générale, propre
à un culte qui se tient si sévèrement rap-

proché du pur esprit de la primitive église,
et qui ne se permet aucune coquetterie
envers les sens, il faut encore avoir égard
à la disposition particulière des peuples
qui ont embrassé la réforme. Ils habitent,
pour la plus grande partie, sous le climat
le plus dur de l'Europe. Ils sont plus fleg-
matiques, plus froids, plus méditatifs que
ceux du Midi ; ils n'ont pas sous les yeux
une nature aussi belle ; ils ne respirent pas
cet air voluptueux, suave, enivrant de
l'atmosphère italique. Réformation à part,
ils ne sont donc pas aussi bien placés,
ni aussi bien constitués pour la pratique
des arts, que les Italiens, par exemple.
Sans doute qu'ils ont eu, et ont encore
d'estimables artistes ; mais non de sorte à
l'emporter sur ceux de l'Italie, ni même
à les contrebalancer. Leur mérite réel dans
les arts, et qui procède de leur esprit réflé-
chi, scrutateur, c'est d'en traiter la théorie
avec plus de profondeur ; d'observer, de
rechercher les principes qui guident à leur
insu les grands artistes ; d'épier la marche
de l'imagination et de l'entendement dans
leurs productions ; de dévoiler les rapports
entre la nature idéale des arts et la nature

réelle; en un mot, de développer les principes et la philosophie des arts. L'Italien
sent et produit : *Hemsterhuys, Kant,
Burke, Gœthe,* pensent, analysent la production et la faculté de produire. L'un a
l'instinct de l'art ; l'autre en a l'intelligence.
L'un crée; l'autre juge la création, en calcule les lois. Ces deux fonctions présupposent également le génie. La première le
déploie à l'extérieur en formes visibles;
la seconde dans les profondeurs de l'entendement. On pourrait nommer celle-ci
la force législative ; celle-là la force exécutive des beaux-arts.

---

§. 2. *Résultats des évènemens qui ont
accompagné et suivi la Réformation.*

— *Troubles et guerres dans le monde
politique : Controverses dans le monde
théologique.*

Si la réformation n'avait touché qu'au
dogme, et que *Lüther* n'en eût voulu qu'à
la transsubstantiation ou à la grace, cette
querelle obscure serait restée dans les
écoles, et eût obtenu à peine les honneurs
d'une

d'une bulle pour la condamner. Le S. Père
indifférent eût traité le nouvel hérétique
comme mille autres qui ont passé sans
faire époque. Les peuples et les princes
eussent peut-être ignoré tout-à-fait une
querelle qui n'eût pas été la leur. Mais
Luther n'attaqua pas seulement l'esprit,
où le dogme du papisme; il appliqua tout
d'abord le fer dans la partie la plus sensible du temporel de l'église, et commença
l'hérésie par les finances apostoliques. Dès-
lors personne ne pouvait rester indifférent:
ceux qui levaient les tributs devaient jeter
les hauts cris; ceux qu'on dispensait de
les payer devaient se déclarer vivement
pour les novateurs. Le plus puissant des
princes chrétiens cependant, celui qui
menaçait l'indépendance de tous les autres,
jugea à propos de soutenir les droits de
Rome. Les autres, qui virent dans cette
conjoncture la double occasion de s'affranchir tout-à-la-fois du despotisme papal,
et d'échapper au joug de l'Autriche, résolurent de s'armer pour la réforme, et se
laissèrent entraîner avec leurs peuples au
torrent. De là résulta aussi ce double malheur, que les guerres qui survinrent prirent

un caractère religieux et fanatique ; par
conséquent plus animé, plus terrible, plus
sanguinaire que celui des autres guerres ;
et que les controverses des théologiens acquirent une importance politique , une
universalité qui en rendit les effets plus
funestes, plus prolongés, plus étendus que
ceux de toutes les nombreuses controverses
qui jusques-là avaient agité l'église chrétienne.

Voilà la source des maux, des catas-
trophes effroyables qui accompagnèrent et
suivirent la réformation : telle fut la cause
d'un siècle et demi de crise mortelle, de
guerres sanglantes, de soulèvemens et de
troubles dans l'Europe. Une étincelle que
Luther avait fait jaillir pour allumer un
flambeau, tomba sur des monceaux de
poudre, sur un terrein tout miné. L'explosion ébranla tout l'Occident, et sembla
devoir y ramener la nuit de la barbarie
qui avait commencé à se dissiper. Mais par
bonheur aussi le flambeau avait été allumé ;
et quand les nuages de vapeurs échappés
du volcan commencèrent à s'écarter, sa
lumière bienfaisante brilla comme l'astre
obscurci par la tempête, et qui, au retour

de la sérénité , sert à remettre le pilote dans son chemin.

Il est donc vrai de dire , avec quelques antagonistes de la réformation, qu'elle a momentanément fait rétrograder le règne de la lumière et la culture des sciences. Qu'on se figure les dévastations inouïes dont la malheureuse Allemagne devint la proie : la guerre des paysans de la Souabe , celle des Anabaptistes de Munster , celle de la ligue de Smalcalde contre *Charles-Quint;* celle épouvantable enfin , qui dura jusqu'au traité de Westphalie, et même après ce traité jusqu'à son entière exécution. L'empire fut changé par elle en un vaste cimetière, où deux générations furent englouties, où les villes n'étaient que des ruines fumantes, des monceaux de cendres ; les écoles désertes et sans maîtres, l'agriculture détruite, les manufactures incendiées : qu'on y ajoute encore, que sur cette terre désolée les esprits étaient aigris, désunis, exaspérés par leurs longues divisions. Catholiques, luthériens, calvinistes, anabaptistes, moraves, tous s'accusaient les uns les autres, et s'attribuaient les douloureuses plaies de la commune patrie, de cette patrie non-seulement déchirée par ses propres enfans, mais livrée si longtems aux bandes de l'Espagne, de l'Italie, aux fanatiques de la Bohème, aux hordes Turques, aux armées Françaises, Suédoises, Danoises, qui toutes à l'envi y avaient porté le carnage et les désolations d'une guerre, telle qu'on les faisait au dix-septième siècle, et qui avait les caractères d'une guerre civile et religieuse. Il faut à un pays un bien long espace de tems pour se remettre d'une telle commotion et d'une ruine aussi profonde. Aussi voyons-nous la nation Allemande, après avoir d'abord fait de très-grands pas dans les sciences, durant la paix qui se maintint pendant la vie de *Luther*, retomber durant une partie du dix-septième siècle dans une sorte de stupeur, dans une inculture presque totale. Sa littérature pendant cette période resta en arrière de celle des Italiens, des Français et des Anglais; et c'est d'alors que date le préjugé défavorable, qui n'est pas encore tout-à-fait éteint parmi ces dernières nations contre l'esprit germanique. Depuis cette époque, les choses ont bien changé de face; mais les préjugés durent plus que

les choses; et l'amour-propre national, renforcé de l'habitude qui dispose à croire,
de la paresse qui arrête l'examen, rendra
peut - être cette défaveur très - difficile à
détruire.

Ce n'est pas seulement sur son sol natal,
là où sa cause fut débattue avec tant d'acharnement, que la réformation occasionna de
cruels bouleversemens. La France ne put
y échapper; mais les troubles de ce pays ne
furent ni aussi longs, ni aussi dévastateurs
que ceux de l'Allemagne. Cette dernière
contrée était dans l'état le plus déplorable
quand la France avait déja guéri toutes ses
plaies, sous *Sully*, *Richelieu*, *Mazarin*, et
qu'elle avait atteint le sommet de sa gloire
politique et littéraire. Les Pays-Bas furent
le théâtre de la lutte convulsive de l'Espagne contre la nouvelle république hollandaise. Les maux qui en résultèrent pour
cette partie de l'Europe, égalèrent presque
ceux du reste de l'Empire. Enfin, l'Angleterre se vit livrée à des commotions intestines, qui ont été rappelées ci - dessus, à
l'article particulier de cette puissance. C'en
est assez pour être forcé de convenir que,
depuis le débordement des peuples du Nord

sur l'empire romain , aucun évènement
n'avait encore provoqué en Europe des ra-
vages aussi longs et aussi universels, que la
guerre allumée au foyer de la réformation.
Sous ce rapport, il n'est que trop vrai
qu'elle a retardé les progrès de la culture
générale ; mais après l'incendie on a re-
trouvé les bienfaits solides dont on lui était
redevable , dans la meilleure direction ,
dans la nouvelle activité, la liberté qu'elle
avait donnée à l'esprit humain , dans les
obstacles immenses dont elle avait déblayé
ses voies, et qui entravaient si invincible-
ment sa marche.

D'ailleurs, je le demande : est-ce la réformation qui a appelé les princes et les peuples aux combats ? La réformation n'était
autre chose dans son principe , que l'acte
par lequel la raison se déclarait elle-même
émancipée et affranchie du joug de l'autorité arbitraire ; émancipation qui n'était
qu'une suite naturelle et indispensable de
la renaissance des lumières. Il s'agissait de
rendre l'évangile aux chrétiens dans sa
pureté , de se soustraire aux prétentions
exorbitantes des papes. Les adversaires de
cette réforme furent assez passionnés, assez

iniques pour vouloir l'étouffer dans le sang de ses sectateurs. C'est eux seuls qui sont coupables de tous les maux qui en furent la suite. Les terribles efforts qui ont été faits pour anéantir la réforme, prouvent seulement à qui sait réfléchir, combien elle était nécessaire.

Un reproche plus direct, et en aparence plus juste, qu'on pourrait faire à la réformation, serait d'avoir rallumé, avec une inconcevable fureur, le feu des disputes théologiques, qui gagna tous les esprits, s'introduisit de toutes parts, et consuma en pure perte tant de savoir, de talens, d'assiduité, d'érudition que l'on prodigua pour l'alimenter. L'attention du monde savant fut détournée pendant plus d'un siècle vers ces misérables querelles de dogmes et de formules, qui devinrent un nouveau et puissant obstacle au progrès des sciences. Elles renforcèrent la penchant pour les rêveries et le mysticisme outré de quelques têtes ardentes. La polémique s'établit d'abord naturellement entre les théologiens de Rome et ceux de la réforme : elle fut de part et d'autre violente, accompagnée d'amertume et d'outrages (1). L'aigreur, trop naturelle à de telles discussions et à

---

(1) On a beaucoup reproché à *Luther*, et *Voltaire* entr'autres, quelques invectives et termes de mépris qu'il s'est permis contre le pape. *Voltaire* lui-même s'en est permis encore de plus indécens, et avec moins de raison, contre ses adversaires. *Luther* se montra dans le principe très-soumis et très-respectueux envers le chef de l'église. Il s'exprima d'abord, et souvent même dans la suite, avec beaucoup de modération et de décence. Mais qu'on pense aux injures horribles qui lui furent prodiguées; qu'on lise les libelles des *Hochstraten*, des *Eckius*, des *Tetzel*, etc. et l'on verra si l'on peut condamner dans *Luther* l'emportement et l'indignation qu'il manifeste çà et là. S'il n'eût pas été ardent et irritable, comment serait-il devenu le chef d'une aussi grande révolution? Ses ennemis, s'ils l'avaient eu en leur puissance, l'auraient fait brûler comme *Jean Huss*. Pour lui, il se contentait de se moquer d'eux, et ne faisait brûler personne. Contre des adversaires qui emploient les tortures et les bûchers, est-ce un tort si condamnable que d'employer des sarcasmes, fussent-ils même de mauvais goût ? Le bon goût n'était guère celui du seizième siècle. D'ailleurs, il faut au goût de la mesure et du calme; et comment allier la mesure avec le déchaînement de tous les intérêts et de toutes les

de telles circonstances, se propagea d'année en année, de controverse en controverse, et n'a pas peu contribué à donner aux querelles littéraires des tems suivans ce ton d'animosité qu'on y remarque plus que dans aucun siècle.

Non - seulement le combat s'engagea

---

passions? Le langage quelquefois violent de *Luther* n'a jamais été cruel et féroce, comme celui de certains papes. *Clément VI*, dans la bulle d'anathème qu'il lança contre l'empereur *Louis* de Bavière, s'exprime ainsi : « Que Dieu le frappe de » folie et de rage; que le ciel l'accable de ses fou- » dres; que la colère de Dieu, celle de *S. Pierre* » et de *S. Paul* tombent sur lui dans ce monde » et dans l'autre; que l'univers entier se révolte » contre lui; que la terre l'engloutisse tout vivant; » que son nom périsse dès la première génération, » et que sa mémoire disparaisse; que tous les élémens » lui soient contraires; que ses enfans, livrés aux » mains de ses ennemis, soient écrasés aux yeux de » leur père, etc. » (*Raïnaldi*. Ann. eccles.) Un tel langage n'a pas empêché *Pétrarque*, en jouant sur le nom de ce pape, de dire qu'il était *la clémence même*; tandis que *Garasse* et tous ses dignes successeurs se plaisent à répéter, que *Luther* était un *moine grossier*, un *hérésiarque fougueux*, et autres pauvretés. Etrange aveuglement de l'ignorance et du fanatisme!

entre les catholiques et les novateurs; mais
bientôt il s'éleva au sein même de la réforme, et entre ses partisans, des contestations très-ardentes. Je ne puis retracer ici
l'histoire de toutes les sectes et de toutes
les opinions que la liberté illimitée établie
par la réforme, fit naître en si grande foule.
Ces sectes, toutes ennemies de Rome, ne
se traitaient pas mieux entr'elles, qu'elles
ne traitaient les papistes. Outre les confréries fanatiques des anabaptistes, des
mennonites, des adamites, des muntzériens,
des puritains, etc.; outre les contestations
violentes sur le dogme des sacremens que
Luther, *Mélanchton*, et les autres eurent
à soutenir contre *Carlstadt*, *OEcolam-*
pade, etc. il survint dans l'église évangélique d'importantes scissions, qui même
s'allièrent à la politique, et ne furent pas
sans influence sur le sort des peuples. La
réforme de Suisse se prononça contre la
réforme de Saxe, et l'église anglicane s'établit indépendante de toutes deux. La lutte
fut vive et longue entre le luthéranisme et
le calvinisme (1). Tant de vains débats ne

_____

(1) Si je n'ai pas fait plus mention de la scission

purent avoir lieu qu'aux dépens des bonnes
études et des connaissances utiles, dont la
culture se trouva négligée à cause d'eux.
Ceci ne contredit point ce que j'ai dit plus
haut sur les résultats heureux de l'impulsion
morale donnée par la réformation. J'ai
donné ces résultats tels qu'ils ont été en
effet par la suite, et sans m'astreindre à
l'ordre des tems. C'est de la sorte qu'on
doit entendre et interpréter ce qui pour-

entre les luthériens et les calvinistes, c'est que je
n'avais pas à rendre compte de l'influence de la
réforme sur le dogme et la croyance religieuse.
Cette scission a eu peu de résultats importans pour
la situation politique des états, puisque dans l'Empire les calvinistes ont obtenu les mêmes droits
que les luthériens. Elle a seulement apporté quelques mésintelligences et dissentions intestines dans
le parti évangélique, à qui par cela elle a été
nuisible. Les maisons électorales de Saxe, et du
Palatinat entr'autres, eurent à ce sujet de grandes
contestations ; mais je n'ai pu en parler : mon
unique but a dû être de donner des résultats importans pour le reste de l'Europe ; ces brouilleries
domestiques de la réforme n'en ont point eu de ce
genre.

rait sembler contradictoire dans ce que j'ai dit précédemment à l'avantage, et ce que je dis maintenant au désavantage de la réforme.

Observons cependant que ces disputes de religion, qui ne portaient que sur des opinions différentes en fait de théologie et en matières de foi, ont contribué à entretenir, dans les pays protestans, cet esprit vivant de religion, et cet attachement au christianisme, qui s'y trouve beaucoup plus marqué que dans les pays catholiques. Mieux vaut après tout disputer sur la religion, que de s'accorder paisiblement à n'en point avoir; plutôt contester sur la manière d'adorer Dieu, que de ne point y croire du tout, et de se reposer dans l'indifférence et la tiédeur sur ce qui concerne nos rapports avec la divinité. Mieux vaut encore, sans doute, adorer sincèrement Dieu, et laisser chacun libre de faire ce grand acte à sa manière : c'est là précisément qu'en sont venus, les uns plutôt, les autres plus tard, les différens peuples réformés. Ils ont commencé par l'ergoterie et la controverse; ils ont fini par la philosophie et la tolérance ; et l'esprit religieux leur est resté (1).

Observons encore, que cette inquiétude théologique, qui a produit parmi les réformés tant d'inutiles et même de nuisibles controverses, n'était en aucune manière dans l'essence de la réformation, mais appartenait au siècle et au christianisme en

---

(1) Les discussions religieuses ont encore eu quelques autres bons effets, par la disposition favorable qu'elles ont entretenue dans les esprits pour les matières de philosophie et de spéculation. Notre grand *Descartes* aurait-il fondé une école, sa doctrine aurait-elle fait la sensation qu'elle a faite, et produit le bien qu'elle a produit, s'il n'eût pas trouvé en Hollande et des contradicteurs et des disciples aussi ardens? La Hollande a été le vrai foyer du cartésianisme. C'est là aussi que discutaient et écrivaient tous ces théologiens réfugiés, *Saurin*, *Jurieu*, *Basnage* (ainsi que *Beausobre*, *Lenfant* et autres à Berlin) et dont les livres échauffèrent le zèle de nos *Arnauld*, *Bossuet*, *Nicole*, dans les réponses desquels, aussi bien que dans les répliques de leurs adversaires, nous pourrions citer plus d'un chef-d'œuvre, des ouvrages remarquables par l'éloquence qui naît de la chaleur de l'ame ; et par la beauté du style, et par l'érudition qui y brille.

général. Les premiers réformateurs étaient
des théologiens catholiques, élevés dans le
sein de l'église romaine, et qui en avaient
apporté dans leur nouvelle doctrine la poin-
tilleuse irritabilité. Ce n'est pas parce qu'ils
étaient luthériens ou calvinistes, que les
nouveaux docteurs étaient hérissés de subtilités, étaient vains et querelleurs; c'est
parce qu'ils avaient été catholiques, et
qu'ils avaient à se défendre sans relâche
contre les docteurs catholiques. Cet esprit
de dispute se transmit encore, comme on
peut bien le penser, à leurs successeurs
immédiats; mais il fut enfin subjugué et
étouffé par le véritable esprit de la réforme, qui n'est autre que celui de l'évangile; et par celui de la science et de la
philosophie, si puissamment secondé par
la réforme, qui n'est autre que celui de
l'humanité et de la tolérance.

Abélard et *S. Bernard* n'étaient point
des réformés; les deux partis des franciscains au treizième et quatorzième siècles,
non plus. A quel déluge de controverses
et de barbarie scholastique, les uns et les
autres ne donnèrent-ils pas lieu ? L'église
chrétienne, dès le tems des apôtres, a

toujours été affligée de cette manie de sectes et de débats sur le dogme. Depuis, *Simon* le Magicien, *Cérinthe* et *Ebbion*, jusqu'à *Jansénius*, *Quesnel*, et aux derniers jours de la Sorbonne, on n'y a vu que disputes, acharnement des partis, haines, condamnations. Comment une révolution soudaine pouvait-elle s'opérer dans cette église, sans qu'elle portât les mêmes caractères? Comment un tel volcan eût-il pu éclater sans verser des torrens de lave? La pauvre raison humaine avait été si longtems captive dans les écoles de théologie, qu'elle ne sut pas d'abord faire de sa liberté l'usage le plus convenable. Un prisonnier à qui l'on ôte ses chaînes, à qui l'on ouvre la porte de son cachot, n'en sort qu'à pas mal assurés; ses pieds engourdis ne peuvent le porter; la lumière du grand jour, destinée à l'éclairer, le frappe d'aveuglement; il erre à l'aventure, se heurte contre tous les obstacles, tombe, se meurtrit. — Eût-il mieux valu pour cela laisser cet homme dans son cachot? Les adversaires de la réforme disent qu'oui.

— *Sociétés secrètes; Francs - Maçons;
Roses - croix; Mystiques; Illuminés.*

Quand un certain nombre d'individus,
formant une faible minorité au milieu des
peuples, se trouvent dépositaires d'opinions
qu'ils tiennent pour importantes, et qu'ils
n'osent rendre publiques, ou parce qu'ils
les croient dangereuses pour la multitude,
ou parce qu'ils s'exposeraient aux persécutions en les professant ouvertement, ou
par toute autre cause : alors naît pour ces
individus le besoin de réunions secrètes,
où ils puissent en liberté professer leur doctrine; il leur faut une intime fraternité
entre tous les membres de l'association, des
sermens de ne se point trahir, des épreuves,
des signes pour se reconnaître au milieu
des étrangers. De là les mystères de l'Egypte,
de la Grèce, ceux de *Pythagore*, etc. —
Il n'est pas douteux que depuis la chûte de
l'empire romain, il n'ait existé en Europe
beaucoup de ces mystérieuses confréries,
et que quelques-unes même n'aient tra-
versé tout le moyen âge pour venir jusqu'à
nous. Sans nous arrêter à tous les récits

vr

vrais ou fabuleux que plusieurs d'entre
elles donnent de leur origine, et qui souvent n'ont pour base qu'une tradition ro-
manesque, des symboles trompeurs, des
monumens supposés, nous nous arrêterons
seulement à considérer, que jamais la nature des choses ne dut rendre ces sociétés
aussi nécessaires et aussi mystérieuses, que
ne les rendirent les abus du despotisme
hiérarchique, l'inquisition, et toutes les
sortes de vexations qu'exerçaient les agens
de Rome dans les tems qui précédèrent
la réformation. Il se trouvait assez d'individus de toutes les classes dont les yeux
s'ouvraient sur ces abus, et qui en reconnaissaient l'énormité : mais ils renfermaient
soigneusement dans leur ame un secret,
qui, s'il eût percé au dehors, les eût conduits sur un bûcher. Seulement quand
ils rencontraient à l'écart un ami sûr,
qui partageait leurs sentimens, alors leur
poitrine oppressée s'exhalait, ils se soula-
geaient à voix basse du fardeau qui les
accablait, avisaient aux moyens de se
réunir, de se soutenir, et de former un
cercle étroit où les tyrans de la pensée ne
pussent pas les atteindre. Il est plus que

probable que de pareilles sociétés existaient
lors de la réformation. Les Wickléfites en
Angleterre et en Ecosse, les Hussites en
Bohême, en Silésie, en Moravie, aussi bien
que les restes des Albigeois en France, devaient sans nul doute éprouver ce besoin
de se communiquer, aussi bien que celui
de se cacher soigneusement ; deux conditions qui jouent le principal rôle dans la
formation de ces sociétés. Combien les circonstances ne devinrent-elles pas encore
plus pressantes et plus générales, quand
la réformation éclata ouvertement en Saxe,
et qu'elle redoubla par-tout l'activité et la
surveillance des espions et des inquisiteurs
de Rome ? Il n'était point de pays catholique où les principes de *Luther* n'eussent
gagné un grand nombre de partisans. La
position de ces secrets adhérens de la réforme était excessivement périlleuse. Un
simple soupçon les perdait, les livrait au
supplice. La contrainte extrême qu'ils s'imposaient ne pouvait cesser et recevoir quelqu'allégement, que dans des conciliabules
couverts du plus profond mystère. Si l'ordre
des francs-maçons ne prit pas alors sa
naissance (c'est-à-dire, vers la fin du sei-

zième, ou le commencement du dix-septième siècle), au moins il reçut à cette
époque, et de nouvelles modifications, et
une nouvelle extension. On n'a pas encore
trouvé de titres qui soient irrécusablement
à l'abri de la critique, et où il en soit fait
une mention formelle avant l'année 1610.
Le temple de Jérusalem, la stricte filiation
des templiers, appartiennent probablement
à la mythologie de cet ordre, plutôt qu'à
son histoire. Il existe d'anciens statuts qui
excluent les catholiques, et qui restreignent
l'ordre aux seuls protestans. Les principes
d'égalité et de fraternité entre les membres, sont très-conformes à ce qu'on vit alors
parmi plusieurs sectes ouvertes et décla-
rées. La position géographique de la Bohême et de la Saxe, d'où venait la lumière
de la réforme, par rapport à l'Ecosse, à
l'Angleterre et à la France, semble expliquer la dénomination d'*Orient* qu'y prennent communément les loges. Dans l'état
de confusion et d'exaltation où se trouvaient tous les peuples, la conformité
d'opinions était devenue plus importante
aux individus que la conformité de patrie.
Un luthérien de Bavière tenait plus à un

luthérien de la Saxe, qu'à un Bavarois catholique. Le Suisse calviniste, devenu ennemi du Suisse catholique, regardait le Français et le Hollandais calvinistes comme ses vrais compatriotes. L'Ecossais puritain fraternisait avec l'Anglais de sa secte, malgré l'antipathie nationale. Cependant les guerres civiles, celles de peuple à peuple, longues, sanglantes qui s'ensuivirent, surtout en Angleterre et en Ecosse, mirent souvent aux prises et en danger de s'ôter mutuellement la vie, ces frères, ces alliés secrets. Chacun suivait au hasard les drapeaux sous lesquels le sort l'avait jeté. Combien de soldats, zélés protestans dans le fond du cœur, ne servaient pas dans les armées impériales de *Ferdinand*, dans celles de *Philippe II!* Combien de calvinistes dans l'armée de la ligue, de presbytériens dans les rangs des épiscopaux! Il fallait donc un signe mystérieux qui révélât le frère au frère, au milieu de la mêlée et du carnage. On sait qu'en effet les francs-maçons en ont un destiné à remplir ce but; et cela seul semble prouver évidemment que cet ordre appartient à la période sanglante des

guerres, du dix -septième siècle, pendant
lesquelles on vit assez d'exemples d'individus sauvés au milieu des plus grands
périls, par leurs ennemis mêmes, qui à ce
signe les reconnaissaient pour des associés
et des frères.

L'état de travail et de fermentation dans
lequel l'esprit humain se trouvait en général au moment où *Luther* parut, les efforts
qu'il faisait sur plusieurs directions pour
arriver à la lumière et échapper aux ténèbres du moyen âge, donnèrent lieu à plusieurs évènemens coïncidens dans le règne
des sciences, qui se mélangèrent de mille
manières différentes, et avec les idées des
sectes religieuses de ce tems, et avec la mys-
térieuse doctrine des sociétés secrètes. Un
assemblage bizarre de quelques aphorismes
soi-disant de *Hermès* , de *Pythagore*, de
Platon , ajustés au texte hébreu des livres
de l'ancien Testament et de ceux de quelques rabbins, avait renouvelés les rêveries
judaïques connues sous le nom de *Cabbale*.
Les sectateurs de cette obscure doctrine,
appelée aussi par eux philosophie hermé-
tique, pythagoricienne, etc., voulaient y
trouver les sources de la science et de la

sagesse universelle. *Reuchlin*, *Zorzi*, *Agrippa*, lui donnèrent sa consistance dans le seizième siècle. *Cardan* et d'autres y joignirent l'astrologie judiciaire. Le fameux suisse *Théophraste Bombast de Hohenheim*, plus connu sous le nom de *Paracelse*, chimiste laborieux, maria sa science à la Cabbale, et prétendit pénétrer tous les secrets de Dieu, ou de la Nature, qui pour lui étaient une même chose. Rechercher l'élément primitif, le grand menstrue, fixer la lumière et l'asservir à ses opérations; en un mot, trouver la pierre philosophale, guérir à son moyen toutes les maladies et faire de l'or, était le but, le grand œuvre de la nouvelle science, que ses nombreux partisans nommèrent quelquefois théosophie, philosophie du feu, etc... Celui qui, après *Paracelse*, lui donna le plus de cours, fut le célèbre anglais *Robert Fludd.* Dans les laboratoires de cette secte se propagèrent les idées orientales de magie, d'aparitions, de génies, idées qui régnèrent vers ce tems, et qui n'ont pas encore cessé tout-à-fait de nos jours. La doctrine commune pour le fond de tous ces cabbalistes, astrologues, alchimistes, était le panthéisme

de l'école d'Alexandrie ; par conséquent,
au travers de toutes ses déviations, une
sorte de platonisme, qui, comme tel, devait
combattre de toutes ses forces le fameux
aristotélisme défendu par les scholastiques,
et le principal appui de la théologie romaine (1). Les sectes protestantes, ennemies
de Rome, accueillirent donc et accrédi-
tèrent toutes ces nouveautés qui s'introduisirent surtout dans les associations secrètes
dont nous avons parlé, et dont on ouvrit
par fois l'accès à ces magiciens, souffleurs
d'or, etc... Les idées religieuses de toute
espèce, depuis la cabbale la plus extravagante, jusqu'au protestantisme le plus raisonnable ; les idées morales d'égalité, de
fraternité, de bienfaisance entre tous les

---

(1) On ne peut nier que ces théosophes n'aient,
aussi bien que les théologiens réformateurs, préparé les voies à *Descartes* dans le combat à mort
qu'il livra aux restes de la philosophie scholastique.
Il est impossible d'avoir l'intelligence des écrits de
ce philosophe, non plus que de ses disciples, ou
de ses adversaires, tels que *Voëtius*, *Gassendi*,
Poiret, etc. et en général de tous les ouvrages
philosophiques de cette période, si l'on n'a parfaitement la clé des travaux des réformateurs, et de
ceux des sectateurs de *Paracelse*.

hommes; celles de l'astrologie judiciaire,
de la théosophie et de l'alchimie, avec
toutes leurs nuances et conséquences; tels
furent donc les élémens si variés et si hétérogènes dont se composa le fond mystérieux
des secrets de toutes les nouvelles associations, Selon qu'un individu, ou qu'une loge
adoptait plus particulièrement l'une ou
l'autre de ces vues, sa doctrine s'approchait
davantage, ou du mysticisme religieux, ou
du mysticisme politique, ou de l'astrologie,
ou de l'alchimie, ou, etc... Cependant peu
à peu les élémens purement moraux se
séparèrent entièrement des mystères de
l'alchimie et de la pierre philosophale. Ils
se réfugièrent dans la société si connue sous
le nom de *Franche-maçonnerie*, qui, soit
que son origine remonte ou non plus haut
que la réformation, reçut d'elle une crois-
sance et une vigueur nouvelles. Depuis
longtems même que les troubles de religion
sont appaisés dans l'Europe, et que toutes
les sectes chrétiennes y sont admises, cette
estimable société n'a gardé de son premier
âge que quelques formules mystérieuses,
un secret, qui ne semble être là que pour
rendre l'association plus intime ou plus pi-

quante, et un grand respect pour les livres
saints, ce qui était le trait caractéristique
des protestans. Le reste devint le partage
de l'ordre des *Roses-croix*, qui, malgré l'histoire imposante du prétendu fondateur *Ro-
sencreutz* et de sa sépulture, malgré la rose
surmontée d'une croix que *Luther* portait
dans son cachet, doit suivant toute apparence son origine au théologien wirtember-
geois *Valentin Andreœ*, qui y donna lieu
dans de bonnes intentions, et qui s'en retira ensuite (1).

Quelquefois aussi les idées religieuses des
théosophes restèrent unies à leur métaphysique du panthéisme, à leur mythologie
des êtres surnaturels, à leur chimie, à leur
manière de voir la nature. De là résulta,

_____

(1) Il doit paraître sous peu en Allemagne un
ouvrage du savant M. *Buhle*, professeur de philosophie à l'université de Gottingue, qui portera
jusqu'à l'évidence ce qui est avancé ici sur l'origine
de la *Maçonnerie*, et en offrira toutes les preuves.
M. *Buhle* avait déja lu une Dissertation latine sur
le même sujet à la Société Royale des Sciences de
Gottingue, à la fin de 1802; et il parut un extrait
de cette pièce dans les feuilles littéraires de la
même ville en janvier 1803, n°. 7 et 8.

dans quelques têtes qui se prêtèrent à ce
mélange ; la doctrine la plus excentrique ,
et souvent la plus bisarre. Le plus fameux
de ces mystiques théosophes a été un cor-
donnier de Gœrlitz en Lusace , *Jacob
Bœhm* , dont les écrits lus avec avidité lui
firent une foule de sectateurs dans tout le
nord de l'Europe ; il en est même parmi eux
de très-illustres par leur savoir ; je ne citerai
que les deux *Van-Helmont* , père et fils ,
de Bruxelles , et *Pierre Poiret* , de Metz. A
une époque toute voisine de nous , on pourrait encore compter *Swedenbourg* et la
secte des martinistes , parmi lesquels *Paracelse* et *Bœhm* sont encore en grand honneur. Il est certain que ce *Bœhm* , et quelques autres mystiques , ont été des hommes
d'un génie extraordinaire ; et que telle de
leurs idées mérite un rang aussi honorable dans la haute philosophie, que telle
découverte de *Paracelse* et des souffleurs
d'or en mérite une dans la chimie. S'il n'y
a pas de grand génie , au dire de *Sénèque*,
sans quelque mélange de démence , il n'y
a peut-être pas aussi de grande démence
sans quelque mélange de génie.

Quoiqu'il en soit, ces sociétés secrètes

n'ont pas été sans quelqu'influence sur la
culture morale, et même sur les évènemens qui se sont passés en Europe depuis
la réformation. Il a donc été à propos de
faire mention de l'influence qu'a pu avoir
celle-ci sur leur existence. C'est sur elles
que se sont entées et modelées quelques
associations plus récentes, dont la plus connue est l'ordre des *illuminés*, dénomination
générale qui a servi de masque et de prétexte à beaucoup de charlatans. Le projet
des vrais *illuminés* n'était autre, à ce que
je crois, que de propager les lumières, et
de réaliser les idées libérales du droit de
nature, en fondant une réunion d'hommes
énergiques et bien-voulans, qui travaillas-
sent, de toutes leurs forces réunies, à l'en-
contre d'un certain système d'obscurantisme
qui tendait à un retour vers la barbarie ;
et qui était efficacement appuyé par certaines cours. Les *illuminés*, pendant la
courte période de leur existence, ne négligèrent aucun moyen pour faire triompher
leurs vues, et pour y soumettre les grands
de la terre. On peut les regarder en ce sens
comme les jésuites de la philosophie, et
comme les apôtres d'une secte politique

dont la croyance est fondée sur ce beau
rêve, que ce sont les vertus et les talens
qui doivent avoir la préséance et l'autorité
parmi les hommes.

— *Jésuites*, *Jansénistes*, *etc.*

Le seizième siècle vit s'élever presqu'au
même instant *Luther* et *Loyola*, l'un dans
le nord, et l'autre dans le midi de l'Europe:
celui-ci, sorti de l'Espagne, semble être un
produit naturel du sol et de l'esprit de cette
contrée, comme *Luther* du sol et de l'esprit
de la Saxe. Un siècle plutôt, *Loyola* n'eût
probablement fondé qu'un ordre comme
tant d'autres, une confrérie d'adorateurs
de la vierge, à laquelle il avait une grande
dévotion. Les innovations religieuses qui
menaçaient alors l'existence de l'église romaine, donnèrent à l'enthousiasme du dé-
vot et guerrier *Ignace* une autre direction;
il conçut l'idée d'une sorte de croisade spirituelle contre l'hérésie. Sa pensée fut vivement saisie à Rome, après quelques incer-
titudes; et l'on pensa sérieusement à faire
de la nouvelle société une redoutable pha-
lange, qu'on pût opposer aux plus fiers

athlètes de la réforme. C'est donc à la réaction provoquée par celle-ci qu'il faut, ainsi qu'il a déja été remarqué, attribuer le genre d'existence qu'a eue la compagnie de *Jésus.* On ne sera peut-être pas fâché de lire les propres paroles de *Damianus*, l'un des premiers historiens de la Société, qui s'exprime ainsi dans sa *Synopsis Historiæ Soc. Jes.* *primo sæculo*, imprimée en 1640 (1) :

« En la même année, 1521, *Luther* mu d'une malice consommée, déclare ouvertement la guerre à l'église. — Blessé dans la forteresse de Pampelune, devenu meilleur et plus fort par sa blessure, *Ignace* lève l'étendart pour la défense de la religion. »

« *Luther* attaque le siège de *S. Pierre* par des outrages et des blasphèmes. — *Ignace* est guéri miraculeusement par *S. Pierre*, afin de devenir son défenseur. »

---

(1) « *Eodem anno vigesimo-primo, adultâ jam nequitiâ, palàm Ecclesiæ bellum indixit Lutherus : læsus in Pampelonensi arce Ignatius, alius ex vulnere, fortiorque quasi defendendæ religionis signum sustulit.* »

« *Lutherus Petri sedem probris, convitiisque lacessere aggreditur : Ignatius, quasi ad suscipiendam causam, à S. Petro prodigiosè curatur.* »

de nouvelles inventions et une infatigable industrie. »

« Enfin, à ce *Luther* l'opprobre de la Germanie, pourceau d'*Epicure*, désolateur de l'Europe, monstre funeste à l'univers, objet de haine pour Dieu et pour les hommes, etc. Dieu, par un décret éternel, a opposé *Ignace*. »

En effet, le nouvel ordre s'acquitta loyalement de la destination qui lui fut prescrite dès son berceau. Grand nombre d'associations et de confréries catholiques, auxquelles le mouvement général des esprits donna naissance vers cette époque, parurent et s'éclipsèrent sans gloire, comme ces feux qui brillent un instant dans l'atmosphère, et ne laissent après eux aucune trace. La société de *Jésus* s'éleva sur l'horizon telle qu'une comète redoutable qui

---

semper invento celebrandis Ignatii sociorumque desudat industria. »

« Luthero illo Germaniæ probro, Epicuri porco, Europæ exitio, orbis infelici portento, Dei atque hominum odio, etc... æterno consilio Deus opposuit Ignatium. »

(*Synopsis*, etc... lib. I. diss. VI. pag. 18.)

sème

sème l'effroi parmi les peuples. A peine établie, elle rendit d'importans services au S. Siège pendant la tenue du concile de Trente, et influa puissamment sur les décrets de cette assemblée. Les anciens ordres, et les mendians surtout, conçurent beaucoup d'envie contre ces nouveaux venus qui débutaient avec tant d'éclat, s'attiraient toute la considération et toutes les graces. Cette émulation redoubla l'activité de ce qui n'était pas jésuite, et en particulier des dominicains, qui firent jouer, d'une manière plus terrible que jamais, l'arme de l'inquisition confiée à leurs mains. Les jésuites nonobstant effacèrent tous leurs rivaux, s'acquirent la faveur illimitée des pontifes, et un pouvoir immense, par tout le monde catholique. Les missions furent pour eux et pour les papes ce que les colonies étaient pour les gouvernemens civils, une source de richesse et de puissance. Enfin cette milice du S. Siège se rendit elle-même peu à peu redoutable à ses maîtres. On crut découvrir en elle le dessein caché de s'attribuer la monarchie universelle, qu'elle devait reconquérir pour les papes. Il s'ensuivit des discussions, où la société se montra plus d'une fois indocile, et fit sentir qu'elle connaissait le prix de ses services. Mais revenons à l'objet particulier de cet article, à l'influence des jésuites sur le progrès des lumières.

Il a déja été dit qu'ils furent mis en possession de la meilleure partie de l'instruction publique dans les états catholiques. L'Europe avait goûté de l'arbre de la science ; la lumière s'était répandue de toutes parts, et avait fait de rapides progrès ; il était devenu impossible de s'y opposer ouvertement. L'expédient le plus salutaire désormais était, non plus de combattre la science, mais de s'en emparer pour l'empêcher de devenir nuisible : ne pouvant retenir ce torrent, il fallait lui creuser un lit où il fécondât le terrein de l'église, au lieu de le désoler. A des adversaires instruits, on résolut donc d'opposer des hommes aussi instruits ; pour satisfaire au desir universel que le siècle manifestait d'acquérir des lumières, on destina les rusés compagnons d'*Ignace*. C'est ici que se déploya l'inconcevable talent des nouveaux précepteurs de l'humanité. Leur maxime directrice fut de cultiver, et de

pousser au plus haut degré de perfection
possible, tous les genres de connaissances
dont il ne pouvait résulter aucun danger
immédiat pour le système de la puissance
hiérarchique, et de s'acquérir par-là l'estime
et le renom des personnages les plus capables et les plus savans du monde chrétien. A l'aide de cette suprématie dans
l'opinion il leur devenait aisé, ou de paralyser les branches du savoir qui pouvaient
porter des fruits dangereux pour la papauté, ou de ployer, de diriger et greffer
ces branches à leur volonté. Ainsi en inspi-
rant le goût des humanités, des classiques
grecs et romains, de l'histoire profane, des
mathématiques, ils savaient étouffer à
propos celui des recherches sur les matières
de religion et d'état, l'esprit philosophique
et examinateur. La philosophie enseignée
dans leurs écoles était faite pour rebuter et
dégoûter de cette science. Ce n'était autre
chose que la scholastique elle-même, revue,
corrigée, par eux, appliquée aux circonstances, et surtout à la polémique contre les
réformés, dont on sent bien que les argumens étaient là présentés de manière à
être pulvérisés par l'artillerie de l'école.

Quant à la religion, l'étude s'en bornait aux livres de théologie composés à cet effet par les membres de la société, aux casuistes et aux moralistes jésuites. L'étude des chartes originales de la religion fut écartée : ou si les évangiles, et d'autres pièces paraissaient quelquefois dans les livres de dévotion (et il le fallait bien, puisque les traductions données par les réformés étaient publiques), c'était avec les interprétations, les altérations même convenables au but principal de la société. Leur grand mot de ralliement était, l'*utilité* des sciences et le *lustre* des belles-lettres. Quant à ce qui importe à l'amélioration morale et à l'anoblissement de l'homme, à ce qui concerne les sciences philosophiques et théologiques, les jésuites s'efforcèrent et parvinrent en effet à le faire totalement oublier ; à rendre la théologie aussi bien que la philosophie barbares et épineuses, risibles même aux yeux des gens du monde. Qui peut déterminer combien ce mode jésuitique d'instruction, qui devint le mode régnant dans les pays catholiques, et qui diffère si prodigieusement du mode d'instruction des protestans ; combien, dis-je,

ce procédé, opiniâtrément suivi pendant
plusieurs générations successives, a dû influer sur le genre de culture et la tournure
particulière d'esprit chez les catholiques,
si différente en général de ce qui se voit
chez les protestans?— Cependant il résulte
de tout ceci (et je crois que cette considération est la clé des jugemens si contradictoires portés sur la méthode des jésuites
dans la culture des sciences), que cette société a rendu d'immenses services à certaines parties de la littérature, où elle a
porté la lumière ; mais que d'un autre côté,
elle a retenu à dessein certaines autres parties importantes dans l'obscurité : ou qu'elle
en a tellement hérissé d'épines les avenues,
qu'on n'était pas tenté de s'y engager ; de
telle sorte, que prise en général, l'instruction donnée dans leurs écoles, très-brillante
d'un côté, restait fort ténébreuse de l'autre,
était une instruction partielle, incomplète,
et qui mettait l'esprit sur une fausse voie ;
mais comme d'une part tout était clarté et
lumière, de l'autre tout ombre et tout mystère, les yeux se tournaient naturellement
du côté qui était le seul lumineux, et dé-
daignaient de s'arrêter sur l'autre, dont on

s'était habitué à ne plus même soupçonner
l'existence.

Façonner la science suivant les intérêts
du pouvoir pontifical, et la rendre elle-
même ignorante là où il fallait qu'elle fût
ignorante; produire certains objets au grand
jour, en retenir d'autres dans une profonde
nuit; féconder le règne de la mémoire et
du bel-esprit, en stérilisant celui de la
pensée et de la raison; former des esprits
éclairés, mais soumis; n'ignorant que ce qui
aurait pu nuire à leur soumission : comme
ces précieux esclaves chez les grands de
l'antiquité, qui étaient grammairiens,
poètes, rhéteurs, habiles danseurs et
joueurs d'instrumens, sachant tout, hors
être libres : je ne puis craindre d'être démenti par tout homme impartial, en avançant que telle était la tactique d'instruction
adoptée par les jésuites. Elle était profonde
et souverainement convenable à leur but.
Elle pouvait former des écrivains illustres
et polis, des savans, des orateurs, de bons
catholiques romains, des jésuites, si l'on
veut, mais non des hommes dans toute
l'acception de ce terme : ce qui devenait
homme sous leur régime, le devenait indé-

pendamment de ce régime, et je dirai presque malgré ce régime (1).

D'ailleurs si ce système d'infaillibilité
papale et de soumission aveugle au siège
apostolique, était incompatible avec la raison et avec le progrès des lumières (ce
qu'aucun catholique modéré ne fait diffi-

.. (1) Voilà un des secrets de la société, car elle
en avait; elle avait ses épreuves, ses grades, ses
apprentifs et ses maîtres : si elle avait une existence ouverte et légale, c'est parce que ses principes
convenaient à l'autorité qui les protégeait. Elle
s'est trouvée par sa nature en face de la société des
francs-maçons, de celle des illuminés, etc. qu'elle
a combattues de tout son pouvoir. Jadis, et pendant
que les jésuites triomphaient hautement, les francs-
maçons se cachaient et s'assemblaient à la dérobée.
Anjourd'hui les tems sont bien changés : les francs-
maçons n'ont presque plus d'autres secrets que
ceux que le public éclairé partage avec eux ; leur
société se montre franchement et ouvertement :
celle des jésuites, au contraire, dérobe ses faibles
restes à la publicité dans presque toute l'Europe,
et est devenue réellement une société secrète
d'*anti-illuminés*. On peut décider des deux siècles
lequel a le meilleur esprit, celui devant lequel
ils se sont montrés, ou celui devant lequel ils se
cachent.

culté aujourd'hui de reconnaître), ne doit-on pas considérer comme la chose la plus pernicieuse qui pût arriver, l'existence d'une société savante, laquelle se prescrivait pour unique but de ses travaux de faire servir la raison elle-même et les lumières acquises à consolider un système ennemi de la raison et des lumières? Qu'un ignorant franciscain ait débité en chaire des propositions ultramontaines, le danger n'était pas grand, et l'on pouvait sans peine le réfuter; mais que les doctes et spirituels jésuites du collège de Clermont débitent en plein Paris : « *Que le pape était aussi in-infaillible que* Jésus-Christ *lui-même* ; » qu'ils déploient tout leur savoir et leurs talens pour inculquer ce principe et en faire un article de foi (1), il faut avouer qu'alors le danger devient imminent, et que l'opinion court risque d'être irrévocablement faussée. Comme rien ne peut être plus funeste à la liberté d'un peuple qu'un despotisme qui sait se rendre aimable et

___

(1) *Voyez* ce que le célèbre *Arnaud* écrivit à cette occasion sous le titre de *La nouvelle hérésie des Jésuites.*

plausible; rien n'est aussi plus propre à
dépraver radicalement l'esprit des hommes;
que de savoir à force d'art leur rendre le
mensonge vrai, la déraison raisonnable.

On conçoit assez comment l'universalité
de l'emploi et des prétentions des jésuites
dut leur susciter des envieux et des ennemis
dans toutes les classes. Ils voulaient être les
prédicateurs, les théologiens, les appuis du
S. Siège; et ils se trouvaient en collision
avec les dominicains, avec presque tous les
autres ordres religieux : ils voulaient diriger
les consciences, surtout celles des princes,
de toutes les personnes qui influaient sur la
politique des cours; et ils enflammaient de
dépit courtisans et ministres : ils voulaient
s'emparer de tous les instituts d'éducation
et d'instruction publique; et ils suscitaient
contre eux les anciennes universités, les
maîtres et professeurs de toutes les écoles
qu'ils ne parvenaient pas à ranger sous
leur domination. Il n'est nullement douteux que la puissante rivalité des jésuites,
l'érection de leurs nouvelles écoles, leurs
méthodes, leurs écrits, et plus encore leurs
sourdes menées, ne soient le secret poison
qui atteignit dès-lors les universités de

France, qui les fit languir, décroître, et tomber enfin dans une nullité, qui les mit bien au dessous de celles des pays protestans.

Les ennemis les plus redoutables que se firent les jésuites, et les plus capables de leur tenir tête, furent les jansénistes. Ils crurent voir dans le soin que prenaient ceux ci de répandre et de faire goûter les principes de *S. Augustin* sur la grace, un dessein secret de battre en ruine la société, dont la doctrine ne s'accommodait pas avec celle de ce père de l'église. Quoi qu'il en puisse être du dessein secret des partisans de *Jansénius* à l'égard des jésuites, il n'en est pas moins vrai que toute cette polémique sur la grace se rattache immédiatement aux querelles religieuses produites par la réformation. Cette terrible secousse qui avait séparé de l'église romaine une grande partie des chrétiens occidentaux, avait ébranlé cette église elle-même jusques dans ses fondemens, et y avait laissé des levains et des germes de fermentation pour bien longtems. L'esprit d'examen, de chicane et de controverse s'y était aussi réveillé. La plupart des catholiques auraient

desiré certaines réformes dans le sein même
de l'église, des amendemens, des réglemens sur le dogme et la discipline qui n'eurent pas lieu, ou qui ne furent pas conçus
comme ils le desiraient : il y avait beaucoup de catholiques mécontens ; grand
nombre des abus attaqués par les protestans
paraissaient très-condamnables à ces catholiques ; et plusieurs points de dogme, débat-
tus par ceux-là, avaient donné matière à
penser à ceux-ci. Le concile de Trente n'avait
presque satisfait que les ultramontains. On
y avait fixé soigneusement ce qui concer-
nait les droits du pape et de la hiérarchie;
mais des points essentiels au dogme y
étaient restés dans une indétermination pénible; comme, par exemple, ce qu'on devait croire sur la grace, laquelle tenait une
place si importante dans le dogme des
luthériens et dans celui des calvinistes.
Baïus, théologien et professeur à Louvain,
qui avait assisté du concile, éleva la discussion sur ce sujet, et occasionna beaucoup de rumeur dans son tems. *Jansénius*,
après lui, professeur à la même université
de Louvain, suivit les mêmes erremens,
écrivit son livre intitulé *Augustinus*, fut

l'ami de l'abbé de *S. Cyran* et de quelques
autres chefs du parti, qui prit de lui le nom
de janséniste. On sait combien ce parti
compta de défenseurs illustres, et comment
Port-Royal en devint le chef-lieu. La guerre
d'opinion qui s'alluma entre les jansénistes
et les jésuites, fut la plus violente qui ait
jamais agité l'église romaine dans son intérieur. Les jansénistes, qui avaient au fond
tant d'opinions communes avec *Luther* et
les autres réformateurs, qui étaient de tout
leur cœur opposés aux prétentions de Rome,
et à celles des jésuites satellites de Rome,
craignaient par-dessus tout le reproche
d'hérésie qu'on ne manqua pas de leur faire.
Ils mirent une sorte de point d'honneur à
écrire vigoureusement contre les réformés,
pour montrer avec éclat qu'ils étaient aussi
bons catholiques que leurs adversaires. En
même tems ils écrivirent du moins aussi
vigoureusement contre les jésuites, et s'acquittèrent de cette tâche essentielle *con
amore*, avec plus d'éloquence encore que
de l'autre. Ainsi que les jésuites avaient
joûté de science et d'esprit avec les protestans, leurs adversaires, les jansénistes s'efforcèrent de même à se montrer supérieurs

aux jésuites dans toutes les parties où ceux-
ci brillaient ; ils composèrent des grammaires, des livres d'éducation et de piété,
des traités de logique, de morale, d'histoire, d'érudition (1). Les noms des *Lan-
celot*, *Arnauld*, *Tillemont*, *Nicole*, *Pascal*, *Sacy*, etc. sont immortels comme la
mémoire des services qu'ils ont rendus aux
sciences et à notre littérature.

C'est pour en venir à ce résultat, que
je me suis permis la digression précédente,
qui peut-être a paru s'éloigner de mon
sujet. Mais si l'on considère que la société des jésuites n'est devenue tout ce
qu'elle a été, que parce que les papes
en ont voulu faire le contrepoids du protestantisme, et une milice capable de le
combattre perpétuellement, comme aussi

---

(1) Il est curieux d'observer dans ces livres,
quand on les lit attentivement, et qu'on est au
fait de l'histoire littéraire du tems, combien ils
sont parsemés (et même ceux qui semblent le
moins propres à ce genre de controverse, comme
des grammaires et autres) de traits dirigés contre
les jésuites, leurs livres classiques, leur méthode
d'enseignement, sans que jamais ils soient nommés
ni désignés ouvertement.

de raffermir le S. Siège ébranlé ; on accordera sans doute que l'existence de cette société doit être comptée parmi les résultats importans de la réformation, aussi bien que les évènemens principaux auxquels la société a donné lieu, et les oppositions qu'elle a suscitées. Sans réformation, point de jésuites ; et sans jésuites, point de jansénistes, ni de Port-Royal. Or, c'est à la rivalité des uns contre les autres, et à l'activité qu'elle imprima aux esprits, que nous devons une foule de bons ouvrages qui parurent pendant le dix - septième siècle, ouvrages où notre langue, et la prose française en particulier, prit une richesse, une flexibilité, une perfection qu'elle était loin d'avoir auparavant. Les écrits polémiques plièrent la langue à toutes les formes du raisonnement, lui donnèrent de la précision, de la force et de la finesse. Je n'ai qu'à nommer les *Provinciales*, le *Cléanthe* de *Barbier-d'Aucour*, et je ne craindrai pas d'être contredit. Tous ces évènemens littéraires, si importans pour nous, tiennent au grand évènement de la réformation ; et ce n'est pas un fil que j'aie arbitrairement mis en œuvre pour les y attacher; c'est la série naturelle des faits historiques que j'ai suivie ingénuement.

Les jésuites ont continué, jusqu'à leur destruction, à jouer constamment un des principaux rôles dans toutes les brouilleries qui ont eu lieu en matières ecclésiastiques ou religieuses, et souvent politiques. Jaloux à la Chine et au Japon des missionnaires étrangers à leur société, ennemis en Europe des savans et modestes pères de l'oratoire qui leur faisaient ombrage, ils provoquèrent et la querelle des missions, et la condamnation du père *Quesnel*, et d'autres troubles qui n'appartiennent ici que par le rapport qu'ils eurent avec les lettres, par les écrits qu'ils firent naître. Sous ce rapport, il faut encore rappeler les débats entre le parti des mystiques vers la fin du dix-septième siècle, à la tête duquel se montrèrent l'abbé de *Rancé*, mesdames *Bourignon* et *Guyon*, mais surtout le noble et pieux *Fénélon*, que cette circonstance impliqua dans une controverse très-animée avec *Bossuet*. Le nom de ces deux illustres adversaires suffit pour faire compter au nombre des évènemens qui ont eu quelqu'importance en littérature, ce *quié-*

tisme, secte qui appartient peut-être autant à la philosophie qu'à la théologie, et qui n'est étrangère ni aux troubles du jansénisme, ni à ceux de l'église en général depuis la réformation.

———————

Une réflexion sur l'emploi des biens ecclésiastiques.

Il est assez évident que l'administration financière est l'objet que les gouvernemens croient le plus digne de toute leur attention; et l'emploi le plus important qù'on sache faire des finances d'un état, est communément la guerre; attaquer ou se défendre; en imposer à ses voisins par une armée formidable toujours sur pied, par des forteresses, des arsenaux. Il n'y a rien là que de fort louable. Cependant la guerre n'est pas le seul but des hommes en société; toute guerre a elle-même la paix pour but; et la paix a celui de fournir aux citoyens de chaque état la possibilité d'ennoblir et d'améliorer leur être, de développer toutes leurs forces morales et industrielles. L'étude et le savoir, qui dirigent les efforts des

hommes

hommes dans le perfectionnement et l'en-
noblissement de tout ce qui constitue leur
nature, sont donc en dernier résultat le
but final des travaux du fisc, de la guerre
et de la paix. Mais ici, comme il arrive
souvent, les moyens l'emportent sur la fin.
Combien ne prodigue - t - on pas pour la
guerre! Combien n'use-t-on pas de parci-
monie pour les succès de l'étude et du
perfectionnement moral !

Dans quel ordre de choses, dans quel
siècle, dans quelle contrée de la terre la
culture des sciences pourrait-elle être plus
favorisée que dans un pays catholique? Sans
que le gouvernement établi ait à faire de
nouveaux frais, la nation à payer de nouveaux impôts, il se trouve une caste entière
de citoyens riches, que leur destination
éloigne de toutes les professions de la vie
civile, qui sont voués par essence à une
vie contemplative, à un loisir qu'ils peuvent rendre savant et utile. Une foule de
bénéfices, de prébendes, de chapelles, au
lieu d'être donnés à des oisifs, peuvent
assurer l'existence d'hommes actifs voués
aux sciences. Chaque monastère, muni
d'une riche bibliothèque, peut renfermer,

au lieu de pieux fainéans, de studieux
solitaires, dont les travaux appartien-
draient à l'état. Si la nation espagnole,
par exemple, en avait bien la volonté, il
serait en son pouvoir, d'un coup de ba-
guette, de transformer tout le système de
sa superstitieuse cléricature en une corporation de savans et de philosophes. Ce
serait enfin consacrer à l'esprit ce qui a été
si longtems consacré aux sens; et Dieu
sait ce qu'un pareil ordre, qui peu-
plerait les chapitres, les abbayes, qu'on
dispenserait de matines, mais non de travail, ni d'études, ni de méditations, appor-
terait en dix années de profit au dépôt
général des sciences!—Ceci n'est point tout-
à-fait un rêve. Nous avons vu ce que pouvait une congrégation de *Saint-Maur*, un
Oratoire, un Port - Royal, etc.... Par ce
qu'ils ont fait bien, et même par ce qu'ils ont
fait mal, qu'on juge de ce qu'ils auraient
pu faire étant mus par une puissance qui
n'aurait eu d'autre but que le progrès des
lumières! Et combien souvent nos rois n'ont-
ils pas récompensé le mérite littéraire par
des évéchés; combien d'hommes de lettres,
à l'aide d'un prieuré, d'un bénéfice, ont

vécu en France à l'abri du besoin, et ont
pu se livrer à des travaux qui ont éclairé
et honoré la nation ! Sous le modeste titre
d'*abbé*, qu'une simple tonsure leur rendait
commun, ils devenaient en effet les prêtres
du temple de la science : depuis *Amyot*
jusqu'à l'auteur d'*Anacharsis*, combien
ce titre d'abbé n'a-t-il pas été ennobli et
illustré ! Il est porté par une foule de savans et de lettrés estimables, qui probablement fussent restés obscurs et inactifs,
sans la parcelle de biens d'église qui les
venait vivifier, et leur permettait, libres,
exempts de soins, d'entrer dans la carrière.

La révolution a tari chez nous cette source
bienfaisante, qu'on eût pu rendre si utile
au progrès des lumières (1). Plusieurs états

___

(1). Elle a fait plus : elle a dévoré presque tout
le patrimoine des anciens établissemens d'instruction, et a privé ainsi les nouveaux, qu'on s'efforce
de rétablir, de cette base matérielle et indispensable, sans laquelle de pareils établissemens ne
peuvent subsister solidement, avec honneur ni
efficacité. Il faut absolument à toute école qui
doit prospérer, une dotation et une propriété réelle,
qui soit régie par une administration locale : il
lui faut une garantie, une existence autre que celle

réformés ont conservé quelques moyens d'encouragement pour les lettres. Il reste en Suède et en Angleterre certaines dignités ecclésiastiques, que les souverains donnent)' plus communément à des hommes remmandables par leur savoir. Plus d'un archevêque d'Upsal, ou d'Yorck, plus d'un évêque d'Abo ou de Chester, etc... tiennent un rang distingué dans la littérature. La Hollande, la Suisse et l'Allemagne ont moins de ces postes honorables et lucratifs pour les gens de lettres. Les biens de l'église ont surtout servi à y doter des universités, et autres écoles; de sorte que la plupart des écrivains y sont des professeurs, assez médiocrement salariés, d'écoles supérieures ou inférieures, qui, souvent chargés de nombreuses familles, attachent quelque prix à la rétribution d'auteur; et que cet appât engage trop fréquemment à écrire vîte, pour écrire beaucoup.

---

qui peut provenir du casuel de pensions incertaines, ou de secours à obtenir du gouvernement, lequel ayant à pourvoir à bien d'autres besoins, sera souvent forcé de laisser de tels objets en souffrance.

*RÉCAPITULATION sommaire des ré-
sultats de la réformation, par rapport
au progrès des lumières.*

L'esprit humain est affranchi et de la
contrainte extérieure que lui imposait le
despotisme hiérarchique, et de la contrainte
intérieure, de l'apathie où le retenait une
aveugle superstition. Il sort tout-à fait de
tutelle, et commence à faire un usage plus
libre, par conséquent plus énergique et
plus convenable de ses facultés. Les docu-
mens de la religion, les titres de la hiérarchie sont soumis à une critique sévère
et profonde : et comme l'étude des livres
saints, celle des pères, des conciles, des
décrétales, tient à celle de l'antiquité, de
l'histoire, des langues, des chef-d'œuvres
de la Grèce et de Rome, tous ces grands
objets des humanités classiques prennent
une nouvelle face, sont éclairés d'une nouvelle lumière. La philosophie scholastique,
l'alliée et le soutien de l'ancien système,
trouve dans les novateurs des adversaires
redoutables qui en dévoilent les vices et
qui en attaquent les côtés faibles. Le flam-

beau de la raison, que tenait caché l'édifice
de la scholastique, recommence à luire.
La vaine science des casuistes s'évanouit
devant la morale de l'évangile, dont on
rend la lecture à tous les chrétiens. L'intelligence humaine, qui n'a plus devant
elle les obstacles qui arrêtaient sa marche
pendant les siècles du moyen âge, déploie
toute son activité, sonde les fondemens des
sociétés ébranlées, discute les droits des
peuples, ceux des gouvernemens, ceux de
l'état et de l'église. Cette activité fait ressentir son influence heureuse à toutes les
branches du savoir humain ; et le penchant
scrutateur imprimé aux esprits par la réformation, met sur la voie des recherches
philosophiques, des plus hautes théories
dans les sciences et dans les arts. *D'Alem-*
bert a esquissé ce tableau en maître, et
d'un seul trait : « Le milieu du seizième
siècle, dit-il, a vu changer rapidement la
religion et le système d'une grande partie
de l'Europe ; les nouveaux dogmes des réformateurs, soutenus d'une part et com-
battus de l'autre avec cette chaleur que les
intérêts de Dieu, bien ou mal entendus,
peuvent seuls inspirer aux hommes, ont

également forcé leurs partisans et leurs adversaires à s'instruire ; l'émulation animée
par ce grand motif, a multiplié les connaissances en tout genre; et la lumière,
née du sein de l'erreur et du trouble, s'est
répandue sur les objets même qui paraissaient les plus étrangers à ces disputes (1). »
« Les guerres longues, multipliées, dévas-
tatrices que cette commotion fit naître,
retardèrent quelques - uns des effets qui
devaient résulter d'elle. La culture morale
des peuples qui allait prendre un nouvel
essor, fit pour quelques instans un pas rétrograde. Mais bientôt les ames retrempées
dans le malheur reprirent leur énergie, et
l'esprit impérissable qui avait été réveillé,
déploya toute son action. Il s'égara d'abord
sur la fausse voie des controverses théologiques, dont il revint enfin, plus souple
et plus exercé à la méditation. Cependant
le besoin qu'avaient les divers partis d'at-
tirer à eux la foule des nations, fait cultiver les langues vulgaires, y multiplie les
bons écrits; et la prose française, anglaise,
allemande se développe, se perfectionne,

---

(1) *Élémens de Philosophie*, I.

s'enrichit au milieu des disputes des sectes et du choc des opinions religieuses.

Des associations particulières s'élèvent, ou se renforcent des divers côtés, soit pour attaquer, soit pour se soutenir; les unes mystérieuses et persécutées; les autres ouvertes et privilégiées. L'ordre des jésuites, la plus importante de toutes, se place en opposition avec la réforme. Il acquiert une prépondérance proportionnée à la masse énorme qu'il est destiné à contre-balancer. Entraîné par le torrent de l'esprit universel, cet ordre qui ne devait que soutenir la hiérarchie et la scholastique, contribue par lui-même, et par ses redoutables adversaires, les jansénistes, au progrès des lumières. Il tombe quand le tems est venu où il doit faire place à des institutions plus convenables au nouveau siècle. Ainsi par son action directe, et par sa réaction, la commotion religieuse opérée par *Luther*, entraîne les nations européennes en avant dans la carrière des connaissances et de la culture intellectuelle.

CONCLUSION.

Tels sont les principaux résultats que j'ai cru dérivés de l'influence qu'a exercée sur l'Europe la réformation de *Luther*. En analysant les causes si compliquées de ce qui s'est passé de plus considérable depuis trois siècles dans le monde politique et dans le monde littéraire, on peut facilement s'égarer, prendre le change sur quelques causes, perdre de vue quelques effets. Au travers de la confusion de tous ces fils embarrassés de la politique et de la culture européenne, lorsqu'on veut démêler ceux qui vont se nouer immédiatement aux querelles de religion, quelque soin qu'on y apporte, on risque trop souvent de se méprendre. Les uns se rattachent à l'établissement du christianisme lui-même, à la prédication de l'alcoran, à la chevalerie, aux croisades, à l'usage de l'artillerie, à la découverte du nouveau monde, à la renaissance des lettres, aux institutions de *Pierre I*, à la guerre de la succession, et à d'autres évènemens majeurs. S'il était question de déterminer l'influence de quel-

traint à s'armer, *Copernic* qui réforme le ciel, *Luther* et *Loyola* qui naissent presqu'au même tems ! Il fallait que la crise eût un terme, que l'état des choses changeât dans l'ordre des sociétés civiles, et dans celui du savoir humain.

« *Le mieux est ennemi du bien* », dit un proverbe de la moderne Italie. Ce ridicule adage, qui n'eût jamais dû sortir de la langue où il est né, est l'expression naïve du caractère ultramontain. Heureusement qu'il n'est pas au pouvoir d'une caste blasée, ni d'une maxime contre nature, d'enclouer ainsi les destinées de la science et de la civilisation. Les hommes passent outre, et ne font nul droit à de telles réclamations, aux réclamations de ces *esprits paresseux et jaloux*, dit *Chénier* (1), *dont la raison sans mouvement voudrait paralyser la pensée humaine*. Aucune des institutions du moyen âge n'était plus appropriée à la nouvelle humanité. Comme les lances et les écus avaient été mis de côté devant les armes à

_____

(1) Dans son *Discours sur le progrès des connaissances. An IX*, impr. chez *Didot*.

feu, ainsi la scholastique devait être écartée
par les nouvelles armes de la raison; les
cercles inextricables de *Ptolémée*, par la
simple idée du mouvement de la terre; et
les fausses décrétales tomber aux premiers
regards de la critique. La forme extérieure
de la religion ne convenait plus à la nouvelle culture, pas plus que la représen-
tation des mystères ne convenait sur la
scène où allaient paraître *Corneille* et
Molière; pas plus que l'architecture gothi-
que, près de la basilique de *S. Pierre*. Il
fallait que tout changeât : le nouvel esprit
ne pouvait subsister dans les anciennes
formes; une harmonie, une convenance
devaient s'établir entre lui et les choses; et
comme il avait en lui l'énergie du réveil,
la toute-puissance de la jeunesse, il opéra
sur toutes les directions avec force, avec
efficace, et par-tout secondé par l'enthousiasme.

C'est donc sous ce point de vue qu'on doit
envisager la réformation : comme un produit nécessaire du nouveau siècle, comme
une manifestation du nouvel esprit. Ce que
le *Dante* et *Pétrarque* furent pour la poésie, *Michel-Ange* et *Raphaël* pour les arts

du dessin, *Bacon* et *Descartes* pour la philosophie, *Copernic* et *Galilée* pour l'astronomie, *Colomb* et *Gama* pour la science de la terre, *Luther* le fut pour la religion. Organes de la pensée universelle, ces hommes éminens exprimèrent avec vérité celle qui couvait dans un grand nombre de leurs contemporains, et ils satisfirent d'un coup au besoin de leur siècle. Aussitôt que de leur génie se fut échappée l'étincelle, la flamme prête à paraître pointa de toutes parts. Ce qui n'était qu'un pressentiment, qu'une idée vague, isolée dans une foule de têtes, prit une consistance, une direction fixe, parut au dehors, se communiqua d'individu en individu, et une chaîne continue lia toutes les têtes pensantes. Tel est le mode naturel de conjuration tacite qui préside à toutes les réformations. Celles qui s'opèrent dans le règne des arts et de la plupart des sciences, étrangères aux passions et aux commotions volcaniques de la masse des peuples, sont d'ordinaire accompagnées de la paix, et se consomment sans qu'il en coûte de pleurs à l'humanité. Il n'en pouvait être ainsi de celle provoquée par *Luther*. La religion n'était pas alors une simple

opinion, un simple être moral ; elle avait
un corps immense, qui opprimait tous les
corps politiques, qui prétendait à tous les
trônes, à tous les biens de la terre. A la
première blessure qu'il ressentit, le colosse
tressaillit, et. le monde fut ébranlé. Les
princes, et les nations s'armèrent, et se li-
vrèrent à une lutte terrible, à une lutte
d'opinions et d'intérêts, dont les résultats
furent si variés et si importans.

L'Institut a demandé qu'on lui rendît
compte de ceux de ces résultats qui in-
fluèrent sur la situation politique des états
de l'Europe, et sur le progrès des lumières,
Cette tâche était énorme, et bien au dessus
de mes forces. Qu'eût-ce été si l'Institut,
outre les suites politiques et littéraires, eût
encore prescrit qu'on exposât l'influence de
la réformation sur la moralité des nations
européennes, sur leur croyance et leurs
dispositions religieuses ? Mais ce nouveau
point de vue serait l'objet d'un travail peut-
être plus étendu et plus difficile que le mien.
J'ai dû me renfermer dans les bornes pres-
crites , qui déja circonscrivent un assez
vaste champ. Il n'a pas été dans mes vues
de déguiser ni le mal ni le bien produits

par la réformation. J'ai cherché seulement à prouver, que tout étant compensé, et le bilan définitif étant arrêté, les suites de cette révolution offrent un excédent de bien pour l'humanité; et qu'enfin elle doit être rangée au nombre des évènemens majeurs qui ont le plus puissamment contribué aux progrès de la civilisation et des lumières, non-seulement en Europe, mais dans toutes les parties de la terre où les Européens ont porté leur culture.

J'ai cru d'ailleurs pouvoir m'expliquer avec la franchise libre d'un historien, qui doit, s'il est possible, n'appartenir à aucun siècle, ni à aucun pays : m'affermissant par cette pensée, que nul préjugé n'avait accès dans le sanctuaire des sciences; et qu'une société illustre assez philosophe pour choisir un tel sujet, et provoquer à son égard la vérité, était, sans nul doute, disposée à l'entendre.

APPENDICE.

APPENDICE.

ESQUISSE

DE

L'HISTOIRE DE L'ÉGLISE,

OU

APERÇU rapide des évènemens principaux qui ont concouru au développement du dogme et aux diverses constitutions de l'Église chrétienne, depuis son fondateur jusqu'à la réformation.

Iʳᵉ. PÉRIODE. — DÉMOCRATIE.

(Depuis *Jésus* jusqu'à *Constantin*. — De l'an 1 à 325.)

Les premiers chrétiens forment une société religieuse séparée des autres. Cette société devient peu à peu un état organisé. Le système d'égalité prévaut d'abord, et fait ensuite place à un système hiérarchique de subordination.

APRÈS huit siècles d'existence, Rome longtems libre, venait de fléchir sous un maître. Elle avait porté ses armes et sa domination tout à l'entour

d'elle dans le circuit d'un immense rayon, qui
atteignait presqu'aux bornes du monde alors connu.
Mais disséminée sur un aussi vaste empire, la force
de la république avait ployé au centre, et s'y était
vue remplacée par une force monarchique. *César* fut
l'auteur de cette révolution, et fonda dans Rome
une dynastie régnante : après lui *Auguste* gouverna
l'empire. Il régnait depuis quarante années, quand
Jésus naquit en Palestine de parens pauvres et
obscurs.

La mythologie du paganisme, faite pour l'enfance du monde, avait vieilli avec lui ; elle avait
perdu, à l'époque dont nous parlons, son ancien crédit dans les esprits, et le vide qu'elle y avait laissé
ne demandait qu'à être rempli. *Alexandre*, pendant le cours de ses conquêtes, avait porté dans
l'Orient la culture de la Grèce ; depuis qu'en Égypte,
en Perse, en Asie mineure, en Arménie, ses successeurs avaient élevé des trônes occupés par des
princes grecs, la philosophie grecque avait été
fleurir dans ces diverses contrées, et y modifier
l'esprit local. A son tour, elle s'était sentie de la
réaction ; et le théïsme mystique de l'Inde, et les
deux principes de la Perse ; et les mystères de
l'Égypte s'allièrent à la doctrine de l'Académie et
du Portique. Ce nouveau mélange d'idées causa une
fermentation. La tendance principale de tous ces
élémens, d'ailleurs peu homogènes, était la reconnaissance et le culte d'un Dieu invisible. Le poly-
théisme, l'adoration de dieux grossiers et visibles,
devait peu à peu être minée par cette disposition
des esprits les plus éclairés. C'est en cet état que

les Romains trouvèrent la Grèce et l'Orient, quand
ils s'en emparèrent à leur tour ; et les vainqueurs
traînèrent après eux dans l'Occident les hommes
et l'esprit de l'Orient. Les lettres et la philosophie
des Grecs devintent la base de la culture chez les
Romains, et y produisirent, à quelques modifications près, les mêmes effets qu'en Grèce et en
Egypte. Le vieux culte fut méprisé, les augures
ne se rencontrèrent plus sans sourire. Le déisme
couvait dans les écoles à Rome, comme à Athènes, à Smyrne et à Alexandrie; mais cette doctrine spéculative attendait une forme réelle, qui
pût lui donner une existence pratique et positive,
qui vînt en faire une religion.

Il est nécessaire de remarquer que la Méditer-
ranée était alors la grande mer, le champ commun
des nations qui constituaient l'empire romain, et
leur moyen de communication. Les côtes qui l'em-
brassaient de toutes parts rendaient leurs habitans comme compatriotes. Athènes, Joppé, Rome
étaient plus voisines, que des villes peu distantes
dans les terres ; le commerce du monde, qui se
faisait sur cette mer, tous les mouvemens qui se
rapportaient à Rome, y rendaient les communications faciles et fréquentes.

Sur une des côtes de cette mer, au centre de
l'empire fondé par le conquérant macédonien, sur
le terrein de l'antique Phénicie, en contact au Sud
avec l'Egypte et l'Arabie, à l'Est avec la Perse et
l'Inde, au Nord avec la Syrie, l'Arménie et les
peuplades Scythes, par ses ports enfin avec la
Grèce, l'Italie et les autres contrées maritimes,

vivait un petit peuple méprisé, vaincu et soumis tour-à-tour par ses divers voisins; haïssant toutes les autres nations par principe, commerçant et industrieux par besoin, facteur de l'Asie et de l'Europe, répandu par-tout, sans se mêler aux étrangers, et formant en chaque lieu une société séparée des autres, y conservant ses lois, son culte et ses temples. Ce même peuple avait une religion nationale fondée sur l'adoration d'un seul Dieu. Au milieu du polythéïsme syrien, égyptien, grec et romain, ici le théïsme était constitué en religion positive; phénomène unique au sein du vaste empire des Césars. On sent bien que je veux parler des Juifs. Fiers de leur origine, qu'ils faisaient remonter à d'illustres patriarches, unis entr'eux par les liens d'un même sang, objets uniques de la prédilection de Dieu, et choisis par lui entre toutes les nations, d'anciennes prophéties leur assuraient, qu'il naîtrait au milieu d'eux un roi de la terre qui laverait tous leurs opprobres, et qui les éleverait au dessus du reste du monde. Ils vivaient dans l'attente inquiète de ce Messie, et ils calculaient avec ardeur le tems, obscurément indiqué, de sa venue. Un tel esprit n'existait alors chez aucun peuple. Celui-ci sombre, concentré, dévoré de l'orgueil que lui inspirait sa noblesse plus que terrestre, et de l'humiliation où il était contraint de vivre, se consolait de l'une par l'autre, et rendait au centuple à ses voisins idolâtres le mépris qu'il essuyait d'eux. Cette profonde disposition n'a pas encore péri; dans sa captivité universelle, ravalé de toutes parts presqu'au rang de la brute,

l'inébranlable israélite dit dans son cœur : « Je
« suis l'homme de Dieu. »

Il est naturel, vu la disposition où étaient alors
les esprits sur l'unité de l'essence divine, et sur
un culte plus purifié à lui rendre, que les philosophes et les penseurs oisifs qui s'étaient multipliés pendant le long calme du règne d'*Auguste*,
aient donné quelque attention à ce peuple, à ses
dogmes et à ses livres, dont il existait une version
grecque. Les yeux commençaient donc à s'arrêter
sur lui ; dans les villes de l'empire où les Juifs
avaient établi des synagogues, quantité de païens
en suivaient les assemblées, par un intérêt plus vif
que celui de la curiosité. Les Juifs, de leur côté,
ne purent se dérober à l'action de l'esprit général
du tems ; si leurs idées commencèrent à pénétrer
dans les écoles, les idées des philosophes pénétrèrent aussi dans les synagogues. On vit des Juifs
briller comme philosophes au milieu des païens. et
surtout à Alexandrie, qui était alors le foyer de la
nouvelle Académie ; et qui d'ailleurs était la plus
grande ville voisine de la Judée. Ces innovations
gagnèrent jusques dans les murs de Jérusalem. La
théosophie des mages de l'Orient y pénétra aussi :
on commença à disputer, à rafiner, à vouloir modifier l'orthodoxie judaïque. Il s'ensuivit des sectes
qui s'entrechoquèrent avec fureur. Beaucoup de
Juifs, examinant de plus près leur culte, y trouvèrent ce que les païens trouvaient dans le leur,
trop de formes extérieures, trop de surcharge, trop
de superstitions et d'abus. Quelques-uns voulaient
un réformateur, d'autres un sauveur qui les tirât

de cette crise; à des yeux juifs, ce ne pouvait être pour les uns et pour les autres que le Messie lui-même. L'attente de cet état surnaturel était donc plus enflammée que jamais. Des troupes inquiètes quittaient les villes, allaient entendre des prédicans, des prophètes dans le désert. Jean baptisait et prêchait sur le bord du Jourdain. Il annonçait aussi le Messie, et le nombre de ses partisans était considérable.

C'est au milieu de ce peuple, au milieu de ces circonstances qu'aparut Jésus. Il entraîna les disciples de Jean, le reste de la foule, et les autres prophètes se turent. Il prêcha avec la tranquille majesté d'un esprit revêtu d'une mission supérieure, et qui n'avait d'autres fonctions sur la terre que d'y établir la vérité, la piété et l'amour entre les mortels. Sérieux, mesuré dans ses actions, ingénu, simple et sublime dans ses discours, son ame semblait calme, transparente et profonde comme l'éther céleste. Souverainement doux et aimant, un zèle saint contre l'impiété et les vices grossiers dont la vue l'affligeait, pouvait seule l'émouvoir et le passionner un instant : voilà comme ses quatre historiens nous ont dépeint Jésus. S'il n'était pas tel, certes il faut admirer le génie qui a inventé un idéal aussi parfait, et plus encore le hasard qui a fait uniformément inventer le même idéal à quatre évangélistes, qui probablement n'ont pu tous se donner le mot. Mais s'il était tel, comme on n'en peut douter, de quelle nature était donc cet être extraordinaire, qui ne ressemble à aucun des grands hommes dont l'histoire nous a transmis l'image, et dont la vie sans tache , comme sans affectation , ne laisse pas entrevoir une seule des faiblesses de l'humanité ?

Jésus , pendant les courtes années de sa prédication, jeta les semences impérissables d'une doctrine d'adoration pure, d'amour et de justice ; ou plutôt il ne fit que sanctionner et vivifier ces semences innées dans tous les cœurs. Et ce qui est un prodige aussi surprenant que sa mission et que toute sa personne, c'est qu'un Juif, un membre en apparence de la nation la plus égoïste, la plus opiniâtrément individuelle, la plus ennemie de tout le genre humain, établit le premier l'idée d'une religion universelle, d'une église cosmopolite ; de la fraternité de tous les hommes sous l'autorité d'un père commun. — Un père, une famille ; un culte, un amour. Cette idée était prodigieuse pour ce s.... ; elle l'était bien plus encore, naissant et s'établissant dans la Judée. *Jésus* la donne pour précepte unique, la développe, l'applique à tous les cas ; ordonne à ses apôtres, hommes simples et sans lettres, d'aller la répandre parmi tous les peuples, en leur annonçant qu'elle fructifierait par-tout ; ils vont, ils parlent, et le monde devient chrétien. Cependant *Jésus*, poursuivi par le fanatisme des prêtres de l'ancienne loi, fut au milieu des bourreaux et des supplices, ce qu'il avait été au milieu de ses disciples ; un modèle plus qu'humain de patience et de fermeté, de douceur et de sublimité. « Mon père, il priait ainsi pour ses persécuteurs, pardonnez-leur, car ils ne savent ce qu'ils font. » Il fallait cette dernière épreuve, pour qu'il

offrit un exemple pratique des plus difficiles vertus.
Après cela, rien ne lui restait plus à faire : tout
était *consommé*, pour me servir de son langage ;
et il mourut de la belle mort d'un martyr de la
vérité et de la vertu. — Ce tableau du pur esprit
du christianisme dans la personne de son fondateur, ne peut paraître déplacé, alors qu'il s'agit
d'apprécier une révolution dont le but principal a
été de ramener le christianisme à l'esprit de son
institution.

Après la mort de *Jésus*, un grand nombre de
disciples se réunissent à Jérusalem, y célèbrent
ensemble et en son nom la fête judaïque de Pen-
tecôte, et forment ainsi la première communauté
de chrétiens qui ait eu lieu. Cette faible église
se dissipa bientôt presqu'en entier, lorsque deux
après le fanatisme la poursuivit derechef, et
qu'*Etienne* diacre, c'est-à-dire, dépositaire des
aumônes, en fut devenu la victime. Ce coup eût
été peut-être mortel pour la nouvelle église, si en
même tems un homme plein de ce génie qui vivifie
tout, de cette force et de ce courage opiniâtre qui
surmonte tout, *Paul*, jusqu'alors persécuteur des
chrétiens, ne se fût rangé de leur nombre. Ce
nouvel apôtre, qui fit plus lui seul que tous les
autres pour la religion naissante, appela les hommes de tout pays et de toute religion à devenir
les sectateurs du *Christ*. On n'avait vu jusqu'alors
que des Juifs entrer dans cette association, aux
membres de laquelle on donnait le nom de Naza-
réens. *Paul* apporta dans ses éloquentes prédications de nouvelles idées, de nouvelles vues ; il

annonça la doctrine du fondateur avec un esprit
qui n'était et ne pouvait être celui des autres disciples, plus attachés au judaïsme, plus nourris de
ses préjugés ; ce qui occasionna dès ces premiers
tems une scission entre les chrétiens ses partisans,
et ceux qui demeuraient attachés aux localités du
judaïsme, division qui amena la nécessité de se
rassembler pour s'entendre. Cette réunion, première
image des conciles, se tint à Jérusalem, et y dura
jusqu'à la subversion de la république des Hébreux.
Cet évènement la sépara; mais aussi depuis lors
restèrent séparés le mosaïsme et le christianisme,
entre lesquels *Paul* avait tiré une ligne éternelle
de démarcation. Ses voyages, ses discours, ses
lettres, dont quelques-unes sont parvenues jusqu'à
nous, établirent dans la majorité des églises, qui
se trouvaient fondées de son vivant, cette doctrine
sublime modifiée par lui, et que nous devons à
son zèle infatigable. Sept lustres après *Jésus*, tous
ses premiers confidens avaient péri, ou de mort
naturelle, ou sous les coups des bourreaux; il
ne restait plus d'entr'eux que l'apôtre *Jean*, qui,
fuyant la persécution sous *Domitien*, se réfugia dans
Patmos, où il écrivit l'*Apocalypse*, qu'on a mise
au rang des livres saints, (supposé qu'elle soit en
effet de lui). Déja s'élevaient entre les chrétiens
persécutés par les princes de la terre, les divisions
de dogmes qui sont dans l'essence de toute doctrine
spéculative, soit philosophique, soit religieuse.
Ces maux internes de l'église semblent avoir ins-
piré plus de crainte à l'apôtre de Patmos que le
mal externe des persécutions. *Cérinthe* et quelques

autres énonçaient dès-lors quelques opinions nouvelles sur la divinité de *Jésus*, et presque tout ce
qu'a écrit *Jean* est dirigé contre ces opinions. —
Cependant le nombre des églises chrétiennes se
multipliait chaque jour et dans toutes les contrées.
Un état de choses paisible eût peut-être confiné à
jamais la religion du *Christ* dans les murs de Jérusalem. Mais les Juifs eux-mêmes, qui chassèrent
d'abord les novateurs, les contraignirent par cette
mesure à aller prêcher dans d'autres lieux ; presque
par-tout ces bannis rencontraient d'autres Juifs que
le commerce et l'humeur inquiète de ce peuple
avaient déja disséminés en tant de lieux. Les Juifs-
chrétiens fraternisaient avec eux, prêchaient dans
leurs synagogues, fréquentées par beaucoup de
païens qu'attirait, comme il a déja été dit, le
spectacle d'un culte fondé sur l'adoration d'un
seul Dieu. Les Romains, en ruinant Jérusalem et
dispersant le peuple juif, ajoutèrent encore à la
faveur de ces circonstances. Des villes célèbres,
telles qu'Alexandrie se peuplèrent de Juifs, et
par conséquent aussi de chrétiens. La nouvelle doctrine devint un objet d'intérêt et de discussion. Le
paganisme, trop absurde en lui - même pour convenir à des siècles qui n'étaient plus ceux de l'enfance du monde, décrié par les philosophes, était
devenu presque la risée de tous les hommes éclairés. Telle est sans doute la vraie cause de la cessation des oracles vers ce tems. Ils se turent quand on
commença à ne plus y croire. Le besoin d'une
religion, capable de remplacer l'ancienne qui pé-
rissait de vieillesse et d'imbécillité, commençait

à se faire sentir. D'ailleurs les dieux étant des patrons nationaux chez les anciens, chaque nation avait respecté ses dieux tant qu'elle était restée nation. Vaincus et subjugués par les Romains, les peuples devinrent indifférens à tous les objets de patriotisme local, et à la religion comme aux autres. Les Romains eux-mêmes, à force de recevoir des dieux étrangers dans leurs temples, étaient assez parvenus à les mépriser tous, les anciens comme les nouveaux venus. Le positif de la religion tombait en ruine dans l'empire; le sentiment religieux, qui sert de base à tous les systêmes positifs, et qui vivait encore dans les cœurs, n'attendait qu'une nouvelle forme dans laquelle il pût se fixer. Le christianisme, favorisé par les circonstances qui viennent d'être indiquées, se présenta, et trouva facilement accès. Mais combien d'idées étrangères, de doctrines accessoires vinrent par-tout s'y mêler, et le modifier en mille manières! — L'histoire du dogme dans les premiers siècles est un dédale que l'histoire ne peut tout-à-fait éclaircir. Avant qu'un corps de doctrine fût établi et arrêté, quelles fluctuations, quelles variations n'avait pas subi cette doctrine! et quand enfin le dogme fut déterminé, combien ne différa-t-il pas de ce qui avait été dans l'esprit et dans les vues simples du fondateur! — Ce fut surtout à Alexandrie, ville alors très-lettrée et le point de réunion des philosophes grecs, entr'autres des nouveaux platoniciens, que la religion de *Jésus*, accrue de tant d'élémens hétérogènes, prit une forme plus spéculative, ou si l'on veut plus mystique qu'elle

ne l'avait eue d'abord. *Clément*, philosophe grec
devenu chrétien, y contribua plus que personne.
Ceux des Orientaux qui embrassèrent le christianisme y introduisirent les vues de la philosophie
de l'Orient sur l'origine du monde, du bien et du
mal. De là naquirent les modifications, ou sectes
du christianisme des gnostiques et des manichéens.
Quoique les autres chrétiens àient séparé ensuite le
canon de leurs dogmes du dogme de ces chrétiens
orientaux, celui-ci n'a pas laissé néanmoins que
d'influer jusqu'à un certain point sur la constitution
postérieure du christianisme en général ; et il s'est
conservé plus ou moins intact parmi les chrétiens
orientaux. Il serait superflu de nommer toutes les
opinions diverses qui s'élevèrent en divers lieux
durant ces premiers siècles, et dont la plupart sont
connues par le nom de leurs inventeurs, ou par le
terme caractéristique qui devenait le mot de ralliement de la secte ; ces noms formeraient ici une
nomenclature aride, et les expliquer serait trop
long. Il suffit d'observer en général, que quand
une certaine majorité de chrétiens, favorisés par
les circonstances, commencèrent à se rédiger une
confession de foi commune, ils donnèrent le nom
d'hérésies aux opinions qui différaient de la leur.

Une considération est encore digne de remarque, c'est que les persécutions de quelques empereurs contre les chrétiens en général, portèrent un
grand nombre d'individus de ces différentes sectes
à fuir dans les lieux solitaires et inhabités, n'y
emportant que leur fervente dévotion, qu'exaltait
bientôt à un point exagéré le silence et la mélan-

colie du désert. Ces ascètes de la Thébaïde et de la
Syrie furent les premiers moines ; leurs réunions
pour prier en commun, les premiers couvens. Des
législateurs s'élevèrent parmi eux, qui ne prétendirent que donner des lois vraiment chrétiennes
à des chrétiens. Tant de règles monastiques ne
sont en effet que des manières différentes d'entendre le christianisme, de l'épurer, de le réformer.
Les ordres monastiques ont bien changé de forme,
à mesure que l'église elle-même en a changé, mais
ils n'ont pas été autre chose dans l'origine.

· Les mêmes persécutions qui avaient peuplé les
déserts des chrétiens fugitifs, contraiguirent ceux
qui restèrent à se rallier plus fortement les uns aux
autres, à étouffer, autant que possible, leurs controverses, à s'entendre, à se secourir, à s'organiser,
à se prescrire un régime, à se donner des chefs et
des administrateurs. Tant que les apôtres et les
premiers disciples contemporains de *Jésus* vécurent
encore, ils se trouvèrent naturellement les chefs
des communes ou églises dont ils étaient les instituteurs. Après leur mort, on remplaçait le pasteur
qu'on venait de perdre par son disciple le plus
considérable. Plusieurs de ces églises s'entendaient
quelquefois ensemble, et formaient une sorte de
confédération qui se donnait un chef commun, un
visiteur, *épiscope*, ou évêque ; puis elles se sé-
paraient pour subsister isolées, ou pour se réunir à
d'autres. En général elles se renfermaient volontiers
dans les limites d'une province, d'une préfecture
ou diocèse de l'empire romain. Pourtant chaque
chrétien était disciple, membre actif de l'église ou

confédération à qui il appartenait. Les pasteurs en
étaient les magistrats spirituels, magistrats républicains, dont la décision en matière de croyance
n'avait de valeur que parce qu'on les croyait plus
sages ou plus instruits. Cependant comme ces chrétiens et ces pasteurs étaient des hommes, et que
les hommes tiennent sans le vouloir à toutes les
idées et institutions humaines, il arriva que ceux
des pasteurs à qui les circonstances locales donnaient une église plus considérable, plus riche ou
plus puissante, ceux entr'autres des églises établies
dans les premières villes de l'empire, furent bientôt revêtus de plus de considération, d'autorité, et
d'une sorte de primatie, origine du système patriarchal ou papal. Cette primatie fut dans le principe
extrêmement bornée. Les empereurs romains n'a-
vaient encore connu la nouvelle religion que pour
la tolérer ou la persécuter. Quand elle fut parvenue
jusqu'à l'esprit de *Constantin* qui l'éleva sur le
trône, tout changea. La puissance temporelle, les
honneurs, les richesses devinrent le lot des principaux pasteurs ; l'humble doctrine de *Jésus*, faite
pour consoler et soutenir, par l'espoir d'une autre
vie, ceux qui vivaient sur la terre dans l'oppression, devint la doctrine des puissans et des
oppresseurs. Suivant la secte, l'opinion particulière du théologien qui s'emparait de l'oreille du
maître, il faisait condamner et poursuivre les sectes
et les opinions qui lui étaient contraires. Le christianisme, si essentiellement doux et humain, devint persécuteur par représailles, par imitation,
et parce qu'il avait été persécuté. Les cruels exem-

ples de *Dioclétien*, de *Décius* et d'autres empereurs ont eu des effets réactifs terribles, qui ont
duré jusques bien avant dans les siècles modernes.
Ce sont les passions des hommes qui ont amené
tant de maux : qu'on se garde d'en accuser la pure
doctrine de *Jésus*, à qui l'humanité doit l'adoration
d'un seul Dieu, le sublime principe de l'amour
et de la fraternité entre tous les hommes, l'abo-
lition de l'esclavage en beaucoup de lieux, et tant
d'autres inestimables bienfaits.

Ainsi cette première période, qui avait commencé par *Jésus*, lequel venait promettre aux
hommes de paix le royaume des cieux, se termine
par *Constantin*, qui livre aux sectateurs de *Jésus*
tous les biens terrestres, et pose pour eux les fondemens d'un royaume dans ce monde.

IIème. PÉRIODE.

OLIGARCHIE.

(Depuis *Constantin* jusqu'à *Mahomet*. — De 325 à 604.)

Établissement du système patriarchal.

L'ASSOCIATION chrétienne prend une forme nouvelle et des développemens nouveaux. L'autorité suprême est devenue chrétienne, et imprime à tout ce qui est chrétien un caractère temporel de puissance et d'authenticité. Les premiers pasteurs prennent leur rang près du trône. Celui qui l'occupe est leur disciple, leur appui, quelquefois leur instrument, d'autres fois aussi leur despote. Les évènemens, les dogmes du christianisme deviennent des objets d'intérêt public. L'église acquiert une certaine unité, en s'associant à l'unité de l'empire; les commotions qui y surviennent se ressentent plus universellement dans cette organisation nouvelle qui lie étroitement toutes les parties. Les hérésies, les opinions novatrices excitent une fermentation plus générale. Ce qui autrefois n'agitait qu'une ville, qu'une province, devient un objet de discussion pour tout l'empire romain. Les assemblées des pasteurs (*synodes* suivant l'étymologie grecque,

grecque, *conciles* suivant la latine) prennent une
forme plus officielle et plus imposante. Leurs décrets deviennent des lois de l'empire, sanctionnées
par son chef. Déja les partisans de l'évêque *Donat*
avaient été condamnés par le concile tenu à Arles.
Mais la première hérésie majeure qui fit l'épreuve
des forces de l'église réunie, fut celle d'*Arius*,
philosophe de la nouvelle école platonicienne, et
prêtre d'Alexandrie. C'était par cette école que
l'idée s'était introduite chez les chrétiens de se répré-
senter le *Christ*, le fils de Dieu, comme son *verbe*.
L'évêque d'Alexandrie voulait que ce *logos*, ce
verbe fût co-éternel et consubstantiel avec Dieu.
Arius, qui d'ailleurs aimait peu cet évêque, et qui
avait été son concurrent à la vacance du siège, soutint au contraire que le *logos* procédant de Dieu,
ne pouvait être co-éternel et consubstantiel avec
lui. Ce débat a mis en feu pendant plusieurs siècles
l'église chrétienne en Orient et en Occident. *Constantin* convoqua la fameuse assemblée de Nicée,
la première qui reçut le titre de concile *œcuménique*, c'est-à-dire, universel. *Arius* y fut condamné;
ce qui n'empêcha pas les Ariens de triompher depuis à plusieurs reprises et sous divers noms. On y
composa aussi, contre leur doctrine, le fameux symbole qu'on a attribué depuis aux apôtres, et qui
n'est que trop marqué au sceau de cette subtile polémique. Parmi d'autres réglemens de la même assemblée, on remarque encore celui qui fixa une
pâque uniforme pour toute la chrétienté. Cependant
l'évêque adversaire d'*Arius* était mort, et le diacre
Athanase l'avait remplacé à Alexandrie. Celui-ci

fut, comme son prédécesseur, le plus ferme appui
de l'orthodoxie nicéenne, et il eut la douleur de
voir bientôt l'inconstant *César* changer de croyance.
Eusèbe, évêque du parti d'*Arius*, gagna la sœur de
l'empereur, et celle-ci persuada son frère. *Arius*
fut solemnellement réintégré dans la communion
de l'église par un décret impérial, et *Athanase* destitué de son siège. Ce fut ce même arien *Eusèbe*
qui administra à *Constantin*, peu avant sa mort,
le baptême que ce prince avait négligé jusqu'alors
de recevoir. Sans doute que s'il eût vécu plus longtems, l'arianisme, dont l'adroit *Eusèbe* avait fait la
doctrine de la cour impériale, serait devenu la doctrine dominante du monde chrétien. Mais il mourut ; ses trois fils se partagèrent l'empire, et proté-
gèrent chacun des partis différens. Les partisans du
concile de Nicée, dont le système était fixé par
une formule invariable, restèrent étroitement unis:
les *Ariens*, comme il arrive à tous les réformateurs,
dont l'opinion trop libérale ne saurait se lier à une
forme irrévocable, se divisèrent en tant de sectes
différentes, qu'ils s'affaiblirent, et ne purent résister en détail à des adversaires bien unis. On vit
des Sémi-Ariens opposés aux Ariens, des Pneuma-
tiques opposés aux Eunomiens. Chaque parti se ral-
liant à son *César*, l'animosité religieuse devint
animosité politique et nationale. Plus *Constant*
soutenait avec vivacité les Nicéens dans l'Occident,
plus *Constance* mettait de chaleur à favoriser en
Orient l'arianisme mitigé par *Eusèbe*. Le concile
général que les deux empereurs convoquèrent à Sar-
dique en Bulgarie pour y réconcilier les deux partis,

n'eut d'autre résultat qu'une haine plus envenimée que jamais entre les évêques nicéens et ceux du parti d'*Eusèbe*, ainsi qu'il arrive d'ordinaire quand on s'avise de mettre en présence des ennemis irréconciliables par l'opposition de leurs intérêts et l'aigreur de leur emportement. Après le meurtre de *Constant*, son frère resté seul maître, fit triompher hautement ses chers Ariens, et surtout aux deux conciles de Sirmich, où *Photin*, évêque de cette ville, fut condamné. Une foule de sectes, que *Constance*, s'efforça sans relâche d'étouffer ou de contenir, troublèrent tout le cours de sa vie, et il mourut au milieu du tumulte qu'elles élevaient de tous côtés. Son successeur *Julien*, loin de chercher comme lui à les appaiser, les excitait à plaisir, les encourageait, riait d'elles dans son palais, et au dehors les traitait avec la plus sérieuse ironie. Il ne pouvait choisir une marche plus sûre pour ruiner l'église chrétienne qu'il n'aimait pas. Aussitôt les évêques nicéens de se rassembler en concile à Paris, et de déclarer apostats tous les évêques ariens. *Athanase* revenu de son exil et remonté sur le siège d'Alexandrie, voulut se mettre en devoir de destituer en effet tous ceux de ces apostats qui se trouvaient dans son ressort. *Lucifer*, évêque de Cagliari en Sardaigne, alla plus loin encore que le concile de Paris; il blâma hautement l'amnistie accordée par lui aux Ariens qui se soumettraient à signer le formulaire de Nicée, et se sépara des tièdes catholiques, qui consentaient à souffrir de ci-devant hérétiques au milieu d'eux. Cependant *Julien* régna trop peu de tems pour voir réussir son adroite politique. Les deux partis principaux, celui de Nicée et celui d'*Arius*, se soutinrent avec une égale force sous les deux empereurs suivans, *Valens* et *Valentinien*; celui-ci protégeant le premier parti en Occident, et celui-là le second dans l'Orient. *Valens* arien décidé, employa tout son pouvoir à déraciner le sémi-arianisme, aussi bien que le catholicisme des provinces de sa domination. Son zèle fut encore secondé par la mort d'*Athanase* et ensuite par celle de *Valentinien*, dans lesquels la foi de Nicée perdit ses plus fermes défenseurs. Cette même confession vit alors aussi sortir de son propre sein un nouvel ennemi fort dangereux et fort actif. L'évêque *Apollinaire*, esprit subtil et philosophique, produisit une opinion sur le verbe incarné dans la personne de *Jésus*, laquelle, selon lui, n'aurait servi au verbe que comme de mannequin, d'étui purement passif; opinion qui produisit une fermentation et un schisme furieux. Enfin sous *Gratien* et *Théodose* le Grand, le catholicisme se releva victorieux par la protection de ces deux princes. Ils ne négligèrent rien pour réduire au silence les docteurs de l'arianisme, et cette doctrine eût été alors frappée du coup mortel, si un asyle inespéré ne se fût offert à elle. De nouveaux acteurs paraissent sur la scène du monde, et viennent du fond du Nord pour y disputer le premier rôle aux *Césars*. Les Goths entament les frontières de l'empire; ils deviennent chrétiens, mais chrétiens-ariens; et c'est parmi eux que cette secte va se réfugier pour échapper à sa ruine, qui paraissait inévitable.

Cependant la foi de Nicée s'affermit de plus en plus dans l'empire. *Théodose*, seul maître pendant quinze années, (car qui pourrait compter les règnes faibles et courts de *Gratien* et de *Valentinien II* ?) *Théodose* porta à un haut degré la puissance et le crédit du clergé. Un évêque devint par lui un personnage plus important que jamais. Ceux des évêques à qui les circonstances avaient donné une certaine primatie sur les autres, devinrent plus importans encore; et les plus considérables de tous, ceux de Rome, de Constantinople, d'Alexandrie, d'Antioche et de Jérusalem, qui prenaient le titre de patriarches, de pères ou de papes, furent peu à peu considérés comme les princes et les chefs de l'église chrétienne. Elevés au dessus des autres, il ne restait plus à chacun d'eux que l'ambition de s'élever encore au dessus de ses collègues. Ceux d'Alexandrie, d'Antioche et de Jérusalem, trop éloignés du centre de la puissance, ne pouvaient parvenir à une prépondérance capable de les mettre hors de pair. Il est évident que la palme ne pouvait rester en contestation qu'entre les deux patriarches dont les sièges étaient placés dans les deux capitales de l'empire, tout proche des deux trônes d'Occident et d'Orient. Les talens, l'adresse, l'ambition, les vertus de ceux qui occupèrent tour-à-tour ces deux sièges, la faveur des princes, leur prédilection tantôt pour l'ancienne et tantôt pour la nouvelle Rome, une foule de circonstances qui appartiennent à l'histoire de l'empire aussi bien qu'à celle de l'église, firent pencher alternativement la balance d'un et d'autre côté. Si le patriarche de Cons-

tantinople avait pour lui la résidence plus continue
de l'empereur, il avait aussi contre lui ce voisinage
de la cour, qui ne permettait pas à un prêtre de
s'élever trop haut. Les évêques, qui dès-lors rési-
daient assez mal et qui abondaient dans la capitale,
intriguaient souvent contre le patriarche qu'ils ja-
lousaient tous, et réussissaient quelquefois à l'humilier. Le pasteur romain, au contraire, n'avait pas
tant à redouter cet importun et dangereux voisinage de la majesté impériale et des intrigues de la
cour. Il avait pour lui ce grand nom de Rome, devant qui les nations étaient accoutumées à fléchir.
On sait que la translation du gouvernement à Constantinople n'eut d'autre effet que de l'affaiblir, et
que jamais cette seconde capitale ne put parvenir
à la considération de la première. Le patriarche de
Constantinople ne se trouvait donc qu'en sous-
ordre dans une ville tenue elle-même pour subor-
donnée ; tandis qu'on laissait son rival à Rome
jouer le premier rôle dans la première ville du
monde. Ajoutons à cela que les peuples, qui soumirent Rome et l'Occident, devinrent chrétiens ;
tandis que ceux qui soumirent Constantinople et
tout l'Orient, y établirent la religion de *Mahomet*.
Quoi donc d'étrange si l'évêque romain, aidé par
une politique habile et opiniâtre, l'a enfin emporté
sur tous les autres ? — La magie de ce nom de Rome
a fasciné presque tous les siècles, et elle est parvenue jusqu'au nôtre sans avoir perdu toute la force
de son charme.

Mais ces réflexions ont anticipé sur les évènemens, et les évêques et les patriarches composent

encore une oligarchie, où nul ne se soumet légale-
ment à l'autorité d'un seul. Laïques et prêtres con-
servent encore leurs droits, et les patriarches ploient
devant l'autorité du concile, diète, ou parlement de
cette église-république. Reprenons la série des faits
principaux. *Basile*, surnommé le Grand, évêque de
Césarée, soutenait par ses rares talens et par ses
écrits la croyance de Nicée, tandis que *Théodose*
l'appuyait de ses édits. L'un d'eux portait, « qu'il
ne serait reconnus pour chrétiens catholiques, que
ceux qui confesseraient avec *Damase* évêque de
Rome, et *Pierre* évêque d'Alexandrie, la divinité consubstantielle et éternelle du Père, du Fils et
du Saint-Esprit. Quiconque s'y refuserait, devait
être regardé comme hérétique, comme insensé,
et être livré au bras séculier. » *Grégoire* de Na-
ziance, alors patriarche de Constantinople, ami de
Basile, n'approuva qu'à regret cette rigueur ; et
s'il ne la blâma pas hautement, ce fut sans doute
dans l'espoir de voir ramener par elle la paix et
l'accord tant desiré dans l'église. Mais en vain. Un
second édit impérial, qui interdisait l'exercice public du culte à tous autres chrétiens qu'à ceux de
la confession de Nicée, ne produisit pas un effet
plus salutaire. On résolut de convoquer un second
concile œcuménique, dont on se promettait le
remède à tous les maux qui affligeaient l'église.
Le lieu d'assemblée fut fixé à Constantinople. Le
nouveau concile confirma et détermina avec plus
de précision encore le dogme d'un seul Dieu en
trois personnes, et de la consubstantialité de ces
trois personnes. L'autorité impériale sanctionna ces

décrets, les fit reconnaître publiquement pour symbole du catholicisme, et prononça des peines corporelles contre tous ceux qui penseraient autrement. Après avoir mis un tel frein à la liberté des opinions et à l'esprit de secte parmi les chrétiens, *Théodose* s'appliqua à poursuivre les restes du paganisme, qui ne trouvait plus de sectateurs que dans les dernières classes du peuple. Cette ferveur fut plus aisée à éteindre que celle qui animait les uns contre les autres les théologiens chrétiens. Malgré les édits des empereurs, les controverses renaissaient à chaque instant; l'opiniâtreté inflexible, la fureur des adversaires, la haine qu'ils se portaient, produisaient des excès dont l'église avait à rougir. Le noble *Priscillien* fut la première victime illustre qui offrit l'exemple de sang chrétien répandu par le fer des chrétiens. Deux évêques, indignes de ce titre, le poursuivirent avec acharnement devant *Maximin*, tyran des Gaules; sa science et ses vertus ne purent le sauver du supplice, et il fut immolé pour des opinions, par la haine sacerdotale de deux hommes, en qui le christianisme vit son *Anitus* et son *Mélitus*.

Tant de disputes théologiques, d'opinions subtiles, au milieu desquelles s'était évanouie la simplicité originaire du culte des chrétiens, commençait à lasser les esprits de la multitude qui ne pouvait plus suivre ses pasteurs dans la discussion des dogmes. Sous les deux fils de *Théodose*, les barbares pénétrèrent de divers côtés dans l'empire romain; ils y apportaient l'ignorance, la dévastation et la guerre. Les querelles de religion au

dedans, les Goths, les Alains, les Suèves, les Vandales, les Bourguignons au dehors; il n'en fallait
pas davantage pour faire tomber toute la chrétienté
dans les ténèbres de l'ignorance. Les ecclésiastiques
restèrent seuls dépositaires du savoir. C'était en
Orient surtout que les controverses étaient le plus
enflammées. Un caractère général qui distingue les
deux églises, et que leur histoire ne dément presque jamais, c'est qu'en Orient, où les esprits sont
plus contemplatifs et plus exaltés, on contestait
d'ordinaire sur le dogme; tandis qu'en Occident,
où l'esprit est apàremment plus tourné aux choses
solides et temporelles, il ne s'élevait guère de
contestation que sur le rang et la primauté. Là,
des articles de foi; ici, des articles de discipline
et de hiérarchie. Les patriarches romains qui se
trouvaient revêtus de la primatie dans l'Occident,
y entretenaient avec soin cet esprit, ou même l'y
faisaient naître. Le vrai symbole de ce siège était
de mettre à profit toutes les circonstances, soit politiques, soit religieuses, pour accroître sa puissance et sa considération. Il arriva plus d'une fois
que, tandis que les bons Orientaux se divisaient
ingénument sur quelques questions mystiques, le
pontife romain jouissait du triomphe d'être établi
juge sur ses collègues de Constantinople ou d'Alexandrie; ainsi qu'il arriva à *Anastase I*, au sujet des
troubles causés par les Origénistes.

C'est vers ce tems que vécut le prêtre *Hiéro-*
nyme (dont nous défigurons le nom en l'appelant
Jérôme), homme d'une grande capacité; il résida
tantôt à Rome et en Grèce, tantôt en Syrie et

à Jérusalem, ce qui lui donna une égale connaissance des langues hébraïque, grecque et latine ;
tantôt dans un désert ; puis à la cour du patriarche romain, et au milieu des dames de Rome
qu'il se plaisait à endoctriner ; il donna la traduction en langue vulgaire de toutes les écritures, ce
qui forme encore aujourd'hui la base de la version nommée *Vulgate*. C'est avec peine, et non
sans quelques doutes sur la pureté de son christianisme, qu'on le voit au nombre des plus ardens
persécuteurs de l'éloquent patriarche *Jean-Chrysos-
tôme*. Vers ce tems aussi un autre prêtre, nommé
Rufin, traduisait les livres d'*Origène*, de *Josephe*,
d'*Eusèbe*, et fomentait dans l'Occident l'étude de
l'histoire ecclésiastique. Sa traduction du premier
de ces auteurs lui attira de vives persécutions. Au
même tems florissait le célèbre docteur d'Hippone,
Augustin, l'athlète du catholicisme, et le véritable
inventeur de la subtile dialectique des théologiens.
Les sectes des Donatistes et des Pélagiens occupèrent d'abord son activité ; puis il se livra à la réfu-
tation du système de la prédestination, et de celui
des Manichéens, dont il avait été d'abord partisan.
Il combattait, enseignait, écrivait encore, quand
l'invasion des Vandales, qui, sous *Genseric*, vinrent
assiéger Hippone, accéléra sa mort. Ces peuples,
ainsi que leur roi, étaient chrétiens de la secte
d'*Arius*. Cependant avant la mort d'*Augustin*, une
nouvelle querelle enflamma l'église d'Orient. *Nes-
tor*, patriarche de Constantinople, aidé du prêtre
Anastase, avança et soutint que le *Christ* étant
à-la-fois homme et Dieu, c'était du *Christ* comme

homme, que *Marie* était devenue mère, et non du *Christ* comme Dieu. « Car, disait-il ; il est absurde de penser qu'une créature humaine, telle que *Marie*, ait enfanté Dieu. » En conséquence il appelait la Vierge, mère du *Christ*, mère du fils de Dieu ; mais il lui refusait le titre de mère de Dieu. Du reste, il ne prétendait en rien se séparer, de la foi catholique de Nicée, ni même admettre pour cela une double personnalité dans le *Christ*. On a peine à comprendre jusqu'où fut portée l'animosité dans cette malheureuse guerre de vaines subtilités. Il s'agissait de reconnaître en *Jésus*, ou une nature en une seule personne, ou deux natures et deux personnes. La cour, l'empire, les évêques, toutes les classes des chrétiens furent agités à ce sujet d'épouvantables convulsions. On convoqua à Ephèse le troisième des conciles dits œcuméniques, où le fougueux *Cyrille* à la tête d'un parti, les Nestoriens d'un autre côté, et un troisième parti mitoyen s'anathématisèrent avec un acharnement scandaleux. Le moine *Eutychès*, confident de *Cyrille*, qui, durant la tenue du concile, avait si puissamment concouru à la condamnation de *Nestorius*, se vit, dix-sept ans après, condamné à Constantinople par un autre concile, pour avoir nié l'humanité du *Christ*. Ces discussions se prolongèrent et se modifièrent à l'infini. L'église régnante, et qui se disait universelle, adopta l'opinion des deux natures ; opinion qui fut solemnellement consacrée au quatrième concile, œcuménique qui se tint à Chalcédoine, et où le patriarche romain, *Léon-le-Grand*, eut par ses légats la satisfaction de voir reconnaître sa primatie (1) et sa doctrine. Les Monophysites, ou partisans d'une seule nature, furent loin cependant de se croire vaincus, et le débat n'en devint que plus vif. *Léon* mourut sans le voir terminé. Six ans après, l'un de ses successeurs, *Simplicius*, vit toute l'Italie conquise par des barbares : *Odoacre*, roi des Hérules, mit fin sous ses yeux, dans les murs de Rome, à l'empire d'Occident. Le trône d'*Augustule* fut renversé, et le siège pontifical, qui était alors au second rang, se trouva par-là élevé au premier dans l'opinion des Romains et des nations occidentales.

La controverse sur la simple ou double nature de *Jésus*, sur la simple ou double personnalité, fut le principe de la scission des deux églises d'Orient et d'Occident, la grecque et la romaine. L'irritation des esprits était devenue impossible à guérir ; et le fameux décret, connu sous le nom de l'*Hénoticon*, que *Zénon* l'Isaurien fabriqua dans l'intention de raccommoder les deux partis, ne fit qu'accélérer le schisme et le rendre plus éclatant. Ce *Zénon* déshonorait le trône impérial par ses débauches et ses excès : et ce qu'on voyait sur le trône n'était, ainsi qu'il arrive de coutume, qu'un

-----

(1) Les pères du concile donnèrent pour raison de cette primatie, celle de la ville de Rome dans l'Empire ; *Dia to Basileuein tèn Polin*, etc. *Voyez* le vingt-huitième canon de ce concile, qui déclare au reste le patriarche de Constantinople en tout égal à celui de Rome, et ne le place au second rang, que parce que Constantinople ne passait que pour la seconde capitale de l'Empire.

échantillon, une montre plus aparente de ce qui avait lieu par-tout. Les mœurs publiques étaient aussi différentes de celles des premiers chrétiens, que la doctrine des théologiens était devenue différente de celle des apôtres.

Le coup qui venait d'être porté au pontife romain par une séparation qui l'isolait dans son patriarchat d'Occident, où il était tourmenté et menacé par tant d'Ariens, fut un peu adouci par la conquête que son siège fit vers cette époque du roi Franc *Clovis*, que sa femme, chrétienne zélée, une grande bataille qu'il crut avoir gagnée par miracle, et l'évêque *Remi* convertirent à la foi romaine. Depuis le baptème de ce prince barbare, le puissant empire qu'il a fondé est resté dévoué au patriarche romain. Pourtant dans ces premiers siècles, le dévouement n'était pas tel parmi les princes, que *Clovis* dans la Gaule, et *Théodoric* en Italie ne traitassent d'une façon assez rude patriarches, évêques et clercs.

Vers l'an 518, *Justin*, empereur d'Orient, qui avait quelques raisons d'humilier le patriarche de Constantinople, lequel s'élevait trop à son gré, conçut l'idée de réconcilier les deux églises, afin de rendre ainsi la primauté au pontife romain; mais il ne réussit qu'à quelques démarches isolées, qui achevèrent d'aigrir la masse de l'église orientale. Remarquons ici un exemple de ce qui a été dit ci-dessus, que le voisinage du trône impérial à Constantinople était aussi fatal à la considération du patriarche de cette ville, que l'éloignement de ce même trône était favorable au patriarche de

Rome. *Justinien*, qui succéda à *Justin*, suivit ses
erremens à l'égard de la préférence accordée au catholicisme occidental sur le catholicisme oriental ;
et par ses mesures impolitiques et précipitées, porta
une multitude innombrable de ses sujets au désespoir. On vit se renouveler parmi les chrétiens de
l'empire grec, ce qu'on avait déja vu un siècle
et demi auparavant, et ce qu'à la révocation de
l'édit de Nantes, on vit parmi les Calvinistes de
France. Les Monophysites persécutés s'enfuirent
hors des frontières de l'empire, remplirent l'Abys-
sinie, la Nubie, la Perse, l'Arménie. Plusieurs
patriarches s'établirent dans ces diverses contrées,
et y sont demeurés jusqu'à nos jours indépendans.
Le chef principal des Monophysites d'Orient, pendant cette désastreuse période, fut un moine très-
actif, *Jacques de Baradée*, lequel fut l'ame de la
secte, l'organisa, la sépara pour jamais du reste
de l'église, établit des évêques et un patriarche
à Antioche. Depuis ce tems, l'église chrétienne
est partagée en trois grandes sections, qui ont
chacune leurs pasteurs, et qui ne communiquent
nullement entr'elles : les *Romains*, les *Grecs* et
les *Jacobites*. Ceux-ci, ennemis surtout des Grecs,
furent, un demi-siècle plus tard, d'un puissant
secours à *Mahomet* et aux califes ses successeurs.

Ce que *Basile* avait fait pour les moines de
l'Orient, *Bénoît* l'entreprit avec bien plus de succès et des vues plus saines pour ceux de l'Occident. Il devint le fondateur de l'ordre des Bénédic-
tins, à qui la société et les sciences, aussi bien
que l'église romaine, ont eu de si grandes et de

si fréqnentes obligations. La règle de *Basile* n'a presque produit que d'ignorans et fanatiques céno- bites. Celle de *Benoît* a produit une foule d'hommes utiles qui ont défriché une partie de l'Europe, porté courageusement la culture et les lumières dans les contrées les plus barbares. Une partie des Gaules, de l'Angleterre et de l'Allemagne a été civilisée par eux, et arrachée à une idolâtrie grossière pour embrasser un culte plus épuré, plus doux, qui n'or- donne aux hommes que de s'aimer les uns les autres et d'adorer leur créateur. L'ignorance des moines de l'Orient ne contribua pas peu à y entretenir l'es- prit de secte et de division; comme aussi la subor- dination sévère de ceux de l'Occident contribua peut-être de son côté à l'obéissance qui s'y établit peu à peu envers le chef de l'église.

Justinien, au règne duquel on doit le beau code de lois qui porte son nom, et la réformation du calendrier par *Denis* le Petit, n'a pas aussi bien mérité de la religion, que de la jurisprudence et de la chronologie. Il alimenta et échauffa une mal- heureuse querelle qui s'éleva sur trois chapitres des actes du concile de Chalcédoine. Le faible *Vigile*, qui occupait le siège de Rome, fut mandé à Constantinople par l'empereur, pour qu'il eût à y condamner ces trois malheureux chapitres. *Vigile*, balançant entre le respect qu'il devait à un concile, et l'obéissance qu'il devait à l'empe- reur, se déclara d'abord pour les chapitres, puis les condamna, puis se rétracta, mécontenta tous les partis, et finit par être exilé. Ceci prouve seule- ment qu'à cette époque, les papes étaient encore très-soumis à l'autorité des empereurs. Quand *Justinien*, par la valeur du fameux *Bélisaire*, eut reconquis une grande partie de l'Italie, il établit à Ravenne un officier supérieur de l'empire sous le titre d'*Exarque*, auquel les évêques de Rome obéissaient comme au lieutenant de l'empereur. Les rois Goths et autres barbares, à mesure qu'ils se trouvaient maîtres de la ville de Rome, traitaient les papes comme leurs sujets; même ils les envoyèrent fréquemment négocier pour eux à Constantinople. Cependant dès-lors on voit percer les immenses prétentions de ce siège. *Pélage*, qui l'occupait vers le déclin du seizième siècle, dispute au patriarche de Constantinople *Jean*, dit le *Jeûneur*, le titre d'évêque œcuménique ou universel. Autant en fit après *Pélage*, *Grégoire*, surnommé le Grand. Les papes virent alors, et presqu'à-la-fois, les armes de *Bélisaire* s'employer en Occident à l'extirpation des *Ariens*; et le roi des Visigoths, *Récarède*, le roi des Suèves en Espagne, *Théodimir*, *Agilulf*, roi des Lombards qui étaient dès-lors entrés victorieux en Italie, se ranger tous de la communion romaine. Les Anglo-Saxons eux-mêmes, qui depuis leur invasion en Angleterre y avaient presque étouffé le christianisme, suivirent bientôt complaisamment l'exemple de leur roi *Ethelbert*, qui devint catholique-romain à la persuasion de l'éloquent *Augustin*, religieux de *S. Benoît*.

Ainsi finit cette seconde période, où l'on vit se développer et s'affermir le systême patriarchal. Les évêques des grandes villes cherchèrent à s'élever par dessus tous les autres, dès-lors que les premières

mières

mières dignités ecclésiastiques devinrent des emplois lucratifs et honorifiques. Tant que l'église fut militante, ses humbles pasteurs, étrangers à l'ambition, ne se distinguaient que par leur piété. Quand elle fut triomphante, la face des choses changea. L'intrigue et la faveur distribuèrent les places; les mœurs devinrent dissolues. *S. Jérôme*, qui avait si bien connu Rome et les pratiques de son clergé, les peint sous des traits odieux en plusieurs de ses écrits, et appelle constamment cette ville du nom flétrissant de *Babylone*.

IIIème. PÉRIODE.

MONARCHIE.

(Depuis *Mahomet* jusqu'à *Hildebrand*. — De 604 à 1073.)

L'autorité du siège romain devient prédominante dans l'Occident, tant au spirituel qu'au temporel.

DANS le cours de la période précédente, on a vu fondre du Nord sur l'empire romain une nuée de peuples, qui, vainqueurs à la fin des fameuses légions qui avaient vaincu le monde, poussèrent leurs exploits jusqu'à détruire en entier l'empire d'Occident, et affaiblir celui d'Orient. Le commencement de celle-ci est marqué par une invasion à-peu-près semblable, mais de peuples méridionaux, et par conséquent de mœurs et de caractère bien différens des premiers. Les armes de ces nouveaux conquérans étaient aussi destinées à renverser un des sièges de l'empire, le seul qui restât actuellement. En effet, dans la suite des tems, l'empire d'Orient fut éteint par les sectateurs de *Mahomet*; et les Arabes, que ce prophète avait élevés au plus haut point du fanatisme religieux et politique, pénétrèrent dans l'Occident par l'Espagne jusqu'au centre des Gaules.

Mahomet mourut maître -de l'Arabie et d'une
partie de la Syrie, après avoir fondé une religion
et un état étroitement unis entr'eux, sous l'adoration
d'un Dieu tout-puissant et unique: Avec quelques
dogmes simples, et qui satisfaisaient à tous
les besoins de l'esprit de ces hommes ardens et
grossiers, les successeurs du prophète, sous le titre
de califes, étendirent leurs conquêtes, et gouvernèrent
leurs vastes états avec beaucoup de modération
et de sagesse. Ils tolérèrent toutes les sectes
des chrétiens, qui passaient à leurs yeux pour les
adorateurs d'un très-grand prophète, précurseur
du leur. Mais surtout ils s'allièrent avec les jacobites
et autres sectes orientales, dont la haine invétérée
contre les Grecs et les Romains leurs
oppresseurs, fut d'un merveilleux secours à l'islamisme.
Ces chrétiens se propagèrent en paix sous
leurs nouveaux maîtres, s'étendirent dans la Perse,
les Indes, la Tartarie et jusqu'en Chine.

Pendant que l'orage de l'islamisme naissant grondait
à la frontière méridionale de l'empire, *Phocas*,
son indigne chef, le révoltait par ses débauches et
par ses cruautés. *Héraclius* qui lui succéda fit plus
pour le bonheur de ses sujets, aussi peu pour le salut
de l'empire. L'affaire la plus importante de son règne
fut celle de l'opinion religieuse qu'on a nommée le
monothélisme, ou doctrine d'une seule volonté. On
avait combattu longtems pour les deux personnes
de *Jésus*, puis pour ses deux natures; enfin étant
tombé d'accord qu'il y avait en lui deux natures,
la question s'éleva, s'il fallait aussi que chaque

nature eût sa volonté particulière, et si *Jésus* avait
eu en effet deux volontés, l'une comme Dieu, et
l'autre comme homme; ou bien s'il n'en avait eu
qu'une seule, vu l'étroite union des deux natures ?
C'est pour ce dernier parti que l'empereur se décida;
il fit triompher le monothélisme, vivement soutenu par *Sergius*, patriarche de Constantinople,
mais réprouvé par le vieux *Sophronius*, patriarche
de Jérusalem, celui qui mourut au moment où les
Sarrazins s'emparaient de son siège. Ces opinions
sur la volonté simple ou double de *Jésus-Christ*,
troublèrent la société chrétienne encore pendant
longtems. *Héraclius* publia en vain l'édit appelé
Ektèse, et *Constant II* aussi en vain, dix ans plus
tard, l'édit connu sous le nom de *Type*. Cependant
ce nouvel empereur se montra fort sévère contre
les perturbateurs de l'église. L'orgueilleux pape
Martin I mourut dans l'exil où l'avait relégué
Constant. Cette rigueur ôta aux plus échauffés l'ardeur de la dispute. *Constantin*, dit le Barbu, fils
de *Constant*, assembla enfin à Constantinople le
sixième des conciles œcuméniques, où le monothélisme et tous ses partisans furent anathématisés,
et même jusqu'au pontife romain *Honorius*, mort
depuis longtems, et qui s'était montré favorable à
l'opinion d'une seule volonté. Les monothélites de
l'empire, exaspérés par cette condamnation, se
réfugièrent chez les Sarrazins, qui les laissèrent
en paix s'établir dans les solitudes du Liban, où
ils subsistent encore sous le nom de Maronites.
L'empereur au reste qui avait convoqué lui-même

ne concile, y présida comme chef suprême de la
chrétienté. Le patriarche de Constantihople était
assis à sa droite, et les légats de Rome à sa
gauche.

Les pertes que l'église avait faites en Orient
depuis plus d'un demi-siècle, par les conquêtes des
Sarrazins, redoublèrent l'attention des pontifes romains à récupérer ces pertes par de nouvelles ac-
quisitions en Occident. D'ailleurs le cimeterre mu-
sulman qui avait jeté la terreur dans tous les états
chrétiens de cette partie, était cause que leur masse
était restée plus unie, et s'était serrée davantage
autour de celui qu'elle s'accoutumait peu à peu
à regarder comme son chef. Le trône papal a plus
d'obligation qu'on ne pense à *Mahomet* et à ses
successeurs. Mais, pour affermir dans l'Occident
un empire où le temporel se fondait sur le spirituel, le pape avait besoin, pour tous soldats, de
missionnaires zélés, éloquens, infatigables : et c'est
dans l'Angleterre alors dévote et catholique, qu'il
chercha des apôtres capables d'aller combattre avec
succès l'idolâtrie chez les Saxons et les autres peuples germains, aussi bien que dans la vaste monarchie des Francs. *Columban, Gallus, Kilian*
furent tirés des cloîtres d'Irlande pour aller prêcher aux nations du continent. Ils trouvèrent dans
Pépin de Herstal un protecteur puissant. L'Anglo-
Saxon *Willibrod* travaillait en même tems, et sous
les mêmes auspices, à la conversion des Frisons
et des Flamands. Les pontifes romains accablaient
ces missionnaires d'égards et de caresses. *Gréoire II,*

après s'être attaché ainsi le moine Anglais *Win-
fried*, connu pour avoir été l'apôtre de la Germanie, sous le nom de *Boniface*, lui fit jurer foi et
hommage au siège et à l'église de Rome ; puis il
l'envoya, muni de lettres magnifiques à tous les
princes et aux évêques, travailler pour l'intérêt
de Rome parmi les Hessois, les Thuringiens, les
Francs, les Bavarois, les Saxons. Mais quel christianisme prêchaient aux peuples tous ces envoyés ?
L'obéissance au pape en était le premier dogme :
doter et enrichir l'église, les monastères, le clergé
était la sûre voie qu'ils indiquaient pour le salut,
l'immanquable moyen de se racheter de tous les
crimes. Cependant il faut dire aussi que ces missionnaires apportaient quelques lumières et quelque civilisation au milieu des barbares qu'ils con-
vertissaient : et si leur enseignement n'était pas
exempt de tout intérêt, ni de toute superstition ;
pourtant valait-il bien mieux que la mythologie
grossière et les cultes idolâtres du Nord.

Mais de toutes les scissions religieuses la plus enflammée et qui produisit les plus affreux tumultes,
fut celle concernant le culte des images, et dont
il était réservé au huitième siècle de l'église d'être
affligé. Cette disposition à honorer les images des
saints personnages, soit peintures, soit statues,
avait lieu depuis longtems chez les chrétiens.
Elle avait été regardée tantôt comme une disposition pieuse, tantôt comme une superstition,
tantôt comme une chose indifférente. Dans l'Occident surtout où les prêtres avaient affaire à tant

de barbares et de peuples grossiers, les images
étaient d'un merveilleux secours pour toucher leurs
sens, et les exciter à la dévotion. Les moines
s'étaient appliqués à une peinture et une sculpture informe, mais suffisante pour ces tems, et ils
s'étaient mis en possession d'un commerce d'images
très-lucratif. Celles d'ailleurs qui ornaient leurs
églises, et à qui ils ne manquaient pas de prêter
des vertus miraculeuses, y attiraient la foule et
les dons. En voilà assez pour sentir combien le
clergé, depuis son chef jusqu'au plus humble clerc,
devait tenir aux images et au culte qui leur était
rendu. L'empereur *Léon* l'Isaurien s'avisa de vouloir
l'interdire, dans les intentions les plus droites. Il
sentit bientôt ce qu'il en coûtait lorsqu'on s'attaque
à l'intérêt de ceux qui sont en pouvoir de remuer
les consciences. Les soulèvemens, les révoltes s'ensuivirent. Le sang coula de tous côtés ; l'empereur
passa pour l'antechrist qui venait détruire la religion : tant les idées de cette religion pure et sublime étaient déja altérées ! L'empereur eut beau
convoquer des conciles, déposer son patriarche ; il
y perdit toute considération, toute tranquillité,
l'exarchat de Ravenne et le reste de sa puissance
en Occident. Ses partisans furent anathématisés,
marqués au coin de l'hérésie sous le titre d'icono-
clastes ; ses successeurs se trouvèrent enveloppés
dans des embarras inextricables jusqu'à ce que l'ambitieuse *Irène*, avide de se populariser, eût res-
titué à la multitude ses chères images, et eût
trouvé même une *vraie croix* à lui faire adorer.

Les pontifes romains, à l'occasion de cette longue guerre des images, se jetèrent dans les bras des princes lombards, puis du français *Pépin* le Bref, sur la tête duquel le complaisant *Zacharie* affermit par sa décision la couronne qu'il avait usurpée, sous le prétexte qu'il en était plus digne que le malheureux *Childéric* détrôné par *Pépin*. Jusques-là s'étendit le caprice de l'Isaurien contre les images des saints. Les papes firent alors un pas important vers le droit qu'ils s'arrogèrent dans la suite de distribuer les couronnes. Ils se lièrent aux monarques Francs; *Etienne III*, successeur de *Zacharie*, appela *Pépin* à son secours contre les Lombards. *Pépin* y vola, vainquit, et fit présent du territoire conquis et d'un royaume effectif aux pontifes qui lui avaient aidé à conserver sa couronne. C'est de là que date la puissance souveraine des papes sur une portion de l'Italie. Le fils de *Pépin*, ce *Charles* qui fut vraiment digne du surnom de Grand, qui fut un homme de lumière dans un siècle de ténèbres, eut encore occasion d'aller au secours du pape *Adrien I*, contre les mêmes Lombards. Il détruisit leur domination, et confirma la donation de son père en faveur du St.-Siège; peu d'années après, il fut couronné à Rome par le pontife reconnaissant, et proclamé empereur romain d'Occident. Ainsi renaquit, après plus de trois siècles d'extinction, un fantôme de l'empire des *Césars*, qui subsiste encore, mais plus faible que jamais, de nos jours, dans la dignité devenue presque vaine des empereurs d'Allemagne.

Charles ne borna pas son zèle pour l'église de Rome à exterminer les Lombards : il voulut encore exterminer le vieux culte d'*Irmensul* chez les opiniâtres Saxons, et leur fit pour cette fin une guerre sanglante qui dura trente-deux ans. Son seul tort envers l'orthodoxie papale a été de n'être point favorable au culte des images, qu'il proscrivit. Il s'efforça de réprimer les désordres du clergé et d'y provoquer les lumières ; besogne difficile, où *Paul* diacre, et *Alcuin* se sont immortalisés en secondant les intentions de leur prince. *Charlemagne* au reste gouverna l'église comme faisant partie de son état, en législateur, en souverain. Il affermit encore la ligne de démarcation qui séparait l'église latine de la grecque, en faisant déclarer dans un concile, qu'il tint à Aix-la-Chapelle, que le Saint-Esprit procédait également du père et du fils : dogme en horreur aux bons Orientaux, qui voulaient que le Saint-Esprit procédât du père seul.

Mais le prince qui avait élevé si haut les papes, meurt, et emporte avec lui la vigueur et le jugement nécessaires pour les contenir et les empêcher de monter plus haut encore. *Louis*, si tristement connu sous le nom du *Débonnaire*, fut le faible fils d'un grand homme, et le plus infortuné des pères. On le vit agenouillé faire pénitence à Attigny, devant les prélats de son royaume. Et quel triomphe, quelle perspective ouverte pour l'avenir aux yeux de l'artificieux *Grégoire IV*, lorsqu'il vit les trois fils rebelles, se disputant la dépouille de leur père, le prendre pour juge de leur différend, et le re-

connaître ainsi pour l'arbitre souverain des têtes
couronnées! Ici commence l'époque où l'épiscopat
romain devint vraiment une cour, et où la cour
de Rome travailla le plus activement à l'incom-
préhensible accroissement de la puissance où elle
parvint. Bientôt, à l'occasion d'un différend entre
un archevêque de Rheims et un évêque de Laon,
son neveu, dont il voulait reprendre les mauvaises
mœurs, parurent pour la première fois ces fausses
décrétales, dont le rassemblement fut attribué à un
Isidore de Séville, personnage probablement imagi-
naire, et qui furent, à ce qu'on croit, fabriquées à
Mayence sous la direction de quelqu'évêque dévoué
à Rome. Les bévues et les contradictions historiques qui s'y trouvent, en ont fait reconnaître l'évidente fausseté. Mais elles ne firent que trop autorité
dans ces siècles d'impéritie, surtout lorsque le pape
Nicolas I les eût formellement reconnues pour au-
thentiques. Leur but était principalement d'affaiblir
l'autorité des métropolitains, de soustraire les évêques à leur discipline, de faire ressortir ceux-ci
immédiatement à Rome; en un mot, d'établir sans
réserve la monarchie spirituelle des papes. Les
évêques même y trouvaient mieux leur compte,
qu'à être surveillés et contenus par des censeurs
tout voisins d'eux, et jaloux aussi de faire valoir
leurs droits, comme étaient les archevêques : on
pouvait d'ailleurs facilement à Rome, avec des présens et de l'intrigue, étouffer toutes les accusations.
Ainsi que les évêques pensaient à l'égard des métropolitains, de même pensait tout le clergé infé-

rieur, les moines, etc. à l'égard des évêques. Chacun aimait mieux ressortir directement à Rome, qu'à une juridiction plus sévère et plus clairvoyante par son voisinage. Chacun travaillait donc avec ardeur à l'accroissement du pouvoir immédiat des papes, qui s'y prêtaient complaisamment. Les princes, de leur côté, s'accommodèrent aussi de ces fausses décrétales. Ils aimaient à abaisser les premiers de leurs prélats, et craignaient de voir prendre aux métropolitains une trop grande autorité au sein de leurs états. Il leur paraissait préférable de céder une autorité encore plus grande à un pontife étranger, dont le voisinage ne les offusquait pas, et que d'ailleurs ils s'accoutumaient à regarder comme un prince temporel, leur collègue. Une cruelle expérience fit bien voir dans la suite à plus d'un prince, combien cette politique était fausse; mais quand ils voulurent y apporter remède, le mal était devenu incurable; ils ne firent plus que l'accroître en l'irritant : et leur résistance, aussi bien que leur condescendance, concourut ainsi à l'établissement de la monarchie papale.

Depuis la naissance de la religion, chaque siècle, chaque génération s'emparait de quelqu'idée ancienne ou nouvelle appartenante à cette religion ; mais obscure et indéterminée dans l'origine, pour la façonner, la finir, la fixer, et pour ainsi dire la frapper en monnaie courante au coin du tems et de l'opinion. Dans ce neuvième siècle vint le tour de l'Eucharistie. On avait toujours admis que le

corps èt le sang de Jésus-Christ se trouvaient dans
le pain et le vin pendant la célébration de ce mystère. Mais comment s'y trouvaient-ils? — Avec, ou
sous le pain et le vin? était-ce le même corps
qui était né de la vierge? et comment ce corps en
était-il né sans léser sa virginité? — Fallait-il se
servir de pain azyme., ou de pain levé? — Les laïques devaient-ils recevoir l espèce du vin, ou seulement du pain? — Ces graves questions exerçaient
surtout la subtile dialectique des moines; et *Radbert*, bénédictin de Corvey en Westphalie, paraît
être celui qui a donné au dogme de l'eucharistie la
forme qui fut adoptée depuis dans l'église romaine.
Deux de ses adversaires, bien plus raisonnables et
plus instruits que lui, *Ratrame* et le fameux *Scot-
Erigène*, se prononcèrent pour une opinion, qui
fut à-peu-près la même que celle émise dans la
suite par *Luther*. Ce même siècle fut aussi témoin
de vives disputes sur la prédestination. Les uns
en voulaient, d'autres n'en voulaient point; et un
tiers parti en voulait deux, une pour le mal, une
pour le bien. Les papes une fois reconnus juges,
décidaient d'ordinaire pour ceux qui se montraient
les plus soumis, les plus dévoués à leur siège,
ou pour les opinions qui se rapprochaient le plus
de la leur. Dans tous les cas, ils gagnaient à ces
dissentions. Tout ce qui divisait servait à établir
leur empire : secte contre secte; évêques contre
archevêques : moines et prêtres; clercs et laïques ;
ils tiraient parti de tout : jamais le vieil adage

de la politique ne fut plus soigneusement mis en
pratique.

Enfin il fallait amener l'église et les évêques
grecs, depuis si longtems en scission avec l'église
latine, à reconnaître la suprématie de cette église
et de son chef ; ou sinon il convenait de les rejeter
de la communion, de s'en séparer, et de déclarer
l'église latine la seule universelle. Le savant *Pho-
tius*, qui occupait le siège de Constantinople en
même tems que *Nicolas I* occupait celui de Rome,
n'était pas homme à céder à de pareilles prétentions, ni à se laisser effrayer par des menaces. Les
deux prélats se roidirent, s'excommunièrent l'un
l'autre, et finirent par garder tous deux le titre
d'évêques universels. Mais dès-lors le schisme fut
consommé ; et l'on n'a pu depuis parvenir à réconcilier les deux églises. Seulement quand les Sarrazins se débordèrent en Sicile et en Calabre, et que
le pape crut avoir besoin du secours de l'empereur
d'Orient, il se montra un peu plus modéré envers
le patriarche. Dans l'Occident, la faiblesse excessive des derniers princes de la race de *Charlemagne,*
celle du roi de France *Charles-le-Chauve*, qui
s'abaissa jusqu'à faire publiquement des présens
magnifiques au pape *Jean VIII*, pour en obtenir
la couronne impériale, acheva de consolider la
puissance de ces pontifes.

Mais à mesure que les prétentions du siège de
Rome s'élevaient, elles ne pouvaient manquer d'in-
disposer les princes qui étaient revêtus de la dignité
impériale, aux droits de laquelle ces prétentions

portaient principalement atteinte. Alors commencèrent les longues et opiniâtres dissentions entre les
empereurs d'Allemagne et les papes. On vit ceux-ci
excommunier, anathématiser, destituer les empereurs, soulever et exciter contre eux leurs peuples
et d'autres princes, tant allemands qu'étrangers. On
vit des empereurs se venger par les armes, empri-
sonner, destituer des papes, créer des anti-papes.
Le chef temporel et le chef spirituel aux prises ensemble, et se portant les coups les plus sensibles,
commencent à devenir le groupe dominant de
l'histoire occidentale. Leurs partis se distinguèrent
par les noms, devenus si fameux, des *Gibelins* et
des *Guelfes*. Autour des deux adversaires se placent
les rois de France, de Hongrie, d'Angleterre, de
Sicile, les Normands, les Danois, les Polonais, qui
se liguent et s'acharnent tantôt contre un parti,
tantôt contre l'autre. Dans cette lutte, les princes
temporels avaient tout à perdre, et les papes rien :
car lorsqu'ils avaient perdu leurs possessions, il
leur restait l'empire tout-puissant de l'opinion; et
le vicaire de Jésus-Christ trouvait toujours assez de
princes qui ployaient le genou devant lui, assez
d'évêques qui recherchaient avec soumission l'in-
vestiture de ses mains.

Dès que les pontifes romains furent parvenus à
ce comble de puissance et de gloire, l'auréole de
sainteté qui avait orné la tête de leurs humbles
prédécesseurs, pâlit de jour en jour, et finit par
disparaître entièrement. Tous les vices des cours,
et des cours les plus corrompues dans les tems bar-

bares, parurent sans retenue à celle du successeur
de *S. Pierre*. On vit un pape, qui avait été l'ennemi personnel de son prédécesseur, le faire dé-
terrer, intenter un procès au cadavre, lui faire
couper la tête et la main, puis précipiter dans
le Tibre. On vit pendant plus de trente années la
prostituée *Théodora*, et ses deux filles non moins
prostituées qu'elle, gouverner les pontifes dont
elles étaient les concubines, et par eux l'église chrétienne; disposer de la papauté, en revêtir leurs
bâtards, ou leurs amans; se faire un jeu de la
fourbe et du meurtre; préludant ainsi à l'atrocité
et à l'impudicité du règne de *Borgia*, qui devait
couronner l'œuvre quatre siècles après. Pour fermer
les yeux des nations sur tant d'usurpations et de tur-
pitudes, les papes avaient besoin d'entretenir l'ignorance et la superstition. Les moines, leur fidèle
milice, dégénérés aussi de leurs instituteurs, les
servirent à souhait dans cette œuvre de ténèbres. Ce
siècle devint le plus barbare de tout ceux des nations modernes, et porte encore dans l'histoire la
déshonorante épithète de siècle *d'ignorance*, qu'à
bon droit on lui donne par dessus tous les autres.
Durant son cours, il ne s'éleva aucune hérésie:
l'hérétique est celui qui pense autrement que l'or-
thodoxe: alors on ne pensait plus.

Remarquons encore, qu'à la fin de cette période
appartient l'honneur d'avoir formé *Hildebrand*,
pape au commencement de la suivante, sous le
nom de *Grégoire VII*. C'est lui qui, avant d'être
sur le trône, en disposait déjà; qui y plaça son ami

Nicolas II, et fit arrêter par celui-ci, au même concile de Rome qui condamna *Béranger* (1), que l'élection du souverain pontife appartenait aux sept évêques suffragans de Rome, et aux vingt-huit curés de la ville, qui prirent tous le titre de cardinaux. Dernière usurpation sur les droits du peuple et de l'empereur, et qui acheva de rendre le chef de l'église indépendant de toute autorité civile.

_____

(1) Fameux archidiacre d'Angers, qui ne voulut pas admettre sur l'eucharistie l'opinion du moine *Radbert*, ni croire à la transsubstantiation.

IVe.

IVᵉᵐᵉ. PÉRIODE.

DESPOTISME.

(Depuis *Hildebrand* jusqu'à *Luther.* — De 1073 à 1517.)

Iʳᵉ. SECTION.

L'autorité du siège romain devient illimitée. Les papes sont regardés comme les représentans de Dieu, et la terre comme leur domaine.

LE siège de Rome n'avait encore été occupé par aucun pape qui réunît comme *Hildebrand* toutes les qualités propres à étendre sa puissance. Impérieux, ardent, inflexible, mais profondément dissimulé, il commença par se faire élire sans l'aveu de l'empereur; puis il lui écrivit en termes soumis. Fort de la division des princes germaniques, de l'appui des ducs normands, mais surtout de l'abandon entier avec lequel la comtesse *Mathilde* de Toscane se livrait à lui, il montra dès ses premiers pas ce qu'on devait attendre de son règne, contestant hautement à l'empereur le droit des investitures, qu'il soutenait lui apparteuir. En même tems, il mit à exécution le plan le plus politique qui ait jamais été conçu par aucun pape, celui qui

devait fournir au S. Siège autant de sujets qu'il
y avait de prêtres dans le monde chrétien, en
isolant tous ces prêtres de leur patrie respective,
et les livrant sans partage au chef de l'église : je
veux dire, qu'il ordonna d'une manière positive
le célibat des prêtres. Jusqu'ici cette sorte d'abs-
tinence n'avait été pratiquée en règle que par
les moines. Le clergé allemand, que cette mesure
indisposa beaucoup, joignit son mécontentement
à celui de l'empereur, et dans un concile assemblé à Worms, où présida ce monarque, *Grégoire VII* fut déclaré déchu du pontificat. Parmi
les chefs d'accusation, on lui imputait entr'autres,
d'être un moine apostat (*falsus monachus*), un
sorcier (*divinaculus, somniorum, prodigiorumque
conjector, manifestus necromanticus*), un incen-
diaire, un sacrilège, un meurtrier, un menteur, un
fauteur d'adultères et d'incestes (1). Cet acte d'accusation, aussi bien que sa condamnation et sa vie,
qu'on avait composée à cet effet et du style ci-
dessus, lui furent envoyés par l'empereur, afin
qu'il eût à se soumettre. *Grégoire* avait de son
côté convoqué aussi un concile à Rome, et, l'envoyé impérial eut le courage de lui remettre ses
dépêches au milieu de l'assemblée. *Grégoire* les prit
d'un air calme, les fit lire en plein concile, et
les écouta sans la moindre altération ; puis, toujours du même visage, il fit recueillir les voix des
évêques : sur leur avis il déclara suspendus ceux

(1) Phil. *Mornay* l. Hist. Papatus. Ann. 1080. pag. 234.

du concile de Worms, excommunia Henri qui y avait présidé, condamna ce prince à la perte de la dignité impériale, et releva tous ses sujets du serment de fidélité, défendant à qui que ce fût de lui obéir à l'avenir, sous la même peine d'excommunication. Philippe, roi de France, avait déja été menacé par Hildebrand de l'anathême. L'Espagne, la Bohême, la Hongrie et d'autres pays chrétiens avaient été foulés de ses prétentions et effrayés de ses menaces. Les foudres de Grégoire ne frappèrent pas en vain. Henri abandonné de tous ses sujets, fut obligé d'envoyer sa couronne et ses ornemens à l'orgueilleux prêtre, et d'aller en personne se prosterner devant lui. Au mois de décembre, il jeûna au pain et à l'eau, pendant trois jours et trois nuits, dans une cour, où il se tint nu-piés. Après cette pénitence, il reçut l'absolution de la faute qu'il avait commise, de trop bien juger la personne d'Hildebrand, et trop mal la puissance de la superstition et du fanatisme dans un siècle tel que le sien. Le pape jouit d'une des fenêtres du château, où il était renfermé avec Mathilde, du plaisir exquis de voir un empereur en cilice et nu-piés dans sa cour. La réconciliation qui s'ensuivit ne fut qu'aparente : Grégoire ne cessa d'opposer un autre empereur à l'empereur, comme celui-ci lui opposait un anti-pape. Henri ayant enfin rassemblé une armée, passa en Italie, prit Rome, et se fût emparé de la personne même du pape qui se renferma dans le château S. Ange, si Robert Guiscard ne fût accouru de Naples le délivrer. Deux ans après,

Hildebrand mourut à Salerne, sans avoir témoigné aucun desir de se réconcilier avec l'empereur.

On attribue à *Grégoire VII* la première idée de reconquérir la Palestine avec une armée de chrétiens, sur les Arabes, et sur les Turcs qui commençaient alors à se montrer. Quoiqu'il en soit, ce fut peu après sa mort que commença à s'effectuer ce grand mouvement qui coûta tant de sang à l'Europe, mais qui lui valut quelques lumières, et qui accoutuma ses peuples à faire cause commune, à combattre ensemble, et à se considérer comme une masse d'états confédérés, animée d'un intérêt commun. Dans un armement de toute la chrétienté, on sent bien que le pape, reconnu pour le chef suprême de cette armée sainte, où tout guerrier s'enrôlait comme soldat de l'église, ne put que trouver un accroissement à son autorité. Les forces et l'activité des princes qui allaient se consumer en Asie, lui laissaient le champ plus libre en Europe. L'église s'enrichit de la vente qui eut alors lieu de tant de biens, et des legs des pieux guerriers qui mouraient à la Terre-Sainte. Des ordres de chevalerie puissans s'établirent, et apportèrent à l'église leurs épées avec leurs possessions. Les princes d'un autre côté, au milieu de toutes leurs pertes, voyaient leurs grands vassaux perdre davantage encore et s'affaiblir sans ressource. — Ce peu de considérations doit suffire pour faire entrevoir ce que les croisades eurent d'influence sur la constitution et la culture sociale de l'Europe.

C'est à *Grégoire VII* aussi qu'on peut rapporter

l'origine des indulgences, de ces pardons pour l'autre vie, quelques crimes l'on pût commettre en celle-ci, de ces lettres-de-change sur le ciel, que dans la suite les papes firent payer si chèrement sur la terre, et dont le trafic, porté jusqu'à un abus révoltant, devint la première cause occasionnelle de la réformation de *Luther* (1). Les croisés qui allaient mourir sur le champ de bataille, et au milieu des infidèles, sans prêtres ni confesseurs, avaient, suivant le système adopté, besoin de telles immunités, dont l'emploi dans un tel cas avait une aparence de raison. Mais quand on les étendit aux gens qui ne sortaient pas de chez eux, elles ne furent plus évidemment qu'un tribut imposé sur la crédulité et sur les vices des hommes.

Depuis l'époque où nous sommes arrivés, vers la fin du onzième siècle jusqu'au commencement du quatorzième, sont placés les tems de la puissance illimitée des papes sur le monde chrétien. Le siège romain fut occupé durant ces deux siècles par des hommes à grands talens et d'une politique con-

---

(1) Voyez le petit livre latin, intitulé : *Taxæ sacræ cancéllariæ*..... c'est-à-dire, *Taxes de la sainte chancellerie apostolique*...., etc. Les éditions en ont été très-multipliées, quoique la cour de Rome ait tout mis en œuvre pour les supprimer. Il en existe une fort complète, avec la traduction française, avertissement, appendix, etc. portant la fausse indication de *Rome*, 1744, 1 vol. in-12, en deux parties. Des mémoires et une préface, placés en tête, ne laissent rien à desirer sur l'histoire de cette pièce importante, de son authenticité, et de ses diverses réimpressions.

sommée : un petit nombre d'entr'eux seulement montrèrent quelque modération, et quelques vertus chrétiennes. L'histoire des relations extérieures de l'église, outre les croisades d'abord couronnées par des succès, puis funestes aux princes qui les avaient entreprises, offre le spectacle cent fois renaissant de peuples mis en interdit, de rois excommuniés, déclarés déchus de leur couronnes ; de ces mêmes rois qui tantôt se roidissent, créent des anti-papes, portent la guerre jusques dans Rome ; tantôt cèdent lâchement et s'abaissent devant les papes jusqu'à leur baiser les piés, descendre aux plus vils emplois de leur service, et reconnaître qu'ils tiennent d'eux leurs états. Le détail de tous ces honteux évènemens appartient à l'histoire. Le but de cette esquisse n'est autre que d'indiquer rapidement les diverses mutations survenues dans la constitution de la société chrétienne.

Grégoire VII avait consommé l'œuvre de la toute-puissance papale. Ses successeurs, qui surent pendant plus de deux siècles la maintenir au point où il l'avait portée, et qui l'exercèrent quelquefois avec une violence qu'aujourd'hui l'on a peine à concevoir, ne songèrent qu'aux moyens de la sanctionner et de l'établir sur les bases les plus solides. Ce n'était pas assez que cette toute-puissance existât par le fait ; il fallait encore qu'elle parût exister par le droit, et qu'elle fût fondée sur une législation positive. Les décrétales du faux *Isidore* étaient déja merveilleuses pour cet effet, mais on s'empressa d'y ajouter encore ; et parmi plusieurs ou-

vrages célèbres composés dans ces vues, il suffit de
nommer ici le fameux *Decretum* du moine *Gratien*, et le *Livre des Sentences de Pierre Lombard*,
archevêque de Paris, qui portèrent le dernier coup
à l'autorité des princes comme à celle des évêques,
et réduisirent le despotisme d'*Hildebrand* en un
système raisonné et pieux, de droit canonique,
qui devint dès-lors l'article le plus sacré du christianisme d'Occident. Cependant les livres ne suffisaient pas seuls; il leur fallait des interprètes, des
organes vivans, des surveillans qui en maintinssent
la doctrine. Les ordres mendians furent créés; et
à eux fut confié le soin de façonner, de travailler
la vigne du Seigneur : dépositaires dangereux qui
bientôt se divisèrent, se combattirent, et donnèrent
souvent bien de l'occupation aux souverains pontifes. Le plus remarquable de ces ordres fut celui
des Dominicains, parce qu'avec lui et dans le même
berceau naquit l'horrible inquisition, dont le coup
d'essai fut le carnage de plusieurs milliers d'*Albigeois* et autres chrétiens, qui dans leur simplicité
s'imaginaient qu'ils pouvaient croire au *Christ* sans
croire aux papes; et la dévastation des états du comte
Raymond de Toulouse, qui les y avait tolérés. On
vit alors l'institution des croisades, détournée de sa
première direction, employée par les papes à armer
chrétiens contre chrétiens. Il s'élevait çà et là quelques voix contre tant d'abus et de cruautés, si opposées à l'esprit du christianisme : mais elles étaient
à l'instant étouffées. *Arnould* de Brescia , *Pierre de
Bruys* périrent dans les flammes, supplice que sa

ressemblance avec le feu de l'enfer fit adopter depuis pour tous les ennemis du S. Siège; *Waldo*
établit dans quelques vallées écartées des Alpes
une petite secte indépendante, qui échappa longtems aux persécutions, mais qui plus tard paya ce
bonheur par bien du sang et des tourmens.

Ce n'est donc pas en vain que cette période se
trouve ici caractérisée par le mot *despotisme*, et
qu'elle débute par le règne d'*Hildebrand*. Les actes
de la toute-puissance papale durant son cours furent
l'humiliation poussée à l'excès de tous les princes
et des peuples chrétiens; les rebelles soutenus, encouragés par-tout contre l'autorité légitime, quand
celle du pape s'y trouvait compromise; les souverains dépossédés, excommuniés aussi bien que
leurs sujets; les couronnes ôtées, données, vendues,
suivant les intérêts ou les passions du pontife; les
évêques et le clergé de tous les pays catholiques
soumis à sa volonté, recevant de lui les investitures
de leurs emplois, et relevant presqu'entièrement de
lui; de telle sorte que la hiérarchie formait par-
tout un état dans l'état, sous la loi d'un chef étranger, despotique, qui par elle disposait de toutes les
consciences et de presque toutes les richesses du
pays. — Les moyens que mit en œuvre la cour de
Rome pour soutenir tant d'usurpations furent, outre
les fausses preuves historiques qui en imposaient
à l'ignorance de ces tems, l'audace, la constance,
l'unité de plan, qui l'emportent toujours sur la faiblesse et la division des adversaires; le célibat du
clergé, la confession auriculaire, l'établissement

des ordres mendians, celui de l'inquisition, les croisades entreprises par les princes chrétiens sous l'autorité de l'église, les sommes immenses que tous les pays d'Occident versaient sous divers noms, dîmes, deniers de *S. Pierre*, taxes, dispenses, etc. dans le trésor pontifical; les indulgences, les jubilés, le dogme du purgatoire qui leur servait d'appui; celui de la transsubstantiation, le culte des saints, celui des reliques, des images miraculeuses, les pélerinages, tout enfin ce qui est capable de transporter la religion dans les sens de l'homme, et par conséquent de nourrir et d'exciter le fanatisme, en ôtant à l'esprit tout droit d'examiner et d'approfondir.

Ce tableau, qui n'est sûrement pas celui de la religion sainte et bienfaisante du *Christ*, mais bien celui de la constitution hiérarchique de l'église d'Occident aux onzième, douzième et treizième siècles, ne peut paraître exagéré même aux plus zélés défenseurs du papisme. L'histoire a droit de le tracer aujourd'hui avec la même fidélité qu'elle a mise jadis à en rassembler les traits épars. Tout est écrit; le dépôt confié aux siècles s'est transmis jusqu'à nous, et l'amère vérité ne peut ni se déguiser ni se révoquer en doute. Au reste, on ne peut dissimuler combien il fallut de talens, de persévérance, de politique et de courage pour conduire à sa perfection, étayer et maintenir cet édifice admirable de la domination papale; colosse immense qui, de son poids, opprimait la terre, et qui tirait toute sa force de l'opinion si bien établie, qu'il y régnait au nom du ciel.

Dès qu'un développement nouveau de la constitution de l'église ou des dogmes a été indiqué dans cette esquisse, les évènemens ne sont plus de son ressort. Seulement il faut rappeler que, d'après la disposition naturelle des esprits au milieu de tant de contrainte et de confusion, la philosophie ne pouvait être que théologie, et la théologie ne pouvait être qu'un labyrinthe de sophismes et de subtilités. L'activité des plus beaux génies de ces tems ne pouvant prendre une autre direction, leurs forces ne servirent qu'à les engager dans des difficultés toujours plus inextricables, et à resserrer davantage les nœuds dans lesquels ils s'embarrassaient. Il fallait au système régnant de théologie une dialectique souple, féconde en distinctions, en divisions, et qui fournît les moyens d'avoir raison à quelque prix que ce fût. Celle d'*Aristote*, défigurée, mal interprétée, parut toute convenable à cet effet. Dès-lors elle se trouva dans les écoles intimement incorporée à la théologie, et devint presqu'aussi sacrée qu'elle. La logique du précepteur d'*Alexandre* (ô destinée inouïe !), devint une des plus fermes colonnes du trône d'*Hildebrand*. Ainsi naquit la scholastique, à qui, malgré tous ses ridicules, l'esprit humain fut d'abord redevable de quelques progrès. Ses premiers apôtres furent *Lanfranc*, *Roscelin*, *Abélard* et son intolérant rival *Bernard*. Si ces tems furent couverts des ténèbres de la superstition, on y compte pourtant, avec les noms ci-dessus, ceux d'*Albert* dit *le Grand*, de *Thomas d'Aquin*, de *Jean-Duns-Scot*,

de *Roger Bacon*, de *Raymond Luller* ce qui n'empêcha pas néanmoins que les anges ne transportassent, à la même époque, la maison de la sainte
vierge de Palestine en Dalmatie, et de là à Lorette ; et que l'empereur *Rodolphe de Habsbourg*,
ne fût obligé de reconnaître formellement la souveraineté du pape *Nicolas III*, sur l'exarchat de
Ravenne.

IIe. SECTION.

La considération du siège romain décroît ; son au
torité en souffre. Les lumières renaissent ; l'eglise
sent le besoin d'une réformation.

C'EST quand le despotisme se déploie avec le
plus de violence, qu'il heurte enfin contre quelqu'obstacle dont il reçoit la première atteinte.
Ivre de son autorité, d'un pouvoir qui depuis
des siècles se jouait des têtes couronnées, l'orgueilleux *Boniface VIII*, animé par un ressentiment
personnel contre le roi de France, crut pouvoir
le traiter avec la hauteur despotique de ses prédécesseurs. Mais il trouva dans *Philippe - le Bel*
une fermeté digne du chef d'un grand peuple.
Nonobstant la seconde couronne que *Boniface* venait
d'ajouter à la thiare, et les ornemens impériaux
dont il venait de se revêtir publiquement à
Rome, *Philippe* trouva moyen de le faire arrêter
au milieu de ses états par quelques soldats sous
la conduite du chancelier *Nogaret*, lequel était

l'ame de toute l'entreprise. *Boniface* mourut, peut-
être de la douleur que lui avait inspirée cet affront,
peu de semaines après. Cet échec, n'eût été d'aucune conséquence pour la papauté ; mais le roi de
France, après le court pontificat du successeur de
Boniface, ayant par un bonheur singulier, à disposer des voix du sacré collège, fit proposer la
thiare à un évêque français, sous la condition expresse qu'il résiderait en France. Le prélat ébloui
donna dans le piège, promit ce qu'on exigeait, fut
élu pape sous le nom de *Clément V*, et fixa son siège
en France, puis dans Avignon. Il éprouva bientôt
que Rome, faite pour être deux fois la maîtresse du
monde, ne pouvait céder son privilège à aucune autre ville. Ce que les empereurs avaient perdu lors de
la translation de leur siège, les papes le perdirent
aussi à la translation du leur ; et Avignon fut pour
ceux-ci ce que Bizance avait été pour ceux-là. Peut-
être pis encore ; car outre la translation du siège,
toujours désavantageuse par elle-même, *Clément V*
se trouvait sur un territoire étranger, et en la puissance de *Philippe*. Cette captivité des papes dura
environ soixante-dix ans. Elle mit un principe de
destruction dans la papauté. On vit encore depuis
ce colosse se mouvoir, vivre, languir ; faire çà et là
des efforts convulsifs ; mais, ainsi qu'on le rapporte
de certains poisons dont l'action lente mine sourdement et éclate à un terme précis, de même la papauté fut dès-lors atteinte d'une langueur secrète qui
ne lui permettait plus qu'un certain laps d'une
existence toujours décroissante.

Les rois de France enseignèrent ainsi aux autres potentats comment on pouvait braver le despote commun et rendre vaines ses foudres, en s'assurant de sa personne. *Clément V* fut bientôt contraint d'annuller solemnellement tout ce que *Boniface* avait osé contre *Philippe*, et d'intenter à la mé-, moire de ce pape un procès où on le chargea des crimes les plus horribles. Il fut obligé de signer la destruction des Templiers, dont *Philippe* avait juré la ruine. Les papes en un mot ne furent, pendant cette longue suite d'années, qu'un instrument entre les mains des monarques français. C'étaient ceux-ci qui excommuniaient, mettaient en interdit, dépossédaient leurs rivaux, et dirigeaient l'artillerie sacrée du pontife, autant que cela était de leur intérêt; lui laissant un libre jeu d'ailleurs contre d'autres états chrétiens, tels que Venise, par exemple, qui eut alors de vifs débats avec les pontifes. Cependant les autres princes ne manquèrent pas de s'apercevoir bientôt de ce manège, et de le faire remarquer à leurs peuples. Les évêques, le clergé des autres pays, réveillés du long assoupissement de leur obéissance passive, conçurent du mépris pour un maitre qui n'était plus même le sien. Le prestige de la papauté commença à se dissiper, et les yeux à se dessiller peu à peu. Rome se souleva, devint la proie tantôt de l'empereur, tantôt de quelqu'autre conquérant : elle eut aussi des intervalles de liberté, durant lesquels elle conçut le beau rêve de faire revivre son ancienne indépendance et son ancienne splendeur. Une foule

de petits tyrans se partagèrent les états du successeur de *S. Pierre*. Le pape n'était pas souverain
même dans sa nouvelle résidence; et quand ensuite
il acquit la souveraineté d'Avignon, il n'en fut
pas moins bloqué et cerné dans cette petite enceinte par les Français, qui furent ses maîtres
comme auparavant. On peut bien imaginer qu'il
résulta de cette position des maux incalculables
pour le S. Siège.

La cour du pontife était depuis longtems la plus
brillante de toutes, celle dont le luxe consommait
le plus de trésors. Parmi les soins auxquels se li-
vraient les papes, un des plus pressans était celui
d'enrichir leurs familles. Le népotisme était depuis
longtems un poids énorme pour la chrétienté; mais
les fleuves d'or qui jadis avaient pris leur cours vers
Rome, ne se détournèrent point vers Avignon. Les
princes défendirent d'exporter un numéraire qui
aurait été se rendre en partie dans les coffres du
roi de France. Celui-ci n'accordait plus à son prisonnier qu'un tribut fort modique, faisant contribuer le clergé de son royaume aux charges de l'état
et aux frais des guerres contre ses voisins. — De là
la nécessité pour les papes de recourir à de nouveaux moyens pour tirer de l'argent du clergé et
des peuples. Les indulgences, les dispenses se mul-
tiplièrent sous toutes les formes, et finirent par
devenir ouvertement scandaleuses: on vit les
papes exiger une part des revenus des bénéfices
vacans, et pour cela laisser la plupart des sièges
épiscopaux sans titulaires; exiger un droit consi-

dérable; une année de revenu à chaque mutation
de siège, et pour cela multiplier ces mutations
de manière à mécontenter les troupeaux et les
pasteurs : ainsi le fisc papal, dans sa malheureuse
activité, inventa les *annates*, les *expectances*,
provisions, *réservations*, *taxes* de toute espèce pour
le pardon de tous les crimes, même des plus honteux. La patience des peuples se lassait ; des murmures s'élevaient de tous les côtés ; des écrivains
excités par leur propre conviction et par la faveur
des princes, publiaient des écrits hardis, où les
usurpations des papes étaient attaquées, les droits
des princes défendus contre elles : ce fut alors que
l'empereur d'Allemagne crut pouvoir se soustraire
à la coutume de faire confirmer son élection par
le souverain pontife, coutume à laquelle ses prédécesseurs s'étaient soumis depuis quelques générations.

Une querelle qui avait divisé les Franciscains,
et dont les papes s'étaient mêlés, entraîna pour
eux de fâcheuses suites. L'autorité pontificale avait
appuyé le parti manifestement le plus condamnable, et avait porté au plus haut degré le ressentiment du parti qui avait pour lui la plus sé-
duisante aparence de sainteté. Les Franciscains
mécontens, aigris contre les papes, aliénaient
d'eux les esprits de la multitude. Ces bons moines
et une foule de leurs partisans n'envisageaient
plus le S. Père, suivant la similitude favorite de
ces tems, que comme l'*antechrist ;* ils jouissaient
de beaucoup d'influence et de popularité ; leurs

prédications accrurent le discrédit où tombaient
les papes, et la fermentation qui devenait dangereuse pour eux.

. Ce qui la porta au comble, c'est que les cardinaux divisés en deux factions, celle des Italiens
et celle des Français, laquelle était devenue prépondérante pendant le long séjour des papes en
France, en vinrent bientôt après à une scission
ouverte, et choisirent avec une autorité et des
raisons qui semblaient se balancer, l'une un pape
de-là, et l'autre un pape de-çà les monts. Les
rois de France avaient pris goût à disposer du
pape d'Avignon : la plupart des autres princes
desiraient le revoir à Rome. De là ce grand et
scandaleux schisme qui dura quarante années.
L'église eut alors deux chefs, et quelquefois trois,
qu'elle vit avec épouvante s'anathématiser, se
foudroyer réciproquement, s'adresser les plus
révoltantes injures, se reprocher les vices les plus
odieux, se traiter d'antechrist, d'hérétiques, d'u-
surpateurs. Les fidèles étonnés, incertains, ne savaient auquel des adversaires ils devaient croire,
et finissaient d'ordinaire par les mépriser également : l'assemblée des représentans de l'église, les
conciles profitèrent de la conjoncture pour ressai-
sir l'autorité que le despotisme de Rome leur
avait enlevée : ceux qui s'assemblèrent à Pise,
à Constance et à Basle firent et défirent des papes,
les citèrent, les jugèrent, mirent à l'ordre du jour
la réformation si desirée de l'église, et procla-
mèrent ce principe depuis longtems oublié, si
souvent

souvent frappé d'anathème avant et après cette époque : « *que le concile est au dessus du pape.* »

Mais ce qui fut plus dangereux encore que tous les schismes et que tous les efforts des princes contre une domination qui s'était établie sur l'ignorance et sur de fausses preuves historiques, ce fut la renaissance des lumières, qui, après une éclipse totale d'environ deux siècles, avaient déja manifesté çà et là quelques lueurs, une faible aurore, et commencèrent à jeter un éclat assez vif vers la fin du quatorzième siècle. C'était déja beaucoup, au commencement de ce même siècle, que *Nicolas de Lyre,* au sein de l'université de Paris, qui a tant fait pour s'opposer aux prétentions des papes, commentât publiquement le texte même de l'écriture, et, par une exégèse savante, rétablit l'intelligence presque perdue de cette charte commune des chrétiens. *Marsile* de *Padoue,* le *Dante, Bocace, Pétrarque* firent goûter les lettres, étendirent leur empire naissant, et attaquèrent la papauté avec des armes diverses, mais qui portaient également coup. L'ardeur du savoir, le doute qui en nait, la critique qui l'éclaire renaissent de toutes parts. On établit des universités à l'instar de celle de Paris, en Bohême, en Allemagne, en Pologne, en Suède, en Angleterre. Aussi-tôt, dans ce dernier pays, se montre le savant *Wicklef,* avec une traduction littérale du nouveau Testament, et les plus forts argumens contre le régime papal, qu'il attaqua avec une fermeté héroïque. Plus courageux encore et non moins savant, l'infortuné *Jean Huss* prêcha la

même doctrine en Bohême avec bien plus de succès, et y fonda une secte redoutable qui se soutint
ensuite par les armes sous l'intrépide et heureux
Ziska, son chef militaire. On sait avec quelle grandeur d'ame le sage de Prague monta sur le bûcher
de Constance, où le poussa le plus perfide fanatisme,
au mépris du sauf-conduit impérial et des promesses
les plus saintes. Son disciple *Hiéronyme*, ou *Jérôme*,
montra sur le même bûcher le même stoïcisme que
son maître. Mais les tyrans avaient beau brûler
des corps : la flamme ne pouvait atteindre les pensées, qui, volant avec rapidité d'un esprit à l'autre,
portaient de toutes parts les germes féconds de la
science et de la liberté.

Ici les événemens se pressent aux regards de
l'historien qui ne cherche que des résultats. Il se
trouve sur une déclive ; la gravitation lui fait hâter
sa marche ; tout fuit, tout disparaît derrière lui,
jusqu'à ce qu'arrivé à un nouveau plan, il voit
s'arrêter et se ranger autour de lui tout ce qui s'est
écoulé si rapidement devant ses regards.

Les papes délivrés de la captivité, et ensuite de
l'antipapauté d'Avignon, se crurent reportés aux
tems heureux d'*Hildebrand* et de ses successeurs.
Tout ce qui les entourait à Rome rampait devant
eux ; l'opulence était revenue à leur cour ; la flatterie et la volupté les rendaient indifférens sur l'esprit public qu'ils méprisaient par ignorance. La politique la plus astucieuse, naturelle à une puissance
si faible en réalité et forte par la seule intrigue,
par le seul talent de fasciner les yeux, était mise

en œuvre par eux pour diviser les princes, et
pour se maintenir eux-mêmes. Rien ne prouve
mieux à quel point ce système était scrupuleu-
sement suivi de pape en pape, que l'exemple
d'*Aeneas-Sylvius*, réformateur ardent de l'église
sous ce nom, auteur d'un écrit plein de force, qui
fait partie des actes du concile de Basle, contre
Eugène IV; à peine élu pape lui-même, sous le
nom de *Pie II*, il se rétracte dans une bulle expresse, et devient le zélateur le plus ardent des
prérogatives de son siège (1). Enfin l'oubli de soi-
même et de toute décence, l'habitude et l'effron-
terie du crime se montrèrent dans tout leur dégoût
à la cour de *Borgia*, pape sous le nom d'*A-
lexandre VI*. Le nom seul de cet opprobre de la

---

(1) Qui dirait que le même homme qui avait parlé à Basle
le langage de la raison, et soutenu l'autorité de l'église assemblée en concile contre celle des papes, pût, quelques années
après, s'exprimer de la sorte dans une bulle contre quiconque
appelerait à un concile ! « *Execrabilis, et pristinis temporibus inauditus, tempestate nostrâ inolevit abusus, ut à
Romano Pontifice, J. C. Vicario, nonnulli spiritu rebel-
lionis imbuti, ad futurum concilium provocare præsumant.
Nutritur adversùs primam sedem rebellio, ... volentes igitur hoc pestiferum virus procul pellere, hujusmodi provoca-
tiones damnamus. Si quis autem contrà fecerit, cujuscun-
que statûs, gradûs, ordinis, vel conditionis fuerit; etiam
si imperiali, regali, vel pontificali præfulgeat dignitate,
ipso facto sententiam execrationis incurrat, et eas pœnas ac
censuras, quas rei majestatis incurrere dignoscuntur.* » BULLAR.
MAGN. Tom. I, p. 369.

papauté en dit plus que celui des *Néron* et des
Domitien, dont Rome avait déja eu à gémir.
Qu'on juge à quel point un tel pontife aliéna les
cœurs et les esprits d'une église dont il était le
chef. Les catholiques les plus sincères étaient re-
butés, confus ; ils s'indignaient de voir les contri-
butions du monde chrétien détournées à de honteux
usages, et les censures de l'église en d'aussi indignes
mains. Dix ans après cet exécrable pontificat, commença celui du léger *Léon* X, pape petit-maître,
avide de plaisirs ; ennemi des affaires, grand protecteur des arts qui lui procuraient des jouissances,
ou qui flattaient sa vanité. Car il ne faut pas s'y
tromper : cette protection tant vantée que *Léon* X
accorda aux peintres, aux musiciens, aux poètes,
à quelques écrivains de son tems, n'avait d'autre
source que l'amusement qu'il s'en promettait, l'habitude, et même, si l'on veut, une certaine délica-
tesse de goût qu'il avait contractée dans la maison
de son père, le célèbre *Médicis*. Les papes pro-
tégèrent les hommes à talens, tant qu'ils ne virent
en eux que des courtisans qui les chantaient, ou
des artisans de plaisirs, ou des baladins. Quand
ils vinrent à s'apercevoir que dans les productions
du génie était cachée la lumière devant laquelle
devait fuir la superstition, ils poursuivirent, ils
humilièrent le génie ; ils auraient voulu pouvoir
étouffer le progrès d'une lumière qu'ils avaient
provoquée d'abord ; *Léon* feignit au reste, comme
tous ses prédécesseurs, de vouloir faire la guerre
aux infidèles et reconquérir le tombeau de *Jésus-*

Christ ; prétexte ordinaire de nouvelles exactions.
Le luxe de sa cour consommait tout. Enfin il
voulait achever la superbe basilique de *S. Pierre.*
Pour subvenir aux fonds, il fallut recourir à de
nouvelles indulgences. Leur publication fit éclater
l'impatience et l'indignation qui couvait de toutes
parts. La réformation, des suites de laquelle nous
avons à rendre compte, s'ensuivit ; et la célèbre
église élevée au prince des apôtres, fut la masse
qui écrasa la domination de ses successeurs.

Qui le dirait? Tandis qu'en Occident on s'égor-
geait pour savoir qui commanderait , qui l'em-
porterait du chef de l'église, ou du chef de l'empire, les Grecs disputaient avec le dernier acharnement sur cette question, savoir : « De quelle
nature était la lumière vue par les apôtres sur le
Tabor ? Si elle était incréée ou créée? Dieu, ou
non Dieu ? » Les chefs et les membres les plus
marquans du parti vaincu et persécuté vinrent
chercher un refuge en Italie, et y alimentèrent le
goût pour les lettres. Quand, peu après, le siège
de l'empire grec tomba lui-même au pouvoir des
Turcs, l'émigration d'hommes lettrés vers l'Italie
fut plus grande encore. Ces fugitifs, à qui il ne
restait que leur savoir, inspirèrent généralement
le goût de leur langue, qui était la clé de l'antiquité classique, aussi bien que celle des livres
sacrés. L'amour des arts et celui du savoir échauffèrent toutes les ames capables de sentir et de
penser ; les autres, restant fidèles à la barbarie
et au fanatisme des siècles précédens, formèrent

une opposition irritale et violente à l'excès (1).
Un pape avait déja défendu l'étude des mathématiques comme dangereuse; maintenant on avisa
que l'étude du grec et de l'hébreu ferait voir
clair dans les titres originaux de la religion et
de ses ministres; on songea à la défendre. Dans les
universités de Bohême, d'Angleterre, d'Ecosse et
du nord de l'Allemagne, y compris la Hollande,
avait surtout pris consistance la partie érudite et
sérieuse des lettres, la critique et la philosophie :
dans l'Italie, pays plus riant, au milieu d'un peuple
plus porté aux plaisirs, la poésie, les beaux-arts
s'étaient fixés comme sur un sol plus propice. L'heureuse France réunit les avantages de l'un et de l'autre
de ces climats, sans pouvoir pourtant dans ce siècle
prétendre à la palme ni de la poésie, ni de l'érudition, que toutes deux tour-à-tour elle a su s'attribuer dans des tems postérieurs.

Pendant que le monde savant était dans une telle
agitation, de violens orages s'amassaient sur l'horizon

---

(1) La raison et la vérité ne manquent jamais de pareils
opposans. C'était de la doctrine protégée par eux, et de leurs
efforts pour la propager, que le marquis d'*Argens*, disait dans
son *Histoire de l'esprit humain* (Tom. X, p. 380) :

« Et voilà les principes et la croyance que d'hypocrites dé-
vots voudraient encore aujourd'hui préconiser et ramener parmi
nous! Lorsque l'on voit les maux que certains tyrans ont fait
aux hommes, et le mépris qu'ils ont eu pour l'humanité, on
ne peut s'empêcher de concevoir une haine mortelle contre les
gens qui cherchent à pallier l'horreur qu'inspirent tant d'actions
qui font frémir la nature. »

politique. Le jeune et ambitieux *Charles* venait de monter sur le trône impérial ; l'Espagne, la Belgique, une partie de l'Italie et de la France actuelle jointes à ses immenses états d'Allemagne, en faisaient le monarque le plus puissant de l'Europe : on craignait de voir se réaliser ce projet de monarchie universelle dans l'Occident, que n'avaient jamais abandonné les successeurs des *Césars*, et surtout les princes de la maison d'Autriche depuis qu'ils étaient parvenus à ce haut rang. Le successeur de *S. Pierre* disputait encore à d'autres titres cette même monarchie, mais avec des armes qui commençaient à perdre leur trempe. Les princes allemands voyaient avec terreur le sort qui leur était préparé : au lieu de princes souverains, confédérés sous un chef, ils allaient devenir de simples vassaux de l'empereur. Les villes libres avaient le même assujétissement à redouter. Le seul *François I*, sur le trône de France, pouvait s'opposer avec quelqu'efficace au redoutable *Charles*. Jeune, ardent, plein de courage et d'ardeur de le signaler, fort de la réunion à sa couronne de presque tout le territoire du royaume, délivré des Anglais, et de tous vassaux trop puissans, il pouvait et devait risquer cette lutte. Tel était l'état de tension et de crise dans l'Europe. Tout annonçait que le genre humain touchait à quelqu'explosion, qui marquerait une des époques de son développement : le nouveau monde était découvert, et la pensée avait semblé s'agrandir comme l'Océan, en franchissant les bornes de notre ancien hémisphère. L'im-

primerie, qui rendait impossible tout retour à la
barbarie, et qui facilitait l'expansion de la lumière, était inventée; quand il s'éleva un homme
fort, qui osa dire : « qu'il fallait réformer l'église
de *Jésus-Christ*, la purger de ses abus et la ramener à son premier esprit; que si l'évêque de Rome
ne voulait pas concourir à cette réformation, il
fallait la faire sans lui. » Cet homme était *Martin
Luther ;* et la réformation s'opéra sous sa conduite
dans une partie considérable de l'Église.

NOTE *du Docteur* MACLAINE, *qui se trouve au tome quatrième de sa traduction de l'*Histoire ecclésiastique *de* MOSHEIM, *sur une calomnie accréditée contre la personne et les vues de* LUTHER.

« LE docteur MOSHEIM ne dit rien des calomnies que quelques auteurs modernes ont répandues, pour persuader au public que le zèle avec lequel LUTHER s'opposa à la publication des indulgences, n'était que l'effet de l'amour-propre et de motifs intéressés. Il convient donc de dire ici ce qui en est : non pas que la cause de la réformation, qui se soutient par son mérite intrinsèque, et indépendamment des vues et des caractères de ses instrumens, ait besoin d'une pareille apologie ; mais parce que cette recherche peut servir à justifier le caractère personnel et la conduite d'un homme qui a rendu des services importans à la religion. »

« M. HUME, dans son *Histoire du règne de Henri VIII*, a trouvé à propos de répéter ce que les ennemis de la réformation, et quelques-uns de ses amis suspects ou mal informés, ont dit des motifs qui engagèrent LUTHER à s'opposer à la doctrine des indulgences. Cet historien élégant et persuasif nous dit, que c'étaient *ordinairement les Augustins qui étaient chargés de publier les indulgences en Saxe; ce qui leur apportait un profit considérable :* qu'ARCEMBOLDI *donna cette commission aux Dominicains* (1); *que* MARTIN LUTHER, *religieux augustin et professeur dans l'université de* Wittemberg, OUTRÉ DE L'AFFRONT QUE L'ON FAISAIT A SON ORDRE, *commença à prêcher contre l'abus que l'on commettait dans le trafic des indulgences, et en vint, par une suite de l'opposition qu'il trouva, jusqu'à décrier les indulgences mêmes* (2). Il eût été à souhaiter que la candeur dont M. HUME se pique, l'eût engagé à mieux examiner cette accusation, avant que de se hasarder à la répéter. Il est faux, en premier lieu, *que ce fussent les Augustins qui prêchassent pour l'ordinaire les indulgences en Saxe.* Personne n'ignore qu'on avait offert alternativement cette commission, et quelquefois en commun, à tous les ordres mendians, soit *Augustins, Dominicains, Franciscains,* ou *Carmes;* et que depuis l'an 1229 cette commission lucrative était confiée principalement aux *Dominicains* (3). Il est rarement fait

---

(1) HUME, *Hist. d'Angleterre, sous la maison de Tudor,* vol. I. p. 119.

(2) Id. Ib. p. 120.

(3) Voyez WEISMANN, *Memorabilia Historiæ Sacræ N. T.* p. 1051. 1115.

mention des Augustins dans les mémoires relatifs
aux indulgences, et il n'existe pas un seul acte par
lequel il paraisse que les papes aient jamais donné
cet emploi aux religieux de cet ordre. On obser-
vera encore, que durant un demi - siècle avant
LUTHER (savoir depuis 1450 jusqu'en 1517),
que l'on vendit les indulgences avec les marques
les plus scandaleuses d'avarice et d'impudence, on
ne trouve pas un seul Augustin qui ait été chargé
de cette commission, si l'on en excepte un moine
nommé PALZIUS, qui n'était que le substitut du
quêteur RAIMOND PERALDUS, à qui le pape avait
donné commission d'en débiter; tant il est faux
par conséquent que l'ordre des Augustins fût employé exclusivement ni même habituellement à
cet office (1). M. HUME n'a avancé cette opinion
que d'après une seule expression de PAUL SARPI,
que DE PRIERIO, PALLAVICINI et GRAVESON,
quoique ennemis mortels de LUTHER, ont ample-
ment réfutée. — On me dira peut-être, que quand
il serait vrai qu'on n'eut pas coutume de charger
les Augustins seuls de la distribution des indulgences, il peut très-bien se faire que LUTHER trouvât mauvais que l'on eût donné cette commission
importante aux Dominicains exclusivement, et
qu'il n'en fallait pas davantage pour l'obliger à s'opposer à leur publication. Pour prouver la fausseté
de cette opinion, j'observerai : »

---

(1) Voyez HAPPII, *Dissert. de Nonnullis Indulgentiarum,*
Sæc. XIV et XV, *Quæstoribus,* p. 384 et 387.

» 2°. Que du tems de LUTHER, la commission
de publier les indulgences était devenue si odieuse
et si méprisée, qu'il n'est pas croyable qu'il eût
voulu s'en charger, ni pour son compte, ni pour
celui de son ordre. Les princes Européens, quantité d'évêques et de personnes savantes et pieuses
avaient reconnu la turpitude de cet infâme trafic,
et les Franciscains et les Dominicains eux-mêmes
s'y opposèrent ouvertement vers la fin du quinzième siècle, tant dans leurs discours, que dans
leurs écrits (1). Je dirai plus: LÉON X offrit au
général des Franciscains cette même commission
qu'on prétend avoir excité l'envie de LUTHER, et
ne reçut qu'un refus de ce général et de son ordre ;
sur quoi le pape l'abandonna totalement à ALBERT,
évêque de *Mayence* et de *Magdebourg*. Comment
serait-il possible que LUTHER ou tel autre Augustin eût ambitionné une commission dont les Franciscains rougissaient? Il est faux d'ailleurs qu'on
l'eût donnée à tous les Dominicains, vu qu'on choi-
sit TETZEL, seul individu de cet ordre, dont tout
le monde connaissait le libertinage, l'avarice et la
cruauté (2). »

« On se convaincra encore mieux que ce ne fut
ni la jalousie ni l'envie qui engagèrent LUTHER
à s'opposer à la publication des indulgences, si

---

(1) Voyez WALCH. *Opp. Luther*, tom. XV, p. 114, 283,
312, 349. — SECKENDORF, *Hist. Lutheranismi*, Lib. I. Sect.
VI, p. 13.

(2) Voyez WALCH. *Loc. cit.* p. 371.

l'on considère, 3°. qu'on ne lui reprocha jamais
ces motifs , ni dans les décrets des papes de son
tems. , ni dans les écrits des auteurs contemporains, qui soutenaient la cause de la cour de
Rome., et qui furent bien éloignés de lui épargner
leurs invectives et leurs calomnies. Tous ses ennemis se taisent absolument sur cet article. Depuis l'an 1517 jusqu'en 1546, que la dispute au
sujet des indulgences fut la plus animée, personne
n'osa reprocher à LUTHER des motifs aussi honteux. Je ne dis rien d'ERASME, de SLEIDAN, de
DE THOU, de GUICHARDIN, etc. dont le témoignage pourrait paraître suspect en sa faveur; mais
je parle de CAJETAN, d'HOGSTRAT, de PRIERIO,
d'EMSER., et même de l'infâme JEAN TETZEL, à
qui LUTHER s'opposa avec tant de véhémence et
d'amertume. COCHLÆUS lui-même se tut sur cet
article tant que cet illustre réformateur vécut,
et ce ne fut qu'après sa mort qu'il inventa la calomnie que je réfute. Mais ce dernier était tellement diffamé pour sa mauvaise foi, ses calomnies,
ses mensonges, etc., (1) que ni PALLAVICINI,
ni BOSSUET , ni les autres ennemis de LUTHER,
n'ont point osé recourir à son témoignage, ni
même le citer. N'y a-t-il pas lieu de croire que
les contemporains de LUTHER connaissaient beaucoup mieux son caractère et ses principes, que

---

(1) SLEIDAN , *De Statu Rel. et Reip. in Dedic. Epist.
ad August. Elector.*

ceux qui sont venus depuis? Peut-on s'imaginer
que Bossuet, Hume, et les autres partisans de
cette histoire ridicule aient mieux connu les motifs
qui faisaient agir Luther que ses contemporains?
Ou toutes les règles de l'évidence morale sont fausses, ou l'assertion de M. Hume est mal fondée. »

» Je pourrais ajouter plusieurs autres réflexions
pour montrer combien il est ridicule de supposer
qu'un simple motif d'avarice et d'ambition ait
porté Luther à s'exposer à la rage du Pontife
Romain, aux persécutions d'un clergé irrité, à
la sévérité d'un prince aussi puissant et aussi despotique que Charles V; et enfin à la mort même
dont il était menacé; mais ce que je viens de dire
suffit pour satisfaire les personnes impartiales. »

Si quelqu'un en voulait savoir encore davantage sur
ce point, il n'aurait qu'à consulter l'*Histoire du renouvellement* de l'Evangile, par *Gerdes*, tom. I, p. 96,
citée par *Le Courayer*, au tom. Iᵉʳ. pag. 1, de sa traduction de l'*Histoire de la Réformation*, par *Sleidan*; et enfin la Lettre XIᵉ. du livre de *Lenfant*,
intitulé: *Préservatif contre la réunion avec le siège
de Rome, ou apologie de notre séparation d'avec
ce siège*. Amsterdam, 1723, 4 vol. La lettre en
question se trouve dans le premier volume,
page 277 et suivantes.

TABLEAU

DES DIVISIONS DE L'OUVRAGE.

PREMIÈRE PARTIE.

CONSIDÉRATIONS GÉNÉRALES.

SECONDE SECTION.

————————

FIN.

FIN.

9 780265 709061